재무관리 연습

이 원 흠

弘 文 社

머 리 말

본서는 「재무관리 종합 -기업재무의 이론과 모형-」이라는 이론서의 자매서이다.

「재무관리 종합」은 지난 60년 간 발전해온 현대 재무학 중 기업재무론의 체계를 종합적으로 설명하는 이론서라면, 본서는 기업재무론의 이론적 내용과 모형을 실제 사례나 설명용 예제에 직접 적용해 풀이해 보고, 이론의 핵심을 확실하게 이해하기 위해서 반복하여 연습하는 데 이용하기 쉽도록 편제된 책자이다. 기업재무론은 논리도 정연할 뿐만 아니라 현실적인 실무적 문제해결에도 직접적으로 해답을 줄 수 있는 학문이므로 이론서만으로 재무학 체계를 이해하는 데 한계가 있다. 우선 이론체계에 대한 이해가 선행되어야 하지만, 이해가 된 부분에 대해서도 구체적인 사례분석과 실제적인 예제풀이에 많은 연습이 요구된다. 그러므로 이런 수요를 감안하여 기업재무론 책자를 종합과 연습 두 권으로 구성하였다.

기업재무론의 이론서로서 「재무관리 종합 -기업재무의 이론과 모형-」이 갖는 특징을 정리하면 다음과 같다. 이와 같은 특징은 본서 「재무관리 연습 -기업재무의 문제와 풀이-」에서도 마찬가지 장점으로 작용할 것으로 생각한다.

첫째, 본서는 기업의 재무활동을 관리하는 데 있어 계획 단계 및 평가와 통제 단계에서 활용할 수 있는 기업재무 이론과 모형을 종합적으로 정리하였다. 기업의 재무활동에 대한 이론적 설명을 전개하기 위해 자금조달-투자-부가가치 창출-부가가치 배분-성장활동 등 재무활동 전반을 포괄하는 주제를 상정하였다. 기업재무 기능의 목표는 기업가치 극대화에 있으며, 기업가치 극대화라는 목표가 달성되면 기업의 주인으로서 주주의 가치도 덩달아 함께 극대화된다는 주제를 다루었다.

둘째, 기업재무의 목표 달성 여부를 분석하면서 일관된 분석도구와 방법론을 적용하였다. 투자활동과 투자성과를 분석하는 현금흐름 분석, 자금조달 활동과 자금조달 성과를 분석하는 자본비용 분석 및 현금흐름 분석결과와 자본비용 분석결과를 통합하는 기업가치 분석이라는 3단계 분석방법론을 본서에서는 이론 설명에서나 사례분석에서나 수미일관하게 지켜서 적용하였다.

셋째, 기업재무의 다양한 활동과 응용분야를 설명하기 위하여 일관된 분석도구를 적용하는 기업재무에 관한 일관된 사례를 개발하였다. 본서의 서론인 제1장에서부터 결론인 제17장에 이르기까지 동일한 기업사례들을 사용하였다.

넷째, 기업가치의 극대화 여부를 분석하기 위하여, 현금흐름 분석결과 및 자본비용 분석결과를 종합하는 방법론으로서 그 동안 현대 재무학의 기업재무론에서 개발된 기업가치 평가모형을 종합적으로 정리하였으며, 이들 간의 등가성이 존재한다는 점도 증명하였다.

다섯째, 본서에서는 기업재무론의 핵심주제인 기업의 자금조달 활동 중에서 기업금융과 구별되는 사업금융(PF) 혹은 개별 투자안의 자금조달 행태에 초점을 맞추어 서로 간의 차이점과 투자타당성 분석 상의 재검토 사항을 중점적으로 정리하여 제15장에서 설명하였다. 유한한 사업수명을 갖는 투자안에 있어서 부채상환재원 소구권 제한 및 절세효과의 제한 때문에 초래되는 자본비용과 사업가치 평가 상의 주의점을 상술하였다.

마지막으로, 본서의 제17장에는 통상적으로 불규칙한 투자정책과 비정형적인 자본구조정책을 채택하는 일반기업에 관한 자본비용 모형과 가치평가 모형의 일반해를 정리하였다. 시간가변적인 자본비용과 자금조달비중을 갖는 기업의 투자타당성 분석 상 주의할 점과 난점을 극복하는 기법을 상세히 소개하면서, 일반기업의 성공조건을 재정리하였다.

저자가 재직하는 홍익대학교에서는 학부의 전공필수과목으로서 "재무관리" 과목에서 기업재무론을 강의하는데, 전통적으로 2학기에 걸쳐 1년 코스로 다루고 있다. 본서도 본교의 1년간 2학기 코스용으로 사용할 것을 염두에 두고 이론 부분과 사례분석 부분을 섞어서 서술내용을 구성하였다.

따라서, 예를 들면, 1학기 재무관리에서는 1-2-3-5-6-7-8-9-10-16장의 순으로 "종합"의 핵심이론을 강의하고 해당 "연습"의 문제를 풀어보는 과정을 진행하고, 2학기 중급재무관리에서는 1-2-4-5-8-11-12-13-14-15-17장의 순으로 핵심이론을 강의하고 해당 연습의 문제를 풀어보는 과정을 반복하면, 학생들이 1년 동안 기업재무론 전반을 이해하는 데 많은 도움이 될 것으로 생각한다.

더욱이 재무분석, 투자론 등과 같은 학부 고학년의 재무학 전공과목에서나 혹은 대학원 과정에서도 본서를 교과서나 참고서로 활용하면 강의내용을 보완하는 데 좋은 지침이 될 것이므로 본서를 추천한다.

본서를 집필하는 데 고마움을 준 사람들이 많다. 키친서재에서 공부하는 모습이 제일 멋져 보인다고 넌지시 옆구리를 넛지해 준 지 벌써 40년이 넘은 안사람 노숙빈, 주말마다 사람 사는 보람을 느끼도록 즐겁게 연출해 주는 큰아들 내외와 두 손녀딸들, 본서를 집필하는 사이에 가정을 꾸리고 세 번째 손녀딸의 재롱을 선사한 작은아들 내외, 공부의 끈을 놓치지 않고 애쓸 수 있도록 기회를 부여해 주신 주위 분들 모두에게 감사한다. 그리고 이론서 출판의 어려움을 잘 알고 계시면서도 마다하지 않고 출간을 격려해 주신 임권규 사장님, 임정우 상무님과 출판사 여러분께도 감사드린다.

2019년 2월

이 원 흠

차 례

제 1 부　기업재무와 현금흐름 분석

제 2 부　시간가치 분석과 자본비용 분석

제 3 부 자본구조정책과 기업가치 분석

제 4 부 배당정책과 기업가치 분석

제 5 부 재무 전략과 재무 분석

제 6 부 기업의 성공조건 분석

[기호 정리]

A; 자산총계

IC; 투하자산

WC; 운전자금

NWC; 순운전자금

NFC; 시설자금(순고정자산)

D; 이자성부채

E; 사기자본

B; 이자성부채의 내재가치 혹은 시장가치

S; 자기자본의 내재가치 혹은 시장가치

V; 부채조달기업의 내재기업가치 혹은 시장가치 $= B + S$

R; 매출액

C; 생산판매코스트

Dep; 감가상각비

X; 영업이익 $= R - C - Dep$

I; 이자성부채에 대한 지급이자

Tax; 법인세

T; 법인세율

NI; 당기순이익 $= (X - I)(1 - T)$

Div; 배당지급액

RE; 내부유보액 $= NI - Div$

PO; 배당성향 $= Div/NI$

$k = 1 - PO$; 내부유보율 혹은 재투자율

OCF; 영업현금흐름
FCF; 재무적 잉여현금흐름
CCF; 회계적 잉여현금흐름
ΔIC; 투자증가액 = 순운전자금증가액 + 시설자금증가액 + 감가상각비
CFD; 채권자의 현금흐름
CFE; 주주의 현금흐름
TS; 이자지급에 따른 절세효과 금액
$CEVA$; 투하자산의 초과이익 혹은 경제적 부가가치(EVA)
$EEVA$; 자기자본의 초과이익 혹은 잔여이익(RI), 경제적 이익(EP)

$WACC_{AT} = K_o$; 세후가중평균자본비용
$WACC_{BT} = K_{BT}$; 세전가중평균자본비용
K_u; 무부채조달기업의 자본비용 혹은 투자의 요구수익률
K_d; 타인자본의 자본비용
K_e; 자기자본의 자본비용

b; 1주당 자기자본(BPS)
d; 1주당 배당금(DPS)
e; 1주당 당기순이익(EPS)
ee; 1주당 자기자본의 초과이익

제 1 부

기업재무와 현금흐름 분석

제1장 기업과 재무

1. 기업의 정의

기업은 인(人), 물(物), 금(金)으로 대표되는 생산요소를 투입하여 고객이 원하는 상품과 서비스를 생산, 판매하는 과정에서 부가가치를 창출하고, 창출된 부가가치를 채권자 및 주주 등 투자자에게 되돌려주는 역할을 담당하는 자본주의 사회의 사회적 기관인 영리법인으로 정의된다.

2. 기업모형

– 가치사슬모형

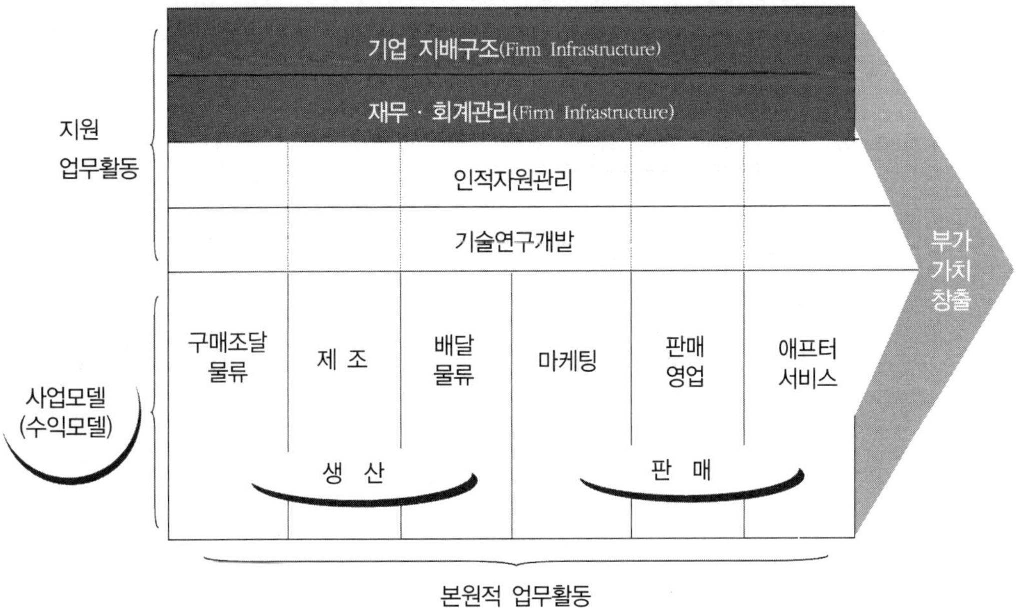

– 대차대조표모형

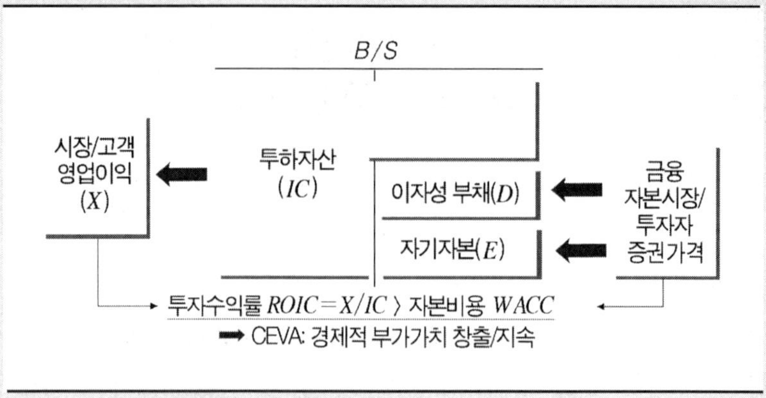

– 생존부등식모형

고객가치 U 〉 지불가격 P

지불가격 P 〉 생산판매코스트(인적, 물적 생산요소 코스트) C

부가가치 $VA(= P - C)$ 〉 자본비용(금전적 생산요소 코스트) CC

– 무한대모형

[1] 자금조달활동, [2] 투자활동, [3] 부가가치창출활동, [4] 부가가치배분활동, [5] 성장활동

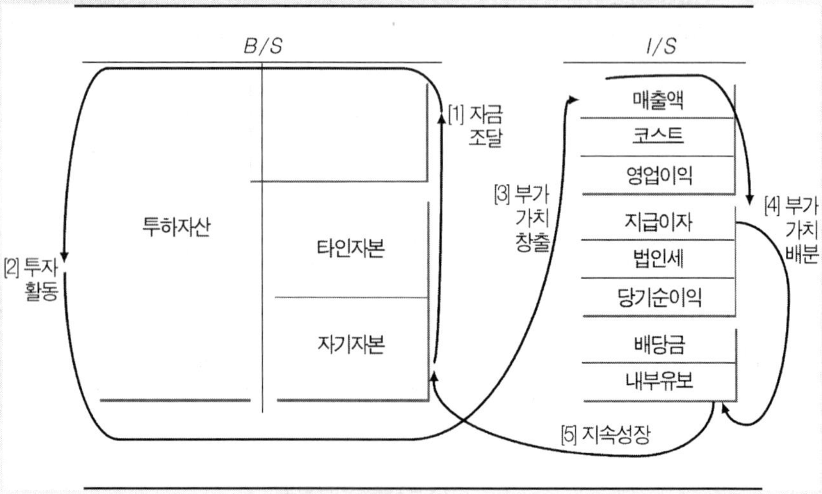

3. 재무와 금융

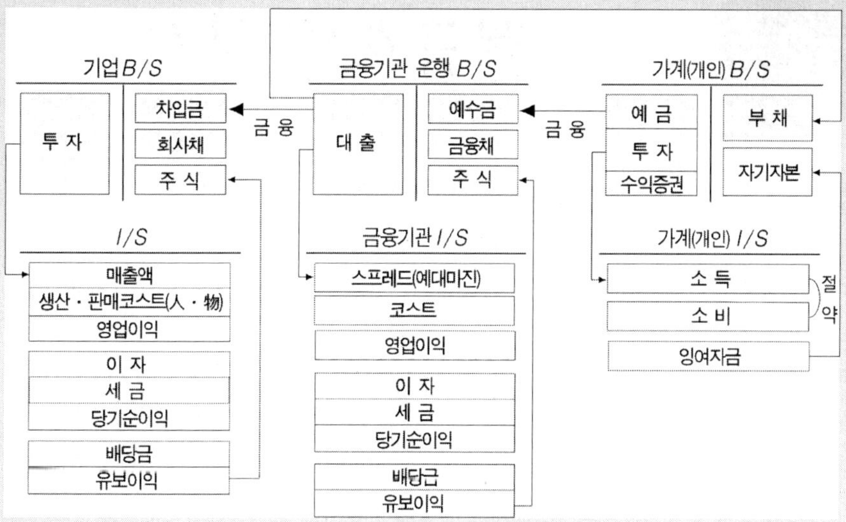

4. 기업의 목표

- 기업가치 극대화
- 주주가치 극대화
- 성공기업의 조건; 이익 있는 성장의 영원한 지속

생존부등식		
고객가치 〉 지불가격	U 〉 P	고객만족 경영
지불가격 〉 생산판매코스트	P 〉 C	부가가치창출 경영
부가가치 〉 자본비용	$(P-C) = VA$ 〉 CC	가치창출 경영
성장부등식		
세후투자수익률 〉 세후가중평균자본비용 및 $dIC > 0$	세후$ROIC$ > 세후$WACC$	성장유지가치 창출
신규투자수익률 〉 세후투자수익률 및 $dIC > 0$	$r^* >$ 세후$ROIC$	혁신투자가치 창출
성장유지가치 및 혁신투자가치의 지속	무한대모형	이익 있는 성장의 영원한 지속

제2장 현금흐름 분석

재무제표정보와 현금흐름정보 관계도

대차대조표 B/S			
[2] 투자 활동	차변	대변	[1] 자금조달 활동
순운전자금 →	운전자금 −비이자성부채	은행차입금 회사채 이자성부채	→ 타인자본(D)
시설자금 →	총고정자산 −감가상각누계액	자본금 자본잉여금 이익잉여금	→ 자기자본(E)
투하자산(IC) →	합계	합계	→ 자금조달액

손익계산서 I/S		
매출액(R) −생산 및 판매코스트(C) −감가상각비(Dep) = 영업이익(X)	→ 영업현금흐름(OCF)	[3] 부가가치 창출 활동
−지급이자(I) −세금(Tax) = 당기순이익(NI)	→ 잉여현금흐름(FCF)	[4] 부가가치 배분 활동
−배당금(Div) = 내부유보액(RE)	→ 투자증가액 = 자금조달증가액	[5] 성장 활동

회계정보(재무제표; 대차대조표, 손익계산서)로부터
재무활동정보(투자, 자금조달, 부가가치창출, 부가가치배분, 성장)를 측정하는 방법;
현금흐름 분석

[1] 투자에 관한 재무정보의 측정; *B/S* 차변과 대변의 상단부로부터 측정

순운전자금 = (유동자산 − 유동부채 중 비이자성부채)

시설자금 = 총고정자산 − 감가상각누계액 = 순고정자산

투하자산(IC) = 순운전자금 + 시설자금

[2] 자금조달에 관한 재무정보의 측정; *B/S* 대변 하단부로부터 측정

타인자본(D) = 이자성부채 = 유동부채 중 이자성부채 + 고정부채

자기자본(E) = (자본금 + 자본잉여금) + 이익잉여금

⇒ 체크포인트 1; 투하자산 = 자금조달액 = 타인자본 + 자기자본; $IC = D + E$

[3] 부가가치 창출에 관한 재무정보의 측정; *I/S* 상단부로부터 측정

영업이익 = 매출액 − 생산 및 판매코스트

생산코스트 = 매출원가(제조원가명세서 상의 감가상각비 포함<−생신시설의 감가를 보충)

판매코스트 = 판매비와관리비(손익계산서 상의 감가상각비 포함<−판매시설의 감가를 보충)

감가상각비 = 당해 연도에 창출된 부가가치임, 다만 당해 연도 시설자금의 보충에만 지출함.

[3−A] 부가가치창출에 대한 현금흐름분석의 회계적 접근법

회계적 영업현금흐름 = 손익계산서 상에 기록된 영업이익 + 감가상각비 − 법인세

⇒ 주의사항; 부가가치 창출액에 (비현금성지출인) 감가상각비를 포함하여야 함.

당해 연도에 창출된 부가가치 중 다음 년도 성장에 필요한 투자를 시행한 이후 "자유롭게, 부담없이" 채권자와 주주에게 배분할 수 있는 부가가치창출액을 측정함;

회계적 잉여현금흐름

= 회계적영업현금흐름 − 순운전자금 증가액 − 시설자금 증가액

여기서, 순운전자금 증가액 = 기말 순운전자금 − 기초 순운전자금

시설자금 증가액 = 기말 고정자산 − 기초 고정자산 + 감가상각비

⇒ 주의사항; 시설자금증가액에 감가상각비를 포함하여야 함.

왜냐하면 감가상각비는 생산 및 판매시설의 (낡고 닳는) 감가에 대비하여 보충하여야 하는 금액이기 때문. 즉 기존 시설자금의 부가가치 창출력 유지를 위하여 보충하는 금액

[3-B] 부가가치창출에 대한 현금흐름분석의 재무적 접근법

당해 연도의 부가가치 창출액을 측정하는 또 다른 방법;

재무적 영업현금흐름 = 영업이익 × (1 − 법인세율) + 감가상각비

= 세후영업이익 + 감가상각비

여기서, 지급이자의 법인세 절세효과

= 영업이익 × 법인세율 − 경상이익 × 법인세율 = (영업이익 − 영업이익 + 지급이자) × 법인세율 = 지급이자 × 법인세율

재무적 잉여현금흐름 = 재무적 영업현금흐름 − 순운전자금 증가액 − 시설자금 증가액

⇒ 체크포인트 2; 재무적 잉여현금흐름 = 회계적 잉여현금흐름 − 지급이자의 절세효과

[4] 부가가치 배분 및 [5] 성장에 관한 재무정보의 측정; *I/S* 하단부로부터 측정

경상이익 = 영업이익 − 지급이자

⇒ 지급이자(채권자의 몫)

당기순이익 = 경상이익 − 세금

= 경상이익 × (1 − 법인세율), 즉 세금 = 경상이익 × 법인세율

⇒ 당기순이익(주주의 몫)

배당액 = 당기순이익 − 내부유보액

⇒ 배당액(주주총회 결의에 의해 현금지급액 결정, 이익잉여금처분계산서에 기록)

내부유보액 = 이익잉여금 증가액 = 기말 이익잉여금 − 기초 이익잉여금

⇒ 내부유보액(다음 연도 성장의 기초가 되는 내부금융 금액)

다음 연도의 성장을 위한 투자증가를 모두 고려한 이후의 "자유롭게, 부담없이" 채권자와 주주에게 배분할 수 있는 부가가치금액은 회계적 잉여현금흐름이고, 이미 인적, 물적 생산요소의 공급에 대한 비용처리가 되었기 때문에 금전적 생산요소를 공급해 준 채권자와 주주에게 배분하기 때문에 채권자의 현금흐름과 주주의 현금흐름으로 구분함;

⇒ 체크포인트 3; 회계적 잉여현금흐름 = 채권자의 현금흐름

+ 주주의 현금흐름

채권자의 현금흐름 = 지급이자 − 이자성부채의 증가액

주주의 현금흐름 = 배당금 − (자본금 및 자본잉여금)의 증가액

여기서, 이자성부채의 증가액 = (기말 − 기초) 이자성부채

자본금 및 자본잉여금의 증가액 = (기말 − 기초) 자본금 및 자본잉여금

5대 재무활동에 관한 재무정보의 도출; 현금흐름 분석

<table>
<tr><th>5대 재무활동</th><th>재무정보</th><th>회계정보;계정과목</th><th>현금흐름 계산식</th></tr>
<tr><td rowspan="2">[1] 자금조달</td><td>타인자본</td><td>부채 중
이자성부채</td><td>= 유동부채중 이자성부채
+ 고정부채</td></tr>
<tr><td>자기자본</td><td>자본금, 자본잉여금,
이익잉여금</td><td>= (자본금 + 자본잉여금)
+ 이익잉여금</td></tr>
<tr><td rowspan="2">[2] 투자</td><td>순운전자금</td><td>유동자산,
비이자성부채</td><td>= 유동자산
– 유동부채 중 비이자성부채</td></tr>
<tr><td>시설자금</td><td>고정자산</td><td>= 고정자산 – 감가상각누계액
= 순고정자산</td></tr>
<tr><td>체크포인트 1</td><td colspan="2">자금조달액 = 투자액 등식</td><td>타인자본 + 자기자본
= 순운전자금 + 시설자금
= 투하자산</td></tr>
<tr><td rowspan="2">[3] 부가가치 창출</td><td>회계적
영업현금흐름</td><td>영업이익,
법인세</td><td>= I/S상의 영업이익 – 법인세
+ 감가상각비</td></tr>
<tr><td>재무적
영업현금흐름</td><td>영업이익,
법인세율</td><td>= 영업이익(1 – 법인세율) +
감가상각비</td></tr>
<tr><td rowspan="4">성장을 고려한
부가가치창출</td><td colspan="2">순운전자금증가액</td><td>= (금년도 – 전년도) 순운전
자금</td></tr>
<tr><td colspan="2">시설자금증가액
(감가상각비 포함하는 것에 주의)</td><td>= (금년도 – 전년도) 시설자금
+ 감가상각비</td></tr>
<tr><td colspan="2">회계적 잉여현금흐름</td><td>= 회계적 영업현금흐름 – (순
운전자금 증가액 + 시설자금
증가액)</td></tr>
<tr><td colspan="2">재무적 잉여현금흐름</td><td>= 재무적 영업현금흐름 – (순
운전자금 증가액 + 시설자금
증가액)</td></tr>
<tr><td>체크포인트 2</td><td colspan="2">지급이자의 절세효과 = 절세액</td><td>= 회계적 잉여현금흐름
– 재무적 잉여현금흐름
= 지급이자 × 법인세율</td></tr>
</table>

[4] 부가가치 배분	배당	배당금	= 당기순이익 – 유보이익 (주주총회에서 결의)
	유보이익 (내부유보액)	이익잉여금증가액	= (금년도 – 전년도)이익잉여금 = 당기순이익 – 배당금
	채권자의 현금흐름	지급이자, 추가부채액 차감	= 지급이자 – 이자성부채증가액
	주주의 현금흐름	배당금, 추가자본액 차감	= 배당금 – 자본금 및 자본잉여금증가액
체크포인트 3	회계적 잉여현금흐름 등식		= 채권자의 현금흐름 + 주주의 현금흐름
[5] 성장	투자증가액		= 순운전자금증가액 + 시설자금증가액(감가상각비 포함)
	자금조달증가액 = 내부금융증가액 + 외부금융증가액		= (감가상각비 + 유보이익) + (이자성부채증가액 + 자본금 및 자본잉여금증가액)
체크포인트 4	투자증가액 = 자금조달증가액 등식		투자증가액 = (내부 + 외부금융)자금조달증가액

Chapter 02 연습문제

[문제 1] 대한(주)의 재무제표로부터 5대 재무활동의 현금흐름을 분석하시오.

대한(주)의 대차대조표(단위: 억원)

차변	2018년 말	2019년 말	대변	2018년 말	2019년 말
현금	100	110	매입채무	120	130
매출채권	350	320	미지급금	100	100
재고자산	200	210	차입금 (3%)	100	190
유동자산	650	640	유동부채	320	420
총고정 자산	1,360	1,570	회사채 (4%)	1,000	990
감가상각 누계액	330	430	고정부채	1,000	990
고정자산	1,030	1,140	부채총계	1,320	1,410
			자본금	100	100
			자본 잉여금	200	200
			이익 잉여금	60	70
			자본총계	360	370
자산총계	1,680	1,780	부채자본 총계	1,680	1,780

* 2019년 현재 자본시장정보:

회사채: 액면가 10,000원, 만기 3년, 연말 1회 이자지급 조건. 현재 채권가격 10,000원.

보통주: 액면가 5,000원, 현재 주가 7,000원에 거래.

대한(주)의 손익계산서(단위: 억원)

	2019.1.1 - 12.31	계산근거
매출액	1,700	
매출원가	1,400	
판매비와관리비	100	
감가상각비	100	= 430 − 330
영업이익	100	
지급이자	45.30	= 190(0.03) + 990(0.04)
법인세 (T = 20%)	10.94	= (100−45.30)(0.20)
당기순이익	43.76	
배당금	33.76	
내부유보액	10	= 70 − 60

1. 대한(주)의 2017년, 2018년 말 대차대조표를 완성할 것.

2. 대한(주)의 2018년도 손익계산서를 완성할 것.

3. 대한(주)의 2018년 말 이익잉여금처분계산 부분의 내용을 완성할 것.

4. 기초 자기자본 = 기초(자본금 + 자본잉여금) + 이익잉여금
= (100 + 200) + 60 = 360

5. 기말 자기자본 = 기말(자본금 + 자본잉여금) + 이익잉여금
= (100 + 200) + 70 = 370

6. 기초 타인자본 = 기초 이자성부채 합계 = 100 + 1,000 = 1,100

7. 기말 타인자본 = 기말 이자성부채 합계 = 190 + 990 = 1,180

8. 기초 순운전자금 = 기초(유동자산 − 비이자성부채) = 650 − (120 + 100)
= 430

9. 기말 순운전자금 = 기말(유동자산 – 비이자성부채) = 640 – (130 + 100)
= 410

10. 기초 시설자금 = 기초 순고정자산 = 1,360 – 330 = 1,030

11. 기말 시설자금 = 기말 순고정자산 = 1,570 – 430 = 1,140

12. 기말 자금조달액 = 투하자산(IC) 등식이 성립하는지를 숫자로 계산하라.
370 + 1,180 = 1,550 = 410 + 1,140 = 1,550

13. 내부유보액(= 유보이익)의 계산식을 서술하고 숫자로 계산하라.
내부유보액 = 이익잉여금의 증가액 = 70 – 60 = 10

14. 배당금의 계산식을 서술하고 숫자로 계산하라.
배당금 = 당기순이익 – 내부유보액 = 43.76 – 10 = 33.76

15. 회계적영업현금흐름의 계산식을 서술하고 숫자로 계산하라.
회계적영업현금흐름 = 영업이익 – 세금 + 감가상각비
= 100 – 10.94 + 100 = 189.06

16. 재무적영업현금흐름의 계산식을 서술하고 숫자로 계산하라.
재무적영업현슴흐름 = 영업이익(1 – 법인세율) + 감가상각비
= 100(1 – 0.20) + 100 = 180

17. 이자지급에 따른 법인세 절감액의 계산식을 서술하고 숫자로 계산하라.
절세액 = 회계적영업현금흐름 – 재무적영업현금흐름 = 189.06 – 180
= 지급이자 × 법인세율 = 45.30(0.20) = 9.06

18. 투자증가액의 계산식을 서술하고 숫자로 계산하라.
투자증가액 = 순운전자금증가액 + 시설자금증가액 + 감가상각비
= (410 – 430) + (1,140 – 1,030) + 100 = –20 + 110 + 100
= 190

19. 회계적잉여현금흐름의 계산식을 서술하고 숫자로 계산하라.
회계적잉여현금흐름 = 회계적영업현금흐름 – 투자증가액 = 189.06 – 190
= –0.94

20. 재무적잉여현금흐름의 계산식을 서술하고 숫자로 계산하라.
재무적잉여현금흐름 = 재무적영업현금흐름 – 투자증가액 = 180 – 190
= –10

21. 채권자의현금흐름의 계산식을 서술하고 숫자로 계산하라.
채권자의현금흐름 = 지급이자 − 이자성부채증가액
= 45.30 − (1,180 − 1,100) = −34.70

22. 주주의현금흐름의 계산식을 서술하고 숫자로 계산하라.
주주의현금흐름 = 배당금 − 자본금및자본잉여금증가액
= 33.76 − 0 = 33.76

23. 내부금융증가액의 계산식을 서술하고 숫자로 계산하라.
내부금융증가액 = 감가상각비 + 내부유보액 = 100 + 10 = 110

24. 외부금융증가액의 계산식을 서술하고 숫자로 계산하라.
외부금융증가액 = 이자성부채증가액 + 자본금및자본잉여금증가액
= 80 + 0 = 80

25. 투자증가액 = 자금조달증가액 등식이 성립하는지를 숫자로 계산하라.
(410 − 430) + (1,140 − 1,030) + 100 = 190 = 110 + 80 = 190

2019년 기준 대한(주)의 현금흐름 분석 요약

재무활동에 관한 현금흐름정보	현금흐름 계산식	풀이: 대한(주)
타인사본(D) 조달액	= 부채 중 이자성부채	= 190 + 990 = 1,180
자기자본(E) 조달액	= (자본금 + 자본잉여금) + 이익잉여금	= (100 + 200) + 70 = 370
순운전자금	= 유동자산 − 유동부채 중 비이자성부채	= 640 − (130 + 100) = 410
시설자금	= 고정자산 − 감가상각누계액 = 순고정자산	= 1,570 − 430 = 1,140
체크: 자금조달 = 투자 등식	$D + E = IC$	1,180 + 370 = 1,550 = 410 + 1,140
회계적 영업현금흐름	= I/S 상의 영업이익 − 법인세 + 감가상각비	= 100 − 10.94 + 100 = 189.06
재무적 영업현금흐름	= 영업이익(1 − 법인세율) + 감가상각비	= 100(1 − 0.20) + 100 = 180

지급이자의 절세효과(TS)	= 지급이자 × 법인세율	= 45.30(0.20) = 9.06
체크: 회계적 영업현금흐름	**= 재무적 영업현금흐름 +지급이자의 절세효과**	**= 180 + 9.06 = 189.06**
순운전자금 증가액	= (기말 – 기초) 순운전자금	= 410–430 = –20
시설자금 증가액 (감가상각비 포함)	= (기말 – 기초) 시설자금 + 감가상각비	= 1,140 – 1,030 + 100 = 210
회계적 잉여현금흐름(CCF)	= 회계적 영업현금흐름 – 순운전자금 증가액 – 시설자금 증가액	= 189.06 – (–20) – 210 = –0.94
채권자의 현금흐름 (CFD)	= 지급이자 – 이자성부채 증가액	= 45.30 – (1,180 – 1,100) = –34.70
주주의 현금흐름 (CFE)	= 배당금 – (자본금및자본잉여금) 증가액	= 33.76 – 0 = 33.76
체크: 회계적잉여현금흐름 (CCF) 등식	$CCF = CFD + CFE$	**= –34.70 + 33.76 = –0.94**
체크: 재무적잉여현금흐름 (FCF) 등식	$FCF = CCF - TS$ **= 재무적 영업현금흐름 – 순운전자금 증가액 – 시설자금 증가액**	**–0.94 – 9.06 = –10 = 180 – (–20) – 210 = –10**
내부금융 증가액	= 감가상각비 + 내부유보액	= 100+10 =110
외부금융 증가액	= 이자성부채 증가액 + (자본금및자본잉여금) 증가액	= 80+0 =80
자금조달 증가액	= 내부금융 증가액 + 외부금융 증가액	= 110+80 =190
체크: 자금조달 증가액 등식	투자증가액 = 자금조달증가액	(410 – 430) + (1,140 – 1,030) + 100 = 190 = 110 + 80

[문제 2] 상수(주)의 재무제표로부터 5대 재무활동의 현금흐름을 분석하시오.

상수(주) 대차대조표(단위: 억원)

	2018년 말	2019년 말		2018년 말	2019년 말
현금	2,270	2,000	매입채무	870	1,400
매출채권	2,500	3,000	미지급금	1,450	600
재고자산	3,550	2,000	단기차입금(10%)	1,100	1,000
유동자산	8,320	7,000	유동부채	3,420	3,000
			장기차입금(@8%)	5,200	5,000
			회사채(@10%)	2,000	2,000
순고정자산	12,100	13,000	고정부채	7,200	7,000
			부채총계	10,620	10,000
			자본금*	5,000	5,000
			자본잉여금	1,000	1,000
			이익잉여금	3,800	4,000
			자본총계	9,800	10,000
자산총계	20,420	20,000	부채자본총계	20,420	20,000

* 상수(주)의 주식시장 정보; 주식액면가 5,000원. 현재 수가는 6,000원

상수(주)의 손익계산서(단위: 억원)

	2019.1.1 – 12.31
매출액	29,000
매출원가	24,000
판매비와관리비	1,300
감가상각비	1,000
영업이익 X	2,700
지급이자	700
경상이익	2,000
법인세(@T = 20%)	400
당기순이익	1,600

배당금	1,400
내부유보액	200

상수(주)의 재무제표를 바탕으로 2019년 말 기준 현금흐름을 분석하시오.(단위는 억원)

1. 타인자본(D) = 이자성부채 = 1,000 + 5,000 + 2,000 = 8,000
2. 자기자본(E) = (자본금 + 자본잉여금) + 이익잉여금
   = (5,000 + 1,000) + 4,000 = 10,000
3. 순운전자금 = 유동자산 − 유동부채 중 비이자성부채
   = 7,000 − (600 + 1,400) = 5,000
4. 시설자금 = 순고정자산 = 13,000
5. 투하자산(IC) = 순운전자금 + 시설자금
   = 5,000 + 13,000 = 18,000 = 8,000 + 10,000
6. 세후영업이익 = $X(1-T)$ = 2,700(1 − 0.20) = 2,160
7. 회계적 영업현금흐름 = 2,700 − 400 + 1,000 = 3,300
8. 순운전자금증가액 = 5,000 − (8,320 − 870 − 1,450) = −1,000
9. 시설자금증가액 = (13,000 − 12,100) + 1,000 = 1,900
10. 회계적 잉여현금흐름 = 3,300 − (−1,000) − 1,900 = 2,400
11. 재무적 영업현금흐름 = 2,700(1 − 0.20) + 1,000 = 3,160
12. 재무적 잉여현금흐름 = 3,160 − (−1,000) − 1,900 = 2,260
13. 유보이익 = 이익잉여금증가액 = 4,000 − 3,800 = 200
14. 배당금 = 당기순이익 − 유보이익 = 1,600 − 200 = 1,400
15. 이자성부채증가액 = 8,000 − (1,100 + 5,200 + 2,000) = −300
16. 채권자의 현금흐름 = 700 − (−300) = 1,000
17. 자본금 및 자본잉여금증가액 = (5,000 + 1,000) − (5,000 + 1,000) = 0
18. 주주의 현금흐름 = 1,400 − 0 = 1,400
19. 이자지급에 따른 법인세절감액(절세효과) = 700(0.20) = 140
20. 재무적 잉여현금흐름 + 절세효과 = 회계적 잉여현금흐름
    = 2,260 + 140 = 2,400

주어진 2018–2019년 2년간의 상수(주)의 재무제표를 바탕으로 5대 재무활동에 대한 현금흐름을 분석하시오.(단위는 억원)

1. 투자활동과 자금조달활동의 결과가 동일한지 여부를 현금흐름의 숫자로 보일 것.

2019년 투자활동; 순운전자금 + 시설자금

= 7,000 − (600 + 1,400) + 13,000 = 18,000

자금조달활동; 타인자본 + 자기자본

= (1,000 + 5,000 + 2,000) + (5,000 + 1,000 + 4,000) = 18,000

2018년 투자활동; 순운전자금 + 시설자금

= 8,320 − (870 + 1,450) + 12,100 = 18,100

자금조달활동; 타인자본 + 자기자본

= (1,100 + 5,200 + 2,000) + (5,000 + 1,000 + 3,800) = 18,100

2. 부가가치창출활동에 관한 재무정보를 회계적, 재무적 관점에서 각각 숫자로 측정할 것.

2019년 부가가치창출활동; 회계적 영업현금흐름

= 2,700 − 400 + 1,000 = 3,300

재무적 영업현금흐름

= 2,700(1 − 0.20) + 1,000 = 3,160

3. 부가가치창출활동에 관한 2가지 회계적, 재무적 관점에서 측정한 재무정보의 차액을 계산하고, 그 차이의 원인이 되는 재무정보가 무엇인지를 서술할 것.

회계적 영업현금흐름 − 재무적 영업현금흐름 = 3,300 − 3,160 = 140

= 절세효과 = 지급이자 × 법인세율 = 700(0.2) = 140

4. 2018→2019년도 성장활동에 요구되는 투자증가액을 감안한 후 계산한 부가가치배분활동에 관한 재무정보를 2가지 다른 시각에서 각각 숫자로 측정할 것.

투자증가액; 순운전자금증가액 = 5,000 − 6,000 = −1,000

시설자금증가액(감가상각비 포함) = 13,000 − 12,100 + 1,000 = 1,900

부가가치배분활동; 회계적 잉여현금흐름 = 3,300 − (−1,000) − 1,900 = 2,400
재무적 잉여현금흐름 = 3,160 − (−1,000) − 1,900 = 2,260

5. 2019년도 당기 배당금과 내부유보액은 각각 얼마인가 계산할 것.

2019년 배당액 = 당기순이익 − 이익잉여금증가액
= 1,600 −(4,000 − 3,800) = 1,400

내부유보액 = 이익잉여금증가액 = 4,000 − 3,800 = 200

6. 2018→2019년도 성장활동에 요구되는 투자증가액과 그에 필요한 자금조달증가액이 각각 얼마인지 측정하고, 그 금액들이 일치하는지 여부를 숫자로 보일 것.

투자증가액; 순운전자금증가액 + 시설자금증가액(감가상각비 포함)
= −1,000 + 1,900 = 900

자금조달증가액; 내부금융증가액 = 내부유보액 + 감가상각비
= 200 + 1,000 = 1,200

외부금융증가액 = 이자성부채증가액 + 자본금 및 자본잉여금증가액 = (8,000 − 8,300) + (6,000 − 6,000) = −300

7. 2018→2019년도 성장활동에 요구되는 투자증가액을 감안하여 계산한 부가가치배분활동에 관한 재무정보를 배분대상이 되는 경제주체별로 구분해 각각의 숫자로 보일 것.

채권자의 현금흐름 = 지급이자 − 이자성부채증가액 = 700 − (−300) = 1,000

주주의 현금흐름 = 배당금 − 자본금 및 자본잉여금증가액
= 1,400 − 0 = 1,400

회계적 잉여현금흐름 = 채권자의 현금흐름 + 주주의 현금흐름
= 1,000 + 1,400 = 2,400

[문제 3] 천강(주)의 재무제표로부터 5대 재무활동의 현금흐름을 분석하시오.

천강(주) 대차대조표(단위: 억원)

	2018년 말	2019년 말		2018년 말	2019년 말
현금	250	200	매입채무	100	150
매출채권	250	500	미지급금	100	150
재고자산	500	300	은행차입금(@10%)	200	300
유동자산	1,000	1,000	유동부채	400	600
			회사채(@5%)	300	400
순고정자산	500	1,000	고정부채	300	400
			자본금	600	600
			이익잉여금	200	400
			자본총계	800	1,000
자산총계	1,500	2,000	부채자본총계	1,500	2,000

* 자본시장정보: 천강(주)의 채권가격 = 액면가 10,000원당 9,475.15원
천강(주)의 주식가격 = 액면가 5,000원당 15,000원

천강(주) 손익계산서(단위: 억원)

	2019.1.1 – 12.31
매출액	2,200
매출원가	1,800
판매비와관리비	55
감가상각비	25
영업이익	320
지급이자	50
법인세(@20%)	54
당기순이익	216
배당금	16
내부유보액	200

천강(주)의 재무활동에 관한 현금흐름 분석

5대 재무활동	재무정보	회계정보; 계정과목	재무정보 계산식	예제풀이: 천강(주)
[1] 자금조달	타인자본	부채 중 이자성부채	= 유동부채 중 이자성부채 +고정부채	300+400 = 700
	자기자본	자본금, 자본잉여금, 이익잉여금	= (자본금+자본잉여금) +이익잉여금	(600+0)+400 = 1000
[2] 투자	순운전자금	유동자산, 비이자성부채	= 유동자산−유동부채 중 비이자성부채	1000−(150+150) = 700
	시설자금	고정자산	= 순고정자산 = 고정자산−감가상각누계액	1000
체크포인트 1	**자금조달액 = 투자액 등식**		**타인자본+자기자본 = 투하자산**	**700+1000 = 700+1000 = 1700**
[3] 부가가치 창출	회계적 영업현금흐름	영업이익, 법인세	= I/S상의 영업이익−법인세 +감가상각비	320−54+25 = 291
	재무적 영업현금흐름	영업이익, 법인세율	= 영업이익(1−법인세율) +감가상각비	320(1−0.20)+25 = 281
성장을 고려한 부가가치 창출	순운전자금증가액		= (금년도−전년도) 순운전자금	700−(1000−200) = −100
	시설자금증가액 (감가상각비 포함하는 것에 주의)		= (금년도−전년도) 시설자금 +감가상각비	1000−500+25 = 525
	회계적 잉여현금흐름		= 회계적 영업현금흐름−(순운전자금증가액+시설자금증가액)	291−(−100)−525 = −134
	재무적 잉여현금흐름		= 재무적 영업현금흐름−(순운전자금증가액+시설자금증가액)	281−(−100)−525 = −144
체크포인트 2	**지급이자의 절세효과 = 절세액**		**= 회계적 잉여현금흐름 −재무적 잉여현금흐름 = 지급이자×법인세율**	**−134−(−144) = 10 = 50(0.20)**
[4] 부가가치 배분	배당	배당금	= 당기순이익−유보이익	216−200 = 16
	유보이익 (내부유보액)	이익잉여금 증가액	= (금년도−전년도) 이익잉여금	400−200 = 200

	채권자의 현금흐름	지급이자, 추가부채액 차감	= 지급이자–이자성부채증가액	50–(700–500) = –150
	주주의 현금흐름	배당금, 추가 자본액 차감	= 배당금–자본금 및 자본잉여금 증가액	16–0 = 16
체크포인트 3	회계적 잉여현금흐름 등식		= 채권자의 현금흐름 + 주주의 현금흐름	–150+16 = –134
[5] 성장	투자증가액		= 순운전자금증가액 + 시설자금 증가액(감가상각비 포함)	–100+525 = 425
	자금조달증가액 = 내부금융증가액+외부금융증가액		= (감가상각비+유보이익) + (이자성부채증가액+자본금 및 자본잉여금 증가액)	(25+200) +(200+0) = 425
체크포인트 4	투자증가액 = 자금조달증가액 등식		투자증가액 = (내 · 외부금융) 자금조달증가액	동일액 확인

주어진 2018년–2019년 2년간의 천강(주)의 재무제표를 바탕으로 5대 재무활동에 대한 현금흐름을 분석하시오.(단위는 억원)

1. 투자활동과 자금조달활동의 결과가 동일한지 여부를 현금흐름의 숫자로 보일 것.

2019년 투자활동; 순운전자금 + 시설자금 = 1,000 – (150 + 150) + 1,000 = 1,700

자금조달활동; 타인자본 + 자기자본 = (300 + 400) + (600 + 400) = 1,700

2018년 투자활동; 순운전자금 + 시설자금 = 1,000 – (100 + 100) + 500 = 1,300

자금조달활동; 타인자본 + 자기자본 = (200 + 300) + (600 + 200) = 1,300

2. 부가가치창출활동에 관한 재무정보를 회계적, 재무적 관점에서 각각 숫자로 측정할 것.

2019년 부가가치창출활동; 회계적 영업현금흐름 = 320 – 54 + 25 = 291

재무적 영업현금흐름 = 320(1 – 0.20) + 25 = 281

3. 부가가치창출활동에 관한 2가지 회계적, 재무적 관점에서 측정한 재무정보의 차액을 계산하고, 그 차이의 원인이 되는 재무정보가 무엇인지를 서술할 것.

회계적 영업현금흐름 − 재무적 영업현금흐름 = 291 − 281 = 10

= 절세효과 = 지급이자 × 법인세율 = 50(0.2) = 10

4. 2018→2019년도 성장활동에 요구되는 투자증가액을 감안한 후 계산한 부가가치배분활동에 관한 재무정보를 2가지 다른 시각에서 각각 숫자로 측정할 것.

투자증가액; 순운전자금증가액 = 700 − 800 = −100

시설자금증가액(감가상각비 포함) = 1,000 − 500 + 25 = 525

부가가치배분활동; 회계적 잉여현금흐름 = 291 − (−100) − 525 = −134

재무적 잉여현금흐름 = 281 − (−100) − 525 = −144

5. 2019년도 당기 배당금과 내부유보액은 각각 얼마인가 계산할 것.

2019년 배당액 = 당기순이익 − 이익잉여금증가액 = 216 − (400 − 200) = 16

내부유보액 = 이익잉여금증가액 = 400 − 200 = 200

6. 2018→2019년도 성장활동에 요구되는 투자증가액과 그에 필요한 자금조달증가액이 각각 얼마인지 측정하고, 그 금액들이 일치하는지 여부를 숫자로 보일 것.

투자증가액; 순운전자금증가액 + 시설자금증가액(감가상각비 포함)

= −100 + 525 = 425

자금조달증가액; 내부금융증가액 = 내부유보액 + 감가상각비 = 200 + 25 = 225

외부금융증가액 = 이자성부채증가액 + 자본금 및 자본잉여금

증가액 = (700 − 500) + (600 − 600) = 200

7. 2018→2019년도 성장활동에 요구되는 투자증가액을 감안하여 계산한 부가가치배분활동에 관한 재무정보를 배분대상이 되는 경제주체별로 구분해 각각의 숫자로 보일 것.

채권자의 현금흐름 = 지급이자 − 이자성부채증가액 = 50 − 200 = −150

주주의 현금흐름 = 배당금 − 자본금 및 자본잉여금증가액 = 16 − 0 = 16

회계적 잉여현금흐름 = 채권자의 현금흐름 + 주주의 현금흐름

= −150 + 16 = −134

제3장 재무비율 분석

5대 재무활동	관련 재무비율	재무비율의 기준값
자금조달	*DER* = 타인자본/자기자본 부채비율 = 타인자본/(타인자본 + 자기자본) **자기자본조달비중 = 자기자본/(타인자본 + 자기자본)**	*DER* = 1.0 부채조달비중 = 0.5
투자	순운전자금 투자비중 = 순운전자금/투하자산 시설자금 투자비중 = 시설자금/투하자산 유동비율 = 유동자산/유동부채 중 비이자성부채	업종별로 상이함 유동비율 = 1.0
부가가치 창출	**투하자산회전율 = 매출액/투하자산** 재고자산회전율 = 매출액/재고자산 매출채권회전율 = 매출액/매출채권 매입채무회전율 = 매출액/매입채무 **매출액영업이익률 = 영업이익/매출액** 투하자산영업이익률 = 영업이익/투하자산 세후투하자산이익률 = 세후영업이익/투하자산	투하자산회전율〉1.0 업종별로 상이함 세후투하자산이익률 (세후*ROIC*)〉 세후가중평균자본비용(세후*WACC*)
부가가치 배분	이자보상비율 = 영업이익/지급이자 평균차입금리 = 지급이자/타인자본 자기자본이익률 = 당기순이익/자기자본 **영업이익의 질 = 당기순이익/영업이익**	이자보상비율〉1.0 자기자본이익률 (*ROE*)〉 자기자본요구수익률 (K_e)
성장	배당성향 = 배당금/당기순이익 내부유보율 = 유보이익/당기순이익 **잠재성장률 = 자기자본이익률*내부유보율**	업종별로 상이함

<table>
<tr><th colspan="3">시장가치비율 분석</th></tr>
<tr><td rowspan="3">주식가치 분석</td><td>PER</td><td>현재 주가/주당 순이익</td></tr>
<tr><td>PBR</td><td>현재 주가/주당 장부가</td></tr>
<tr><td>PSR</td><td>현재 주가/주당 매출액</td></tr>
<tr><td rowspan="2">기업가치 분석</td><td>EV/EBITDA</td><td>(부채총계 + 주식시가총액)/EBITDA</td></tr>
<tr><td>EV/A</td><td>(부채총계 + 주식시가총액)/자산총계</td></tr>
</table>

[참고자료] 재무활동 분석; 현금흐름 분석과 재무비율 분석

[1] 재무활동 분석 1; 무한대모형에 입각한 계속기업의 현금흐름 분석

회계적 영업현금흐름 = 영업이익 + 감가상각비 − I/S상의 법인세

= 재무적 영업현금흐름 + 지급이자의 절세액

순운전자금 증가액 = (기말 − 기초)순운전자금

시설자금 증가액 = (기말 − 기초)고정자산 + 감가상각비

회계적 잉여현금흐름 = 회계적 영업현금흐름 − 순운전자금증가액 − 시설자금 증가액

채권자의 현금흐름 = 지급이자 − 이자성부채증가액

주주의 현금흐름 = 배당금 − (자본금과 자본잉여금)증가액

재무적 영업현금흐름 = 영업이익 × (1 − 법인세율) + 감가상각비

재무적 잉여현금흐름 = 재무적 영업현금흐름 − 순운전자금증가액 − 시설자금 증가액

[2] 재무활동 분석 2; 무한대모형에 입각한 재무비율 분석 1

⇒ 부가가치배분활동 × 부가가치창출활동 × 투자활동 × 자금조달활동에 관한 재무정보종합

ROE 분해공식; 자기자본순이익률 *ROE*

= 당기순이익/자기자본

= [당기순이익/영업이익] × [영업이익/매출액] × [매출액/투하자산] × [투하자산/자기자본]

= 당기순이익 비중 × 매출액영업이익률 × 투하자산회전율 × 자기자본조달 비중의 역수

= 이익의 질 × 수익성 × 활동성 × 안정성

[3] 무한대모형에 입각한 재무비율 분석 2

[3-1] 재무레버리지 공식

ROE = 세후$ROIC$ + [세후$ROIC$ − $i \times (1-T)$] × D/E

논리; 투자의 수익률은 자금조달에 기여한 경제주체가 기대하는 수익률을 충족하여야 함.

$$\text{세후}ROIC = \frac{\text{지급이자}(1-T)}{\text{타인자본}} \times \text{타인자본조달비중} + \frac{\text{당기순이익}}{\text{자기자본}} \times \text{자기자본조달비중}$$

$$= i(1-T) \times \frac{D}{D+E} + ROE \times \frac{E}{D+E}$$

공식을 ROE에 대해서 풀어쓰면 공식도출

[3-2] 잠재성장률 g 공식

$g = ROE \times (1 - PO)$

배당성향 = 배당금지급액/당기순이익

내부유보율 = 유보이익/당기순이익 = 이익잉여금증가액/당기순이익

= 1 − 배당성향(PO)

논리; 증자 등 추가적 외부금융이 없이 내부유보만으로 투자증가액을 조달하는 경우에 달성가능한 성장률, 내부금융만으로 지속가능한 성장률을 의미함.

$ROE \times (1 - PO)$ = 당기순이익/자기자본 × 이익잉여금증가액/당기순이익

= (외부금융 추가 없는) 자기자본증가액/자기자본

= 잠재성장률 g

Chapter 03 연습문제

[문제 1] 대한(주)의 재무제표와 자본시장정보로부터 재무비율 및 시장가치비율을 분석하시오.

대한(주)의 대차대조표(단위: 억원)

차변	2018년 말	2019년 말	대변	2018년 말	2019년 말
현금	100	110	매입채무	120	130
매출채권	350	320	미지급금	100	100
재고자산	200	210	차입금 (3%)	100	190
유동자산	650	640	유동부채	320	420
총고정자산	1,360	1,570	회사채 (4%)	1,000	990
감가상각누계액	330	430	고정부채	1,000	990
고정자산	1,030	1,140	부채총계	1,320	1,410
			자본금	100	100
			자본잉여금	200	200
			이익잉여금	60	70
			자본총계	360	370
자산총계	1,680	1,780	부채자본총계	1,680	1,780

* 2019년 현재 자본시장정보:

회사채; 액면가 10,000원, 만기 3년, 연말 1회 이자지급 조건. 현재 채권가격 10,000원.

보통주; 액면가 5,000원, 현재 주가 7,000원에 거래.

대한(주)의 손익계산서(단위; 억원)

	2019.1.1 - 12.31	계산근거
매출액	1,700	
매출원가	1,400	
판매비와관리비	100	
감가상각비	100	= 430 − 330
영업이익	100	
지급이자	45.30	= 190(0.03) + 990(0.04)
법인세 (T = 20%)	10.94	= (100 − 45.30)(0.20)
당기순이익	43.76	
배당금	33.76	
내부유보액	10	= 70 − 60

1. 대한(주)의 2018년, 2019년 말 대차대조표를 완성할 것.
2. 대한(주)의 2019년도 손익계산서를 완성할 것.
3. 대한(주)의 2019년 말 이익잉여금처분계산 부분의 내용을 완성할 것.
4. 당기순이익률(ROE)의 DuPont분해 공식의 계산식을 정확하게 서술하라.

$$ROE = \left(\frac{\text{자금조달액}}{\text{자기자본}}\right)\left(\frac{\text{매출액}}{\text{투하자산}}\right)\left(\frac{\text{영업이익}}{\text{매출액}}\right)\left(\frac{\text{당기순이익}}{\text{영업이익}}\right)$$

5. 2019년도 ROE의 DuPont분해 공식이 성립하는지 여부를 공식 양변의 숫자가 일치하는지 여부를 숫자로 계산하는 과정과 결과값을 서술함으로써 보일 것.

$$ROE = (1{,}550/370)(1{,}700/1{,}550)(100/1{,}700)(43.76/100)$$
$$= (4.1892)(1.0968)(0.0588)(0.4376) = 0.1183 = 43.76/370$$

6. 당기순이익률(ROE)에 대한 재무레버리지 공식(FLE)을 정확하게 서술하라.

$$ROE = \text{세후}ROIC + [\text{세후}ROIC - i(1 - T)]\ D/E$$

7. 2019년도 ROE에 대한 재무레버리지 공식(FLE)이 성립하는지 여부를 공식 양변의 숫자가 일치하는지 여부를 숫자로 계산하는 과정과 결과값을 서술함으로써 보일 것.

$ROE = 0.1183 = 100(1-0.20)/1.550 + [0.0516 - 0.0384(1-0.20)](1,180/370)$

$= 0.0516 + [0.0516 - 0.0307](3.1892) = 0.1183$

8. 잠재성장율 공식(SGE)을 정확하게 서술하라.

g = $ROE \times (1 - PO)$ = 당기순이익률 × (1 − 배당성향)

= 당기순이익 × 내부유보율

9. 2019년도 잠재성장률을 계산하라. 단위는 소수점 2자리 %.

$g = (43.76/370)(1 - 33.76/43.76) = 0.1183(1 - 0.7715)$

$= 0.1183(0.2285) = 2.70\%$

5대 재무활동	관련 재무비율; 재무활동비율	풀이: 대한(주)
자금조달	DER = 타인자본/자기자본	= 1,180/370 = 3.19배
	부채비율 = 타인자본/(타인자본+자기자본)	= 1,180/(1,180+370) = 76.13%
	자기자본조달비중 = 자기자본/(타인자본+자기자본)	= 370/(1,180+370) = 23.87%
투자	순운전자금 투자비중 = 순운전자금/투하자산	= 410/1,550 = 26.45%
	시설자금 투자비중 = 시설자금/투하자산	= 1,140/1,550 = 73.55%
	유동비율 = 유동자산/유동부채중 비이자성부채	= 640/230 = 2.78배
부가가치 창출	투하자산회전율 = 매출액/투하자산	= 1,700/1,550 = 1.10회전
	재고자산회전율 = 매출액/재고자산	= 1,700/210 = 8.10회전
	매출채권회전율 = 매출액/매출채권	= 1,700/320 = 5.31회전

	매입채무회전율 = 매출액/매입채무 매출액영업이익률 = 영업이익/매출액 투하자산영업이익률 = 영업이익/투하자산 세후투하자산이익률 = 세후영업이익/투하자산	= 1,700/130 = 13.08회전 = 100/1,700 = 5.88% = 100/1,550 = 6.45% = 100(1−0.20)/1,550 = 5.16%
부가가치 배분	이자보상비율 = 영업이익/지급이자 평균차입금리 = 지급이자/타인자본 자기자본이익률 = 당기순이익/자기자본 영업이익의 질 = 당기순이익/영업이익	= 100/45.30 = 2.21배 = 45.30/1,180 = 3.84% = 43.76/370 = 11.83% = 43.76/100 = 0.4376
성장	배당성향 = 배당금/당기순이익 내부유보율 = 유보이익/당기순이익 잠재성장률 = 자기자본이익률 × 내부유보율	= 33.76/43.76 = 0.7715 = 10/43.76 = 0.2285 = 0.1183(0.2285) = 2.70%

재무비율분석 종합		풀이: 대한(주)
재무비율 분해	*ROE* = [1] × [2] × [3] × [4]	*ROE* = 43.76/370 = 11.83%
당기순이익/영업이익	부가가치배분활동[4]	= 43.76/100 = 0.4376
영업이익/매출액	부가가치창출활동[3]	= 100/1,700 = 0.0588
매출액/투하자산	투자활동[2]	= 1,700/1,550 = 1.0968
투하자산/자기자본	자금조달활동[1]	= 1,550/370 = 4.1892

재무레버리지 공식	$ROE = ROIC+[ROIC-i(1-T)] \times D/E$	
$ROIC$(세후)	= 세후영업이익/투하자산	= 100(1−0.20)/1,550 = 0.0516
차입금평균이자율	= 지급이자/이자성부채	= 45.30/1,180 = 0.0384
부채비율	= 이자성부채/자기자본	= 1,180/370 = 3.1892
잠재성장률 공식	$g = ROE \times (1-PO)$	
당기순이익률	= 당기순이익/자기자본	= 43.76/370 = 0.1183
내부유보율	= 1 − 배당성향	= 1−33.76/43.76 = 0.2285

10. 주어진 자본시장 정보로부터 대한(주)의 2019년도 시장가치비율을 계산하라.

발행주식수 = 자본금/주당 액면가 = 100억원/0.5만원 = 200만주

주식의 시가총액 = 연말 주가 × 발행주식수 = 0.7만원 × 200만주 = 140억원

주당순이익 EPS = 당기순이익/발행주식수 = 43.76억/200만주 = 2,188원

주당장부가 BPS = 자기자본/발행주식수 = 370억/200만주 = 18,500원

주당매출액 SPS = 매출액/발행주식수 = 1,700억/200만주 = 85,000원

$PER = P/EPS$ = 7,000/2,188 = 3.20배

$PBR = P/BPS$ = 7,000/18,500 = 0.38배

$PSR = P/SPS$ = 7,000/85,000 = 0.08배

EV = 부채총계 + 주식의 시가총액 = 1,410 + 140 = 1,550

$EBITDA$ = 영업이익 + 감가상각비 = 100 + 100 = 200

A = 자산총계 = 1,780

$EV/EBITDA$ = 1,550/200 = 7.75배

EV/A = 1,550/1,780 = 0.87배

[문제 2] 재무비율 및 시장가치비율 분석

상수(주) 대차대조표(단위: 억원)

	2018년 말	2019년 말		2018년 말	2019년 말
현금	2,270	2,000	매입채무	870	1,400
매출채권	2,500	3,000	미지급금	1,450	600
재고자산	3,550	2,000	단기차입금(10%)	1,100	1,000
유동자산	8,320	7,000	유동부채	3,420	3,000
			장기차입금(@8%)	5,200	5,000
			회사채(@10%)	2,000	2,000
순고정자산	12,100	13,000	고정부채	7,200	7,000
			부채총계	10,620	10,000
			자본금*	5,000	5,000
			자본잉여금	1,000	1,000
			이익잉여금	3,800	4,000
			자본총계	9,800	10,000
자산총계	20,420	20,000	부채자본총계	20,420	20,000

* 상수(주)의 주식시장 정보: 주식액면가 5,000원. 2019년 말 현재, 주가는 6,000원

상수(주)의 손익계산서(단위: 억원)

	2019.1.1 - 12.31
매출액	29,000
매출원가	24,000
판매비와관리비	1,300
감가상각비	1,000
영업이익 X	2,700
지급이자	700
경상이익	2,000
법인세(@T = 20%)	400

당기순이익	1,600
배당금	1,400 = 1,600 − 200
내부유보액	200 = 4,000 − 3,800

상수(주)의 재무제표를 바탕으로 2019년 말 기준 재무비율을 분석하시오.

5대 재무활동	관련 재무비율: 재무활동비율	예제풀이: 상수(주)
자금조달	*DER* = 타인자본/자기자본	= 80.00%
	부채비율 = 타인자본/(타인자본 + 자기자본)	= 0.4444
	자기자본조달비중 = 자기자본/(타인자본 + 자기자본)	= 0.5556
투자	순운전자금 투자비중 = 순운전자금/투하자산	= 0.2778
	시설자금 투자비중 = 시설자금/투하자산	= 0.7222
	유동비율 = 유동자산/유동부채 중 비이자성부채	= 3.50배
부가가치 창출	투하자산회전율 = 매출액/투하자산	= 1.61배
	재고자산회전율 = 매출액/재고자산	= 14.50배
	매출채권회전율 = 매출액/매출채권	= 9.67배
	매입채무회전율 = 매출액/매입채무	= 20.71배
	매출액영업이익률 = 영업이익/매출액	= 9.31%
	투하자산영업이익률 = 영업이익/투하자산	= 15.00%
	세후투하자산이익률 = 세후영업이익/투하자산	= 12.00%
부가가치 배분	이자보상비율 = 영업이익/지급이자	= 3.86배
	평균차입금리 = 지급이자/타인자본	= 8.75%
	자기자본이익률 = 당기순이익/자기자본	= 16.00%
	영업이익의 질 = 당기순이익/영업이익	= 0.5926
성장	배당성향 = 배당금/당기순이익	= 0.8750
	내부유보율 = 유보이익/당기순이익	= 0.1250
	잠재성장률 = 자기자본이익률 × 내부유보율	= 2.00%

재무비율분석 종합		예제풀이: 상수(주)
재무비율 분해	ROE = [1] × [2] × [3] × [4]	1,600/10,000 = 16.00%
당기순이익/영업이익	부가가치배분활동[4]	= 0.5926
영업이익/매출액	부가가치창출활동[3]	= 9.31%
매출액/투하자산	투자활동[2]	= 1.61배
투하자산/자기자본	자금조달활동[1]	= 1/0.5556
재무레버리지 공식	ROE = 세후$ROIC$ + [세후$ROIC$ − $i(1-T)$] × D/E	16% = 12+ [12−8.75(1−0.2)](0.80)
세후$ROIC$	= 세후영업이익/투하자산	= 12.00%
차입금평균이자율	= 지급이자/이자성부채	= 8.75%
부채비율	= 이자성부채/자기자본	= 80.00%
잠재성장률 공식	g = ROE × (1 − PO)	g = 16%(0.1250) = 2.00%
당기순이익률	= 당기순이익/자기자본	= 16.00%
내부유보율	= 1 − 배당성향	= 1−1,400/1,600 = 0.1250

* 발행주식수 = 자본금/액면가 = 5,000억/5,000원 = 1억주

주식의 시가총액 = 연말 주가×발행주식수 = 0.6만 × 10,000만주 = 6,000억

주당순이익 EPS = 당기순이익/발행주식수 = 1600억/10000만주 = 1600원

주당장부가 BPS = 자기자본/발행주식수 = 10,000억/10,000만주 = 10,000원

주당매출액 SPS = 매출액/발행주식수 = 29,000억/10,000만주 = 29,000원

* EV = 부채총계 + 주식의 시가총액 = (3,000 + 7,000) + 6,000 = 16,000

$EBITDA$ = 영업이익 + 감가상각비 = 2,700 + 1,000 = 3,700

A = 자산총계 = 20,000

시장가치비율 분석			예제풀이: 상수(주)
주식가치 분석	PER	현재 주가/주당 순이익	6,000/1,600 = 3.75배
	PBR	현재 주가/주당 장부가	6,000/10,000 = 0.60배
	PSR	현재 주가/주당 매출액	6,000/29,000 = 0.21배
기업가치 분석	$EV/EBITDA$	(부채총계 + 주식시가총액)/$EBITDA$	16,000/3,700 = 4.32배
	EV/A	(부채총계 + 주식시가총액)/자산총계	16,000/20,000 = 0.80배

[문제 3] 재무비율 분석

천강(주) 대차대조표(단위: 억원)

	2018년 말	2019년 말		2018년 말	2019년 말
현금	250	200	매입채무	100	150
매출채권	250	500	미지급금	100	150
재고자산	500	300	은행차입금(@10%)	200	300
유동자산	1,000	1,000	**유동부채**	400	600
			회사채(@5%)	300	400
순고정자산	500	1,000	**고정부채**	300	400
			자본금	600	600
			이익잉여금	200	400
			자본총계	800	1,000
자산총계	1,500	2,000	**부채자본총계**	1,500	2,000

* 2019년 말 현재 자본시장정보:

천강(주)의 채권가격 = 액면가 10,000원당 9,475.15원

천강(주)의 주식가격 = 액면가 5,000원당 15,000원

천강(주) 손익계산서(단위: 억원)

	2019.1.1 - 12.31
매출액	2,200
매출원가	1,800
판매비와관리비	55
감가상각비	25
영업이익	320
지급이자	50
법인세(@20%)	54
당기순이익	216
배당금	16
내부유보액	200

주어진 천강(주)의 재무제표를 바탕으로 5대 재무활동에 대한 재무비율을 분석하시오.

1. 부채비율(DER) = $\dfrac{\text{이자성부채}}{\text{자기자본}}$ = 700/1,000 = 0.70배, 70.00%

2. 세후투하자산이익률(세후$ROIC$) = $\dfrac{\text{영업이익} \times (1-\text{법인세율})}{\text{투하자산}}$

= 320(1 − 0.20)/1,700 = 15.06%

3. 이자보상비율 = $\dfrac{\text{영업이익}}{\text{지급이자}}$ = 320/50 = 6.40배

4. 평균차입금리(i) = $\dfrac{\text{지급이자}}{\text{이자성부채}}$ = 50/700 = 7.14%

5. 당기순이익률(ROE) = $\dfrac{\text{당기순이익}}{\text{자기자본}}$ = 216/1,000 = 21.60%

6. 내부유보율 = 1 − 배당성향(PO) = $\dfrac{\text{당기순이익} - \text{배당금}}{\text{당기순이익}}$

= (216−16)/216 =0.9259

7. 문제에 제시된 재무제표로부터 계산한 2019년도 당기순이익률(ROE)에 대한 재무레버리지 공식이 성립하는지 여부를 확인하라. 양변의 숫자가 일치하는 과정을 숫자로 계산하여 보이시오. 단위는 소수점 2자리 %.

ROE; 당기순이익률 = 자기자본이익률 = 216/1,000 = 21.60%
세후$ROIC$; 세후투하자산이익률 = 320(1 − 0.20)/1,700 = 15.06%
i; 평균차입금리 = 50/700 = 7.14%
DER; 부채비율 = 700/1,000 = 0.70배

ROE = 세후$ROIC$ + [세후$ROIC - i(1-T)$](DER)
= 15.06 + [15.06 − 7.14(1 − 0.20)](0.70) = 21.60%

8. 문제에 제시된 재무제표를 바탕으로 계산한 2019년도 당기순이익률(ROE)이 DuPont 분해공식에 의해 성립하는지 여부를 확인하라. 양변의 숫자가 일치하는 과정을 정확히 숫자로 계산하여 보이시오. 단위는 소수점 2자리 %.

당기순이익률

= (당기순이익/영업이익)(영업이익/매출액)(매출액/투하자산)(투하자산/자기자본)

= (216/320)(320/2,200)(2,200/1,700)(1,700/1,000)

= (0.6750)(0.1455)(1.2941)(1/0.5882) = 21.60%

9. 문제에 제시된 재무제표를 바탕으로 2019년도 "지속가능(잠재)성장률"과 "내부금융조달비중"을 계산하시오. 단위는 소수점 2자리 %.

지속가능성장률; 잠재성장률 = 당기순이익(1 − 배당성향)

= 21.60%(0.9259) = 20.00%

내부금융조달비중 = 내부금융증가액/투하자산증가액

= [25 + (400 − 200)]/[−100 + 500 + 25] = 52.94%

10. 1주당 당기순이익(*EPS*) $= \frac{\text{당기순이익}}{\text{발행주식수}}$ = 216억/(600억/5,000원)

= 1,800원

11. 1주당 장부가치(*BPS*) = 주당 자기자본 $= \frac{\text{자본총계}}{\text{발행주식수}}$

= 1,000억/1,200만주 = 8,333.33원

12. $PER = \frac{\text{1주당 주가}}{\text{1주당 당기순이익}}$ = 15,000/1,800 = 8.33배

13. $PBR = \frac{\text{1주당 주가}}{\text{1주당 장부가치}}$ = 15,000/8,333.33 = 1.80배

14. $EV/EBITDA = \frac{\text{부채총계} + \text{주식시가총액}}{\text{영업이익} + \text{감가상각비}}$

= [(600 + 400) + 1,800]/(320 + 25) = 8.12배

여기서 주식시가총액 = 15,000원 × 1,200만주 = 1,800억

15. $EV/A = \frac{\text{부채총계} + \text{주식시가총액}}{\text{자산총계}}$ = 2,800/2,000 = 1.40배

제4장 재무계획

<u>재무계획에 활용하는 무한대모형의 두 가지 공식 도출</u>

1. 재무레버리지 공식(*FLE*); [1][2][3][4]번 재무활동을 표현하는 공식

기업의 부가가치창출 필요액은 채권자 몫인 지급이자와 주주의 배당금 등 주주의 몫을 충족시킬 수 있어야 함. 이를 재무비율로 표시하면

$$\text{세후}ROIC = i(1-T) \times \frac{D}{D+E} + ROE \times \frac{E}{D+E}$$

$$ROE = \text{세후}ROIC + [\text{세후}ROIC - i(1-T)] \times DER$$

2. 잠재성장률 공식(*SGE*); [5]번 재무활동을 표현하는 공식

잠재성장률은 내부금융만으로 다음 년도의 투자재원을 마련한 상황에서 달성가능한 투자 및 매출액성장률을 의미함. 따라서 외부금융필요액(*EFN*: External Financing Needed) = 0로 하는 내부금융의 재투자에 의한 성장률을 의미함.

2-1. 내부금융을 내부유보액으로 국한하는 경우;

EFN = 투하자산증가액 − 내부유보액 = 0

투하자산증가액 = $E \times g$, 내부유보액 = $NI \times (1-PO)$

$EFN = E \times g - NI \times (1-PO) = 0$

외부금융 없이, 내부금융으로만 달성가능한 성장률 g 도출

$$EFN = 0 \rightarrow g = \frac{NI \times (1-PO)}{E} = ROE \times (1-PO)$$

2-2. 내부유보액을 바탕으로 기존 부채비율만큼 타인자본을 조달하는 경우;

EFN = 투하자산증가액 − 내부유보액 = 0

투하자산증가액 = $IC \times g$, 내부유보액 = $NI \times (1-PO)$

기존 부채비율 = $\dfrac{D}{E}$

$EFN = IC \times g - NI \times (1-PO) \times (1+DER) = 0$

유상증자 없이, 내부금융에 기초하여 달성가능한 성장률 g 도출

$$EFN = 0 \rightarrow g = \frac{NI \times (1-PO) \times (1+\frac{D}{E})}{D+E} = ROE \times (1-PO)$$

재무계획 요약표: 재무목표(2개)와 재무정책(2개) 간의 정합성 분석

$FLE : ROE$ = 세후$ROIC$ + [세후$ROIC - i(1-T)] \times DER$

⇒ 목표 $ROIC$, 정책변수 DER

$SGE : g = ROE \times (1-PO)$ ⇒ 목표 g, 정책변수 PO

진단	무한대모형 계산요령	a. 성장 목표 우선하는 경우; SGE에 목표 g 적용하여 ROE 계산 → FLE에서 세후$ROIC$ 계산 → 세전$ROIC$ 목표와 비교하여 실현가능성에 대한 검토	b. 이익 목표 우선하는 경우; FLE에 목표 세후$ROIC$ 적용 ROE계산 → SGE에서 g 계산 → g 목표와 비교하여 실현가능성에 대한 검토
		목표성장률 및 배당성향, 부채비율 3가지 주어진 값으로부터 세전, 세후$ROIC$ 계산;	목표이익률 및 부채비율, 배당성향 3가지 주어진 값으로부터 g 계산;
목표달성 방안1 $ROIC$ 개선방안	ROE분해 공식 중에서 [2][3]번활동 중심으로 $ROIC$분해	$ROIC$ 분해공식 이용 → 고객(시장) 환경분석 및 내부원가 혹은 비용분석(인적, 물적 생산요소비용의 변화가능성 검토)	
		현재 매출액영업이익률 → 매출액회전율 계산값으로 개선가능? 현재 매출액회전율 → 매출액영업이익률 계산값으로 개선가능?	
목표달성 방안 2 부채비율 재무정책 변수 사용방안	목표성장률, 목표이익률, 배당성향, 3가지 주어진 값으로부터	SGE 적용 → FLE에서 DER 계산 → 타인자본시장 환경 분석(금전적 생산요소인 타인자본비용의 변화가능성 검토)	
		SGE 공식으로부터 매출액성장률 목표를 달성하기 위해 요구되는 ROE 계산; FLE 공식으로부터 세후$ROIC$ 목표도 함께 달성을 가능케 하는 DER 계산;	
목표달성 방안 3 배당성향 재무정책 변수 사용방안	목표성장률, 목표이익률, 부채비율, 3가지 주어진 값으로부터	FLE 이용 → SGE에서 PO 계산 → 자기자본시장 환경 분석(금전적 생산요소인 자기자본비용의 변화가능성 검토)	
		FLE 공식으로부터 영업이익률 목표를 달성하기 위해 요구되는 ROE 계산; SGE 공식으로부터 목표성장률을 바탕으로 PO 계산;	

Chapter 04 연습문제

[문제 1] (주)홍익의 재무계획의 수립과 진단, 활용방법에 대해 분석하시오.

(주)홍익의 과거 실적자료로서 2018, 2019년도 재무제표가 주어졌다. (주)홍익은 2020년도 경영계획을 준비하고 있다. (주)홍익의 사장은 내년도에도 재무정책은 금년도와 동일하게 유지하면서 매출액성장률 10%와 영업이익률(세전투하자산이익률) 15% 목표를 동시에 달성하고자 한다.
이때 무한대모형을 이용하여 이 회사의 경영계획의 합리성을 분석하고, 경영목표의 달성가능방안 및 재무정책 조정방안을 검토하는 것이 재무계획의 목표이다.

재무계획의 전개는 다음과 같이 단계적으로 순서를 따른다.

1단계: 재무비율분석과 무한대모형

2019년도 재무제표의 회계정보를 바탕으로 2019년 말 기준으로 재무비율을 분석하고, *FLE*, *SGR* 공식으로부터 *ROE*, *g* 값을 계산한다.

2단계: 사업계획 실천력 진단

새로운 사업계획의 재무목표 달성가능성을 *FLE*, *SGR* 공식으로부터 계산하고, 사내외 고객동향 및 원가, 비용계획을 평가하여 실천가능한 방안을 검토한다.

재무목표는 성장과 이익 두 가지 방면으로 수립하기 때문에 어느 목표의 달성을 우선할 것인가에 따라 실천력 진단방향이 두 가지로 구분된다.

3단계: 재무정책 조정 계획

새로운 경영계획상의 재무목표가 달성되는 데 기초가 되는 부채비율 및 배당성향과 같은 재무정책의 합리성을 *FLE*, *SGR* 공식으로부터 계산하고, 자본시장 동향 및 주주의 요구사항 등을 고려하여 재무정책상 조정가능한 방안을 검토한다.

4단계: 재무계획 요약표

재무계획과 관련된 재무목표 및 재무정책에 관한 계산값과 계획의 실현가능성에 대한 요약표를 일목요연하게 작성하여, 경영계획 수치상의 수정 여부, 실현가능성이 높은 사내외 대처방안을 정리한다.

(주)홍익의 재무제표(단위: 억원)

재무제표	계정과목	2018년도	2019년도
대차대조표 각 연도 말 현재	현금	150	200
	외상매출금	150	200
	재고자산	250	300
	유동자산계	**550**	**700**
	총고정자산	1,700	1,800
	감가상각누계액	400	500
	순고정자산	**1,300**	**1,300**
	자산총계	**1,850**	**2,000**
	외상매입금	90	50
	미지급금	100	150
	단기차입금(5%)	110	100
	유동부채계	**300**	**300**
	장기차입금(5%)	600	400
	회사채(5%)	200	500
	고정부채계	**800**	**900**
	자본금(액면가 5,000원)	400	400
	이익잉여금	350	400
	자기자본계	**750**	**800**
	부채및자본총계	**1,850**	**2,000**
손익계산서 2019.1.1 – 12.31	매출액		2,000
	매출원가		1,500
	판매비와관리비		300
	(감가상각비 포함)		(100)
	영업이익		**200**
	지급이자		50
	법인세(20%)		30
	당기순이익		**120**

* 2019년 말 현재 자본시장정보;

채권가격 = 1좌당액면가 10,000원당 10,000원, 만기 3년, 연말 1회 이자지급

주식가격 = 1주당액면가 5,000원당 15,000원

1단계: 사업계획 실천력을 진단하기 위한 재무비율분석

2019년도 *ROE*(DuPont) 분해	*ROE* = [1] × [2] × [3] × [4] 활동	= 120/800 = 15%
당기순이익/영업이익	부가가치배분활동[4]	= 120/200
영업이익/매출액	부가가치창출활동[3]	= 200/2,000
매출액/투하자산	투자활동[2]	= 2,000/1,800
투하자산/자기자본	자금조달활동[1]	= 1,800/800

무한대모형의 재무비율분석

	재무제표 회계정보 이용	2019년도 말 기준
세후*ROIC* (투하자산 영업이익률)	영업이익×$(1-T)$ (a)	200(1−0.2) = 160
	투하자산 (b)	(700−200)+(1,800−500) = 1,800
	a/b = (%)	160/1,800 = 8.89%
D/E (부채비율)	이자성부채 (c)	100+400+500 = 1,000
	자기자본 (d)	400+0+400 = 800
	c/d = (배)	1,000/800 = 1.25배
i (평균 차입금리)	지급이자 (e)	100(0.05)+400(0.05)+500(0.05) = 50
	이자성부채 (c)	1,000
	e/c = (%)	50/1,000 = 5%

2019년도 무한대모형

(A) ROE = 세후$ROIC$ + [세후$ROIC$ − $i(1-T)$] × D/E

120/800 = 15% = 8.89+[8.89 − 5(1−0.2)](1.25)

(B) 배당성향 PO = 배당금/당기순이익 = 70/120 = 0.5833

내부유보액 = 이익잉여금증가액 = 400 − 350 = 50, 배당금 = 120 − 50 = 70

(C) 잠재성장률 = $ROE \times (1 - PO)$

g = 15%(1 − 0.5833) = 6.25%

2단계; 사업계획 실천가능성 및 실천방안 진단

a. 성장(매출액성장률) 목표에 대한 달성의지를 우선하는 경우

먼저 *SGE*에서 *ROE* 계산하고, 계산된 *ROE*를 *FLE*에 대입하여 세후*ROIC* 계산할 것.

목표 g = 10 = $ROE(1 - 0.5833)$, ROE = 24%

따라서 24 = 세후$ROIC$ + [세후$ROIC$ − 5(1 − 0.2)](1.25), 세후$ROIC$ = 12.89%

그러므로 세전$ROIC$ = 16.11%는 되어야 한다. 달성가능성이나 달성방안을 분석한다.

세전*ROIC*의 분해식; 매출액영업이익률이 유지될 경우, 요구되는 매출액회전율 계산 후, 고객, 시장동향 및 경쟁사 동향 등 시장환경을 고려하여 회전율 달성방안을 검토할 것. 16.11% = (200/2000)(R/1,800), 따라서 매출액회전율 = 1.611, 목표 R = 2,900 달성방안?

세전*ROIC*의 분해식; 매출액회전율이 유지될 경우, 요구되는 매출액영업이익률 계산한 후, 사내 원가절감방안, 공급업체와의 관계 등을 고려하여 영업이익률 달성방안을 검토할 것. 16.11% = (X/2,000)(2,000/1,800), 따라서 매출액이익률 = 14.5%, 목표 X = 290 달성방안?

b. 이익(세전*ROIC*) 목표에 대한 달성의지를 우선하는 경우 *FLE*에서 *ROE* 계산하고, 계산된 *ROE*를 *SGE*에 대입하여 달성가능한 g 계산한 후, 잠재성장률과 비교하여 성장목표 10%의 달성가능방안에 대해 검토할 것.

ROE = 목표15(1 − 0.2) + [15(1 − 0.2) − 5(1 − 0.2)](1.25) = 22%,

잠재 g = 22(1 − 0.5833) = 9.17%

목표성장률 10%에 미달한다. 달성방안은?

3단계; 사업계획 실천력 향상을 위한 재무정책 진단

a. 부채비율의 조정가능성

SGE 공식으로부터 2020년도 매출액성장률 목표를 달성하기 위해 요구되는 *ROE* 계산하고, *FLE* 공식으로부터 2020년도 이익률 목표도 함께 달성을 가능케 하는 *DER*을 계산할 것. 그리고 채권시장의 동향과 전망 등 자금조달 환경을 고

려하여 실천가능방안을 검토할 것.

목표 g 10 = ROE(1−0.5833),

ROE = 24%. 24 = 목표15(1 − 0.2) + [15(1 − 0.2) − 5(1 − 0.2)](DER)

따라서 DER = 1.50배. 현실적으로 지급이자율 상승 없이 달성가능한가를 검토해야 한다.

b. **배당성향의 조정가능성**

FLE 공식으로부터 2020년도 영업이익률 목표를 달성하기 위해 요구되는 *ROE* 계산하고, *SGE* 공식으로부터 목표성장률 목표도 함께 달성을 가능케 하는 *PO* 계산할 것. 그리고 주총에서 주주의 반응, 주식시장 동향을 고려하여 실현가능성에 대해 검토할 것.

ROE = 목표15(1 − 0.2) + [15(1 − 0.2) − 5(1 − 0.2)](1.25) = 22%,

목표 g 10 = 22(1 − PO)

따라서 PO = 0.5455. 현재 배당성향 0.5833에 비해 배당을 더 적게 지급하여도 주주만족 혹은 주총 결의통과 가능성 등을 검토해야 한다.

[문제 2] 재무목표, 재무정책 및 재무계획

상수(주)는 2020년도 경영계획을 준비하고 있다. 내년도에도 재무정책은 금년도와 동일하게 유지하면서 매출액성장률 5%와 영업이익률(세전투하자산이익률) 20% 목표를 동시에 달성하고자 한다. 무한대모형을 이용하여 경영계획의 합리성을 분석하고, 경영목표의 달성가능방안 및 재무정책 조정방안을 검토하라.

상수(주) 대차대조표(단위: 억원)

	2018년 말	2019년 말		2018년 말	2019년 말
현금	2,270	2,000	매입채무	870	1,400
매출채권	2,500	3,000	미지급금	1,450	600
재고자산	3,550	2,000	단기차입금(10%)	1,100	1,000
유동자산	8,320	7,000	유동부채	3,420	3,000
			장기차입금(@8%)	5,200	5,000

			회사채(@10%)	2,000	2,000
순고정자산	12,100	13,000	고정부채	7,200	7,000
			부채총계	10,620	10,000
			자본금*	5,000	5,000
			자본잉여금	1,000	1,000
			이익잉여금	3,800	4,000
			자본총계	9,800	10,000
자산총계	20,420	20,000	부채자본총계	20,420	20,000

* 상수(주)의 주식시장 정보: 주식액면가 5,000원. 2019년 말 현재 주가는 6,000원

상수(주)의 손익계산서(단위: 억원)

	2019.1.1 – 12.31
매출액	29,000
매출원가	24,000
판매비와관리비	1,300
감가상각비	1,000
영업이익 X	2,700
지급이자	700
경상이익	2,000
법인세(@T = 20%)	400
당기순이익	1,600

1단계: 사업계획 실천력을 진단하기 위한 재무비율분석

2019년도 *ROE*(DuPont) 분해	*ROE* = [1] × [2] × [3] × [4] 활동	= 1,600/10,000 = 16%
당기순이익/영업이익	부가가치배분활동[4]	= 1,600/2,700
영업이익/매출액	부가가치창출활동[3]	= 2,700/29,000
매출액/투하자산	투자활동[2]	= 29,000/18,000
투하자산/자기자본	자금조달활동[1]	= 18,000/10,000

무한대모형의 재무비율분석

	재무제표 회계정보 이용	2019년도 말 기준
세후*ROIC* (투하자산 영업이익률)	영업이익×(1−*T*) (*a*)	2,700(1−0.20) = 2160
	투하자산 (*b*)	(7,000−2,000)+13,000 = 18,000
	a/*b* = (%)	2,160/18,000 = 12%
D/*E* (부채비율)	이자성부채 (*c*)	1,000+5,000+2,000 = 8,000
	자기자본 (*d*)	5,000+1,000+4,000 = 10,000
	c/*d* = (배)	8,000/10,000 = 0.80배
i (평균 차입금리)	지급이자 (*e*)	1,000(0.10)+5,000(0.08)+2,000(0.10) = 700
	이자성부채 (*c*)	8,000
	e/*c* = (%)	700/8,000 = 8.75%

2019년도 무한대모형

(A) ROE = 세후$ROIC$ + [세후$ROIC$ − $i(1-T)$] × D/E

1,600/10,000 = 16% = 12 + [12 − 8.75(1 − 0.20)](0.80) = 12 + 4 = 16%

(B) 배당성향 PO = 배당금/당기순이익 = 1,400/1,600 = 0.8750

내부유보이익 = 이익잉여금증가액 = 4,000 − 3,800 = 200,

배당금 = 1,600 − 200 = 1,400

(C) 잠재성장률 = $ROE(1 - PO)$

g = 16%(1 − 0.8750) = 2%

2단계; 사업계획 실천가능성 및 실천방안 진단

a. 성장(매출액성장률) 목표에 대한 달성의지를 우선하는 경우

먼저 SGE에서 ROE 계산하고, 계산된 ROE를 FLE에 대입하여 세후$ROIC$ 계산할 것.

목표 g = 5 = ROE(1 − 0.8750), ROE = 40%

따라서 40 = 세후$ROIC$ + [세후$ROIC$ − 8.75(1−0.2)](0.80), 세후$ROIC$ = 25.33%

그러므로 세전$ROIC$ = 31.67%는 되어야 한다. 달성가능성이나 달성방안을 분석한다.

세전ROIC의 분해식; 매출액영업이익률이 유지될 경우, 요구되는 매출액회전율 계산 후, 고객, 시장동향 및 경쟁사 동향 등 시장환경을 고려하여 회전율 달성 방안을 검토할 것. 31.67% = (2,700 / 29,000)(*R* / 18,000), 따라서 매출액회전율 = 3.40배, 목표 *R* = 61,229억. 현재 매출액 30,000의 2배 이상을 달성할 방안 혹은 달성가능성 검토해야 한다.

세전ROIC의 분해식; 매출액회전율이 유지될 경우, 요구되는 매출액영업이익률 계산한 후, 사내 원가절감방안, 공급업체와의 관계 등을 고려하여 영업이익률 달성방안을 검토할 것. 31.67% = (*X* / 29,000)(29,000 / 18,000), 따라서 매출액이익률 = 19.66% , 목표 *X* = 5,700억. 현재 영업이익 2,700의 2배 이상을 달성할 방안 혹은 달성가능성 검토해야 한다.

b. 이익(세전ROIC) 목표에 대한 달성의지를 우선하는 경우 *FLE*에서 *ROE* 계산하고, 계산된 *ROE*를 *SGE*에 대입하여 달성가능한 *g* 계산한 후, 잠재성장률과 비교하여 성장목표 10%의 달성가능방안에 대해 검토할 것.

ROE = 목표 20(1 − 0.2) + [20(1 − 0.2) − 8.75(1 − 0.2)](0.80) = 23.20%,

잠재 *g* = 23.20(1 − 0.8750) = 2.90%. 목표성장률 5%에 미달한다. 달성방안은 있는가?

3단계; 사업계획 실천력 향상을 위한 재무정책 진단

a. 부채비율의 조정가능성

SGE 공식으로부터 2020년도 매출액성장률 목표를 달성하기 위해 요구되는 *ROE* 계산하고, *FLE* 공식으로부터 2020년도 이익률 목표도 함께 달성을 가능케 하는 *DER*을 계산할 것. 그리고 채권시장의 동향과 전망 등 자금조달 환경을 고려하여 실천가능방안을 검토할 것.

목표 *g* 5 = *ROE*(1 − 0.8750), *ROE* = 40%.

40 = 목표 20(1 − 0.2) + [20(1 − 0.2) − 8.75(1−0.2)](*DER*)

따라서 *DER* = 2.67배. 현실적으로 지급이자율 상승 없이 달성가능한가를 검토해야 한다.

b. 배당성향의 조정가능성

FLE 공식으로부터 2020년도 영업이익률 목표를 달성하기 위해 요구되는 *ROE* 계산하고, *SGE* 공식으로부터 목표성장률 목표도 함께 달성을 가능케 하는 *PO* 계산할 것. 그리고 주총에서 주주의 반응, 주식시장 동향을 고려하여 실현가능성에 대해 검토할 것.

ROE = 목표 $20(1-0.2)+[20(1-0.2)-8.75(1-0.2)](0.80) = 23.20\%$,

목표 g 5 = $23.20(1-PO)$

따라서 $PO = 0.7845$. 현재 배당성향 0.8750에 비해 배당을 더 적게 지급하여도 주주만족 혹은 주총 결의통과 가능성 등을 검토해야 한다.

[문제 3] 재무계획

천강(주)는 2020년도 경영계획을 준비하고 있다. 내년도에도 재무정책은 금년도와 동일하게 유지하면서 매출액성장률 20%와 영업이익률(세전투하자산이익률) 20% 목표를 동시에 달성하고자 한다. 무한대모형을 이용하여 경영계획의 합리성을 분석하고, 경영목표의 달성가능방안 및 재무정책 조정방안을 검토하라.

천강(주) 대차대조표(단위: 억원)

	2018년 말	2019년 말		2018년 말	2019년 말
현금	250	200	매입채무	100	150
매출채권	250	500	미지급금	100	150
재고자산	500	300	은행차입금(@10%)	200	300
유동자산	1,000	1,000	유동부채	400	600
			회사채(@5%)	300	400
순고정자산	500	1,000	고정부채	300	400
			자본금	600	600
			이익잉여금	200	400
			자본총계	800	1,000
자산총계	1,500	2,000	부채자본총계	1,500	2,000

* 2019년 말 현재 자본시장정보: 천강(주)의 채권가격 = 액면가 10,000원당 10,000원
천강(주)의 주식가격 = 액면가 5,000원당 15,000원

천강(주) 손익계산서(단위: 억원)

	2019.1.1 − 12.31
매출액	2,200
매출원가	1,800
판매비와관리비	55
감가상각비	25
영업이익	320
지급이자	50
법인세(@20%)	54
당기순이익	216

단계 1; 사업계획 실천력을 진단하기 위한 재무비율분석

2019년도 *ROE*(DuPont) 분해	*ROE* = [1] × [2] × [3] × [4] 활동	= 216/1,000 = 21.60%
당기순이익/영업이익	부가가치배분활동[4]	= 216/320
영업이익/매출액	부가가치창출활동[3]	= 320/2,200
매출액/투하자산	투자활동[2]	= 2,200/(700+1,000)
투하자산/자기자본	자금조달활동[1]	= 1,700/1,000

무한대모형의 재무비율분석

	재무제표 회계정보 이용	2019년도 말 기준
세후*ROIC* (투하자산 영업이익률)	영업이익×$(1-T)$ (a)	320(1−0.20) = 256
	투하자산 (b)	(1,000−300)+1,000 = 1,700
	a/b = (%)	256/1,700 = 15.06%
D/E (부채비율)	이자성부채 (c)	300+400 = 700
	자기자본 (d)	600+0+400 = 1,000
	c/d = (배)	700/1,000 = 0.70배
i (평균 차입금리)	지급이자 (e)	300(0.10)+400(0.05) = 50
	이자성부채 (c)	700
	e/c = (%)	50/700 = 7.14%

2019년도 무한대모형

(A) <u>ROE = 세후$ROIC$ + [세후$ROIC$ − $i(1-T)$] × D/E</u>

216/1,000 = 21.6% = 15.06 + [15.06 − 7.14(1−0.20)](0.70) = 15.06 + 6.54

(B) <u>배당성향 PO = 배당금/당기순이익 = 16/216 = 0.0741</u>

내부유보이익 = 이익잉여금증가액 = 400 − 200 = 200

배당지급액 = 216 − 200 = 16

(C) <u>잠재성장률 = $ROE(1-PO)$</u>

g = 21.60%(1 − 0.0741) = 20%

단계 2; 사업계획 실천가능성 및 실천방안 진단

<u>a. 성장(매출액성장률) 목표에 대한 달성의지를 우선하는 경우</u>

<u>먼저 SGE에서 ROE 계산하고,</u> 계산된 ROE를 FLE에 대입하여 세후$ROIC$ 계산할 것.

목표 g = 20 = ROE(1 − 0.0741), ROE = 21.60%

따라서 21.60 = 세후$ROIC$ + [세후$ROIC$ − 7.14(1−0.2)](0.70)

세후$ROIC$ = 15.06%

그러므로 세전$ROIC$ = 18.82%는 되어야 한다. 달성가능성이나 달성방안을 분석한다.

<u>세전$ROIC$의 분해식; 매출액영업이익률이 유지될 경우, 요구되는 매출액회전율 계산한 후,</u> 고객, 시장동향 및 경쟁사 동향 등 시장환경을 고려하여 회전율 달성방안을 검토할 것. 18.82% = (320/2,200)(R/1,700), 따라서 매출액회전율 = 1.294, 목표 R = 2,200 달성방안?

<u>세전$ROIC$의 분해식; 매출액회전율이 유지될 경우, 요구되는 매출액영업이익률 계산한 후,</u> 사내 원가절감방안, 공급업체와의 관계 등을 고려하여 영업이익률 달성방안을 검토할 것. 18.82% = (X/2,200)(2,200/1,700), 따라서 매출액이익률 = 14.54%, 목표 X = 320 달성방안?

<u>b. 이익(세전$ROIC$) 목표에 대한 달성의지를 우선하는 경우</u>

<u>FLE에서 ROE 계산하고,</u> 계산된 ROE를 SGE에 대입하여 달성가능한 g 계산

한 후, 잠재성장률과 비교하여 성장목표 20%의 달성가능방안에 대해 검토할 것.

ROE = 목표 $20(1-0.2)+[20(1-0.2)-7.14(1-0.2)](0.70) = 23.2\%$

잠재 $g = 23.2(1-0.0741) = 21.48\%$

목표성장률 20%를 상회한다. 달성방안은?

단계 3; 사업계획 실천력 향상을 위한 재무정책 진단

a. 부채비율의 조정가능성

SGE 공식으로부터 주어진 배당정책 하에서 성장률 목표를 달성하기 위해 요구되는 *ROE* 계산하고, *FLE* 공식으로부터 이익률 목표도 함께 달성을 가능케 하는 *DER*을 계산할 것. 그리고 채권시장의 동향과 전망 등 자금조달 환경을 고려하여 실천가능 방안을 검토할 것.

목표 g 20 = $ROE(1-0.0741)$, $ROE = 21.6\%$.

21.6 = 목표 $20(1-0.2)+[20(1-0.2)-7.14(1-0.2)](DER)$

따라서 $DER = 0.54$배. 현실적으로 차입금 상환이 달성가능한가를 검토해야 한다.

b. 배당성향의 조정가능성

FLE 공식으로부터 주어진 부채조달정책 하에서 이익률 목표를 달성하기 위해 요구되는 *ROE* 계산하고, *SGE* 공식으로부터 성장률 목표도 함께 달성을 가능케 하는 *PO* 계산할 것. 그리고 주총에서 주주의 반응, 주식시장 동향을 고려하여 실현가능성에 대해 검토할 것.

ROE = 목표 $20(1-0.2)+[20(1-0.2)-7.14(1-0.2)](0.70) = 23.2\%$,

목표 g 20 = $23.2(1-PO)$

따라서 $PO = 0.1379$. 현재 배당성향 0.0741에 비해 배당을 더 많이 지급할 방안을 검토해야 한다.

단계 4; 재무계획 요약표: 재무목표(2개)와 재무정책(2개) 간의 정합성 분석

$FLE : ROE =$ 세후$ROIC + [$세후$ROIC - i(1-T)] \times DER$

⇒ 목표 $ROIC$, 정책변수 DER

$SGE : g = ROE \times (1 - PO)$ ⇒ 목표 g, 정책변수 PO

<table>
<tr><td rowspan="2">진단</td><td rowspan="2">무한대모형 계산요령</td><td>a. 성장 목표 우선하는 경우; SGE에 목표 g 적용하여 ROE 계산
→ FLE에서 세후ROIC 계산
→ 세전ROIC 목표와 비교하여 실현가능성에 대한 검토</td><td>b. 이익 목표 우선하는 경우; FLE에 목표 세후ROIC 적용 ROE계산
→ SGE에서 g 계산
→ g 목표와 비교하여 실현가능성에 대한 검토</td></tr>
<tr><td>목표성장률 및 배당성향, 부채비율 3가지 주어진 값으로부터 세전, 세후ROIC 계산;
목표 g = 20 = ROE(1−0.0741),
ROE = 21.60% 따라서 21.60 = 세후ROIC+[세후ROIC−7.14(1−0.2)](0.70)
세후ROIC = 15.06%
세전ROIC = 18.82%</td><td>목표이익률 및 부채비율, 배당성향 3가지 주어진 값으로부터 g 계산;
ROE = 목표20(1−0.2)+[20(1−0.2)−7.14(1−0.2)](0.70) = 23.2%
잠재 g = 23.2(1−0.0741) = 21.48%</td></tr>
<tr><td rowspan="2">목표달성 방안1
ROIC 개선방안</td><td rowspan="2">ROE분해 공식 중에서 [2][3]번활동 중심으로 ROIC분해</td><td colspan="2">ROIC 분해공식 이용 → 고객(시장) 환경분석 및 내부원가 혹은 비용분석(인적, 물적 생산요소비용의 변화가능성 검토)</td></tr>
<tr><td colspan="2">현재 매출액영업이익률 → 매출액회전율 계산값으로 개선가능?
18.82% = (320/2,200)(R/1,700), R = 2,200
현재 매출액회전율 → 매출액영업이익률 계산값으로 개선가능?
18.82% = (X/2,200)(2,200/1,700), X = 320</td></tr>
<tr><td rowspan="2">목표달성 방안 2
부채비율 재무정책 변수 사용방안</td><td rowspan="2">목표성장률, 목표이익률, 배당성향, 3가지 주어진 값으로부터</td><td colspan="2">SGE 적용 → FLE에서 DER 계산 → 타인자본시장 환경 분석 (금전적 생산요소인 타인자본비용의 변화가능성 검토)</td></tr>
<tr><td colspan="2">SGE 공식으로부터 매출액성장률 목표를 달성하기 위해 요구되는 ROE 계산; 목표 g = ROE(1−0.0741), ROE = 21.6%
FLE 공식으로부터 세후ROIC 목표도 함께 달성을 가능케 하는 DER 계산; 21.6 = 목표20(1−0.2)+[20(1−0.2)−7.14(1−0.2)](DER)
DER = 0.54배 〈 현재 DER 0.70배</td></tr>
<tr><td rowspan="2">목표달성 방안 3
배당성향 재무정책 변수 사용방안</td><td rowspan="2">목표성장률, 목표이익률, 부채비율, 3가지 주어진 값으로부터</td><td colspan="2">FLE 이용 → SGE에서 PO 계산 → 자기자본시장 환경 분석 (금전적 생산요소인 자기자본비용의 변화가능성 검토)</td></tr>
<tr><td colspan="2">FLE 공식으로부터 영업이익률 목표를 달성하기 위해 요구되는 ROE 계산;
ROE = 목표20(1−0.2)+[20(1−0.2)−7.14(1−0.2)](0.70) = 23.2%
SGE 공식으로부터 2020년도 목표성장률을 바탕으로 PO 계산;
목표 g 20 = 23.2(1−PO), PO = 0.1379 〉 현재 배당성향 0.0741</td></tr>
</table>

제2부

시간가치 분석과 자본비용 분석

제5장 화폐의 시간가치

	목돈; 일정한 금액 1번 발생	연금; 일정한 금액 주기적으로 계속 발생	연금 무한대 발생 (영구연금)
미래가치	복리계산; 미래가치요소	복리계산 합; 연금의 미래가치요소	해당없음
현재가치	할인계산; 현재가치요소	할인계산 합; 연금의 현재가치요소	$PV = A/r$ $PV = A/(r-g)$

<u>생선가시그림</u>

1. 현금흐름액; 유입과 유출
2. 이자율
3. 기간과 시점

<u>논리식→수표읽기; 시행착오법과 보간법</u>

1. 1원, 기간 말 유출입 기준
2. r(여기서는 주어진 이자율)
3. n(기간 수)

목돈의 복리계산 사례와 수표보기; 미래가치요소

기간과 시점	이자율 r = 5%	미래가치요소 (복리계산)
1기 말	$(1+0.05)^1$	
2기 말	$(1+0.05)^2$	
3기 말	$(1+0.05)^3$	
4기 말	$(1+0.05)^4$	
5기 말	$(1+0.05)^5$	

연금의 복리계산 사례와 수표보기; 연금의 미래가치요소

기간과 시점	이자율 r = 5%	미래가치요소	누적 = 연금의 미래가치 계산
1기 말	$(1+0.05)^4$		
2기 말	$(1+0.05)^3$		
3기 말	$(1+0.05)^2$		
4기 말	$(1+0.05)^1$		
5기 말	$(1+0.05)^0$		

목돈의 할인계산 사례와 수표보기; 현재가치(현가)요소

기간과 시점	이자율 r = 5%	현재가치요소(할인계산)
1기 말	$1/(1+0.05)^1$	
2기 말	$1/(1+0.05)^2$	
3기 말	$1/(1+0.05)^3$	
4기 말	$1/(1+0.05)^4$	
5기 말	$1/(1+0.05)^5$	

연금의 할인계산 사례와 수표보기; 연금의 현가요소

기간과 시점	이자율 r = 5%	현재가치요소	누적 = 연금의 현재가치 계산
1기 말	$1/(1+0.05)^1$		
2기 말	$1/(1+0.05)^2$		
3기 말	$1/(1+0.05)^3$		
4기 말	$1/(1+0.05)^4$		
5기 말	$1/(1+0.05)^5$		

Chapter 05 연습문제

1. 신혼부부가 장차 태어날 애기의 교육비 마련을 위해 예금을 하려 한다. 17년 후 예상되는 대학교육비 3,500만원을 마련하려면 결혼직후 여유자금 1,000만원을 연리 몇 %의 금융상품에 저축하여야 하는가?

풀이: 생선가시그림

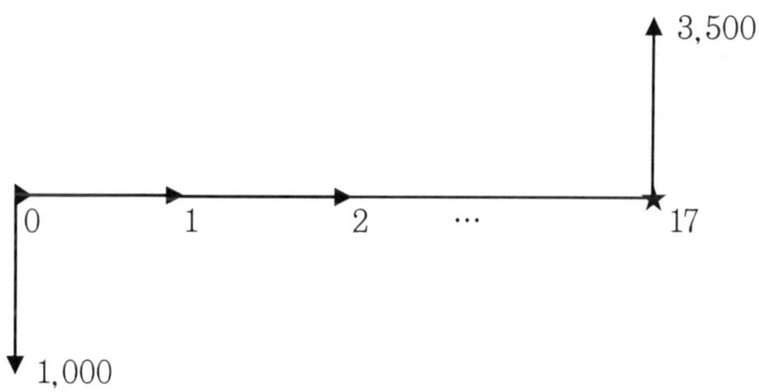

논리식 3,500 = 1,000[미래가치; r%, 17년)]

미래가치요소 수표읽기, 17년 행에서 3.5가 되는 이자율은 몇 % 사이에 해당하는지 확인.

시행착오법, 보간법 적용

2. 올해 말 t = 1시점에서 500만원을 투자해서 5년 후에 1,500만원을 손에 쥐려면 투자수익률이 매년 얼마가 되어야 하는가?

풀이:

논리식 1,500 = 500[미래가치; r%, 5년]

미래가치 요소 수표읽기, 5년 행에서 3.0이 되는 이자율은 몇 % 사이에 해당하는지 확인.

시행착오법, 보간법 적용

3. 투자수익률이 연리 20%, 분기마다 복리계산된다면 투자가치가 3배 되는 데 시간이 몇 년이나 걸리는가?

풀이:

논리식 3 = [미래가치; 20/4 = 5%, $4n$분기]

미래가치요소 수표읽기, 5% 행에서 3.0이 되는 이자율은 몇 기간 사이에 해당하는지 확인.

시행착오법, 보간법 적용

4. 익홍이 5억원을 투자할 계획이다. 빵집을 차릴 경우 5년 후 8.5억원을, 편의점을 차릴 경우 10년 후 12.5억원을 벌 수 있을 것으로 예상된다. 어느 사업의 수익성이 더 좋은가?

풀이:

빵집 8.5 = 5[미래가치; x%, 5년]

미래가치요소 수표읽기 → x = 11~12% 사이, 필요하다면 보간법 적용

편의점 12.5 = 5[미래가치; y%, 10년]

미래가치요소 수표읽기 → y = 9~10% 사이, 필요하다면 보간법 적용

5. 올해 말 t = 1시점부터 700만원씩 7년간, 매년 7% 이율로 정기예금한 경우 7년째 말에 찾을 수 있는 원리금은 얼마인가?

풀이: 생선가시그림

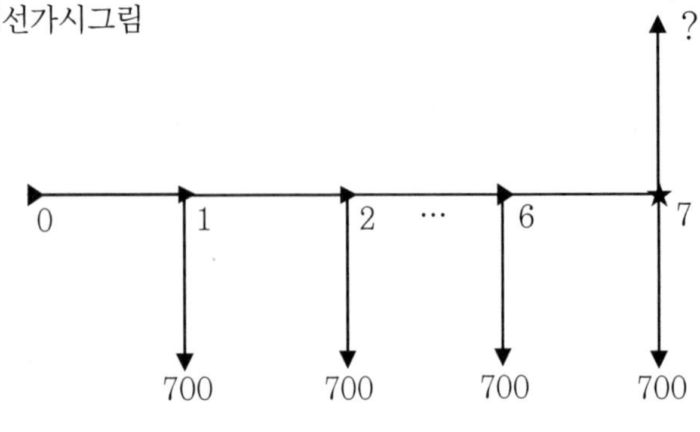

논리식 700[연금의 미래가치; 7%, 7년] = ?
연금의 미래가치요소 수표읽기

6. 이자율 10%일 때, 10년 뒤에 500만원을 마련하려면, 지금 목돈으로 저축하여야 하는 금액 *X*는 얼마인가, 매년 말 일정금액을 저축하여야 하는 금액 *A*는 얼마인가를 각각 계산하라.

풀이:
논리식 500 = *X*[미래가치; 10%, 10년] ⇔ *X* = 500[현재가치; 10%, 10년]
논리식 500 = A[연금의 미래가치, 10%, 10년], 미래시점 t = 10 기준에서 A 계산 ⇔ 500[목돈의 현재가치, 10%. 10년] = A[연금의 현재가치, 10%, 10년], 현재시점 t = 0 기준에서 A 계산
결론: 평가시점 차이에 의해 연금액 A는 차이가 나지 않는다는 것을 확인할 수 있음

7. 만기 10년, 연리 9%, 1억원의 차입금을 갚으려면, 매년 말 일정하게 갚아야 할 금액 *A*는 얼마인가, 매년 초 일정하게 갚아야 할 금액 *B*는 얼마인가를 각각 계산하라.

풀이: 생선가시그림 비교

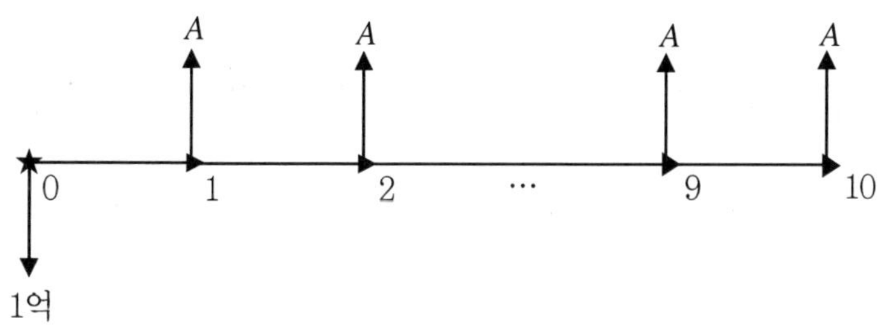

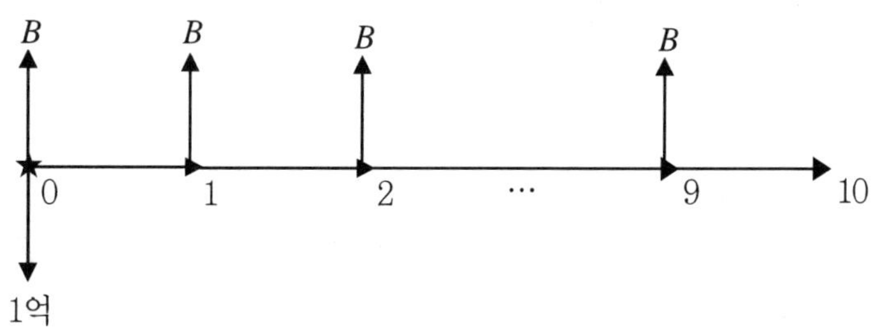

논리식 10,000 = A[연금의 현재가치; 9%, 10년]

논리식 10,000 = B[연금의 현재가치; 9%, 10년](1 + 0.09)

8. 익홍은 결혼 후 살 집 마련에 신경을 쓰고 있다. 1년에 2,000만원씩 매년 말 저축하여 현재 2억5,000만원짜리 내 집을 장만하려면 몇 년이 걸리는가? 현재 금리는 연 5%이다.

풀이:

논리식 2.5억 = 0.2억[연금의 현재가치; 5%, n년]

연금의 현재가치요소 수표읽기, 5% 열에서 12.5가 되는 기간이 어디에 해당하는지 확인

시행착오법, 보간법 적용

9. 연리 5%인 경우 15년 동안 연초에 100만원씩 지급받을 때, 총 현금흐름의 현재가치는 얼마인가?

풀이: 생선가시그림

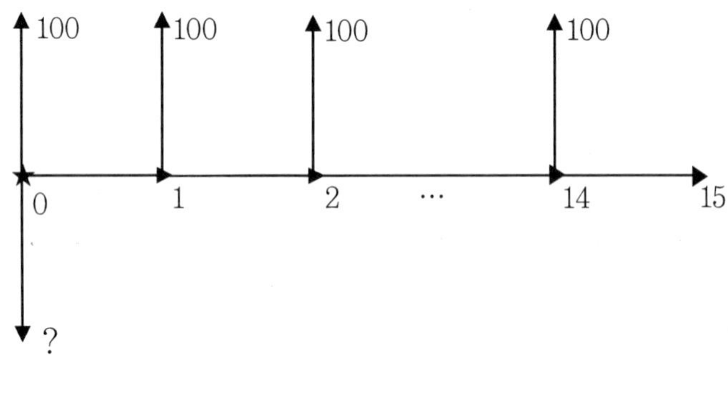

논리식 100[연금의 현재가치; 5%, 15년](1 + 0.05) = ?

수표읽기

10. 1,000만원을 대출받고서 5년 동안 매년 일정한 금액을 지불하면 원리금을 모두 상환할 수 있다. 대출금의 연이자율은 14%이다. 이 대출금의 연 상환액은 얼마인가? 이 대출금의 분할상환표를 작성하고, 대출기간 중 이자지불액은 얼마인가를 계산하라.

풀이: 생선가시그림

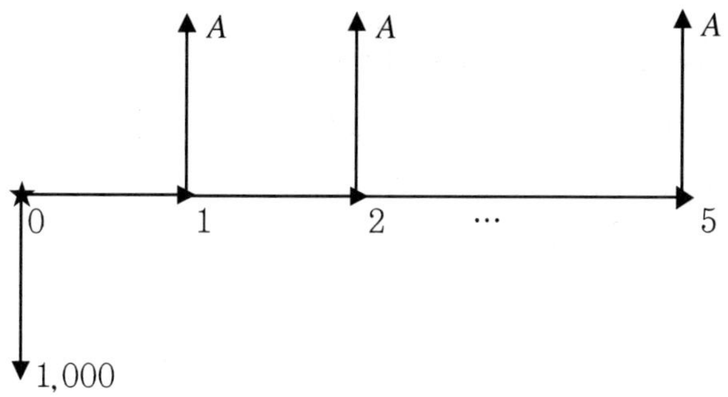

논리식 1,000 = A[연금의 현재가치; 14%, 5년]

원리금상환액 A = 291.28만원

연도	기초잔액	원리금상환액	이자지불액	원금상환액	기말잔액
1	1,000	291.28	140	151.28	848.72
2	848.72	291.28	118.82	172.46	676.26
3	676.26	291.28	94.68	196.60	479.66
4	479.66	291.28	67.15	224.13	255.53
5	255.53	291.28	35.77	255.53	0
합계		1,456.40	456.42	1,000	

11. 2,000만원짜리 새 차를 구입하는 데 차값의 20%는 일시불로 지불하고, 나머지는 연 12%의 이율로 대출받기로 하였다. 대출의 원리금을 매월 말 일정액을 2년간 지불하여 상환하려 한다면 상환금은 매월 얼마씩인가?

풀이:

논리식 2,000(1 − 0.20) = A[연금의 현재가치; 12%/12, 2×12월]

연금의 현재가치요소 수표읽기

12. 새 차를 할부로 구입하려고 한다. 할부원금은 3,000만원인데, 차량인수 후 매월 말 100만원씩 36개월 동안 갚는 조건이다. 이 경우 할부금리는 연이율(명목, 실효 각

각) 몇 %인가?

풀이:

논리식 3,000 = 100[연금의 현재가치; $r\%$, 36개월]

연금의 현재가치요소 수표읽기, 시행착오법, 보간법 적용

→ $r\%$/월×12 = 연간 명목이자율

$(1 + r\%/\text{월})^{12} - 1$ = 연간 실효이자율

13. 12%의 이자율로 1년간 2,000만원을 빌리고, 원금에 대해 년간 단리로 이자액을 계산하여, 매월 동일한 원리금을 상환하려고 한다. 이 경우 대출금의 연간 실효이자율은 얼마인가?

풀이: 대출금의 총 이자지급액은 240만원이 된다. 그러므로 1년 동안 갚아야 할 원리금총액은 2,240만원이고, 이것을 12개월로 나누면 매월 동일한 원리금상환액이 186.67만원이 된다.

논리식 2,000 = 186.67[연금의 현가요소; $x\%$, 12개월]

연금의 현재가치요소 수표읽기, 기간 = 12 행에서 10.7141이 되는 이자율은 몇 % 사이에 해당하는지 확인. 시행착오법, 보간법 적용

→ $(1 + x)^{12} - 1$ = 연간 실효이자율

14. 익홍은 2,100만원짜리 새 차를 구입하고, 2년 후에 다른 새 차로 교환하려고 한다. 은행에서는 차 가격의 10%를 현금지불하면 나머지 금액을 60개월 동안 연이율 12%로 대출해 준다고 한다. 익홍이 매월 지불해야 하는 금액은 얼마인가? 이 대출의 실효이자율은 얼마인가? 2년 후 자동차를 다른 새 차로 교환하려고 할 때 아직 상환하지 않은 대출금 잔액은 얼마인가?

풀이: **논리식** 2,100(1 − 0.1) = A[연금의 현재가치; 12%/12, 60개월]

1,890 = 44.9550 A, 따라서 A = 42.042만

실효이자율 $EAR = (1 + 0.12/12)^{12} - 1 = 12.68\%$

2년 후 대출금잔액 계산방법;

2년 동안 24번 원리금 상환했으므로 남은 상환회수 = 60 − 24 = 36번,

즉 월 1% 금리로 매달 42.042만원을 36번 지불하는 금액의 현재가치 = 미

상환대출금

42.042[연금의 현재가치; 12%/12, 36번] = 42.042×30.1075 = 1,266만원

15. 4년 동안 연 10% 이율로 매년 40만원을 지급하는 연금이 있다. 연금을 매년 초에 지급하는 경우와 매년 말에 지급하는 경우 각각 현재가치는 얼마인가?

풀이; 생선가시그림 비교

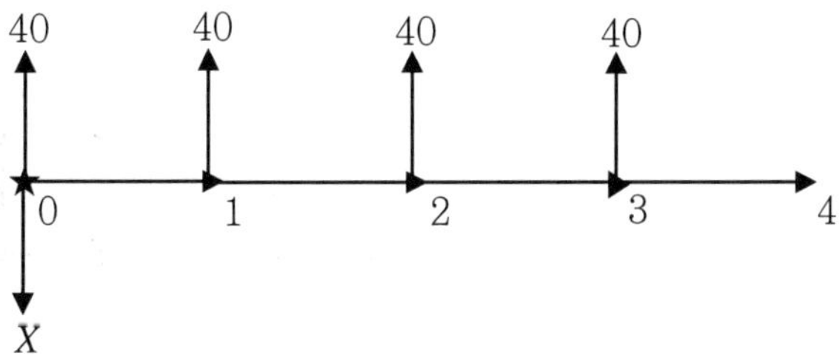

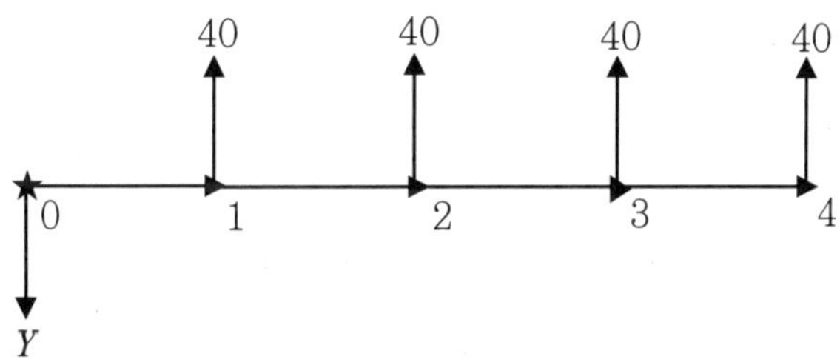

매년 초; 40[연금의 현재가치; 10%, 4년]×(1.1) = X

매년 말; 40[연금의 현재가치; 10%, 4년] = Y

16. 대출상품설명서에 월부상환, 3년 만기 대출상품에 대한 금리가 12%로 표시되어 있다. 1,000만원을 대출받고서, 원금에 대해 연간 복리로 이자액을 계산해서 매월 동일한 원리금상환액을 갚는다면 이 대출상품의 명목 연이율과 연간 실효이자율은 각각 얼마인가?

풀이: 대출기간 3년간의 원리금합계 1,000$(1.12)^3$만원이므로, 36개월 동안 매월 동일한 원리금을 상환한다면 월 390,260원씩의 원리금상환액이 된다.

논리식 1,000만 = 39.026만[연금의 현재가치; x%, 36개월]

연금의 현재가치요소 수표읽기, 기간 = 36행에서 25.6240이 되는 이자율은

몇 % 사이에 해당하는지 확인. 시행착오법, 보간법 적용

→ x%/월 × 12 = 연간 명목이자율

→ $(1 + x\%/\text{월})^{12} - 1$ = 연간 실효이자율

17. 예금자가 매년 말 30만원씩 6년 동안 예금하면 은행은 7년째 말부터 4년 동안 매년 120만원을 지급하는 조건이다. 이 예금의 예상수익률은 얼마인가?

풀이: 생선가시그림 비교

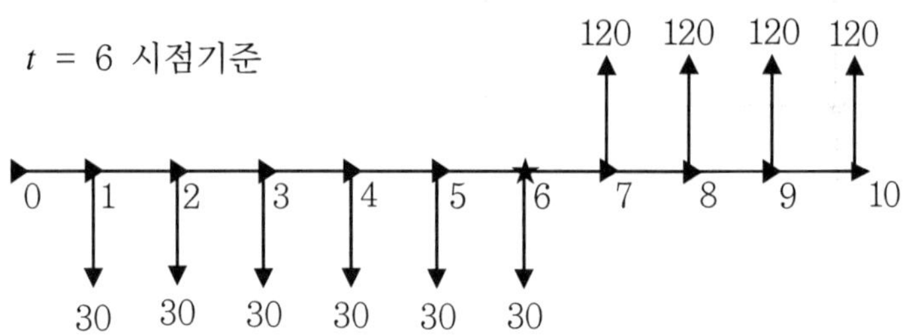

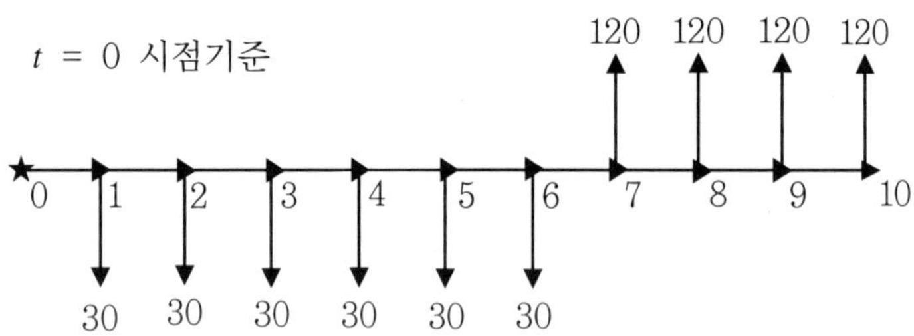

평가시점 t = 6 시점기준

논리식 30[연금의 미래가치; r%, 6년] = 120[연금의 현재가치; r%, 4년]

연금의 미래가치 및 현재가치 공식에 대입, 시행착오법, 보간법 적용 r% 계산

시간가치공식

$$30\frac{(1+r)^6-1}{r} = 120\frac{1-(1+r)^{-4}}{r}$$

혹은 평가시점 t = 0 시점 기준

논리식 30[연금의 현재가치; r%, 6년] = 120[연금의 현재가치; r%, 4년]×
[현재가치; r%, 6년]

시간가치공식

$$30\frac{1-(1+r)^{-6}}{r} = 120\frac{1-(1+r)^{-4}}{r}\times\frac{1}{(1+r)^6}$$

18. 익홍이 지금부터 향후 10년 동안 매년 말 200만원씩 보험료를 불입하고, 불입종료 후 5년을 기다리면 6년도 말부터 10년간 매년 300만원씩 연금을 받을 수 있다. 이 보험상품의 연간 수익률은 얼마인가?
보험상품의 평가시점을 보험료 불입시작시점인 t = 0을 기준으로 풀이할 것.
보험상품의 평가시점을 보험료 불입종료시점인 t = 10을 기준으로 풀이할 것.
보험상품의 평가시점을 보험금 수령종료시점인 t = 25를 기준으로 풀이할 것.

풀이: 평가시점 t = 0 시점기준

논리식

200[연금의 현재가치; r%, 10년] = 300[연금의 현재가치, r%, 10년]×[현재가치, r%, 15년]

시간가치공식

$$200\frac{1-(1+r)^{-10}}{r} = 300\frac{1-(1+r)^{-10}}{r}\times\frac{1}{(1+r)^{15}}$$

$$(1+r)^{15} = \frac{3}{2}$$

→ 논리식 [미래가치; r%, 15년] = 1.5

시행착오법, 보간법을 적용하여 r% 계산

풀이: t = 10 시점기준

논리식

200[연금의 미래가치; r%, 10년] = 300[연금의 현재가치, r%, 10년]×[현재가치, r%, 5년]

시간가치공식

$$200\frac{(1+r)^{10}-1}{r} = 300\frac{1-(1+r)^{-10}}{r}\times\frac{1}{(1+r)^5}$$

$$\frac{\frac{(1+r)^{10}-1}{r}}{\frac{1-\frac{1}{(1+r)^{10}}}{r}}\times(1+r)^5 = \frac{3}{2}$$

$(1+r)^{15} = 3/2$ → 논리식 [미래가치; r%, 15년] = 1.5

시행착오법, 보간법을 적용하여 r% 계산

풀이: $t = 25$ 시점기준

논리식

200[연금의 미래가치; r%, 10년]×[미래가치; r%, 15년] = 300[연금의 미래가치, r%, 10년]

시간가치공식

$$200\frac{(1+r)^{10}-1}{r}\times(1+r)^{15} = 300\frac{(1+r)^{10}-1}{r}$$

$$(1+r)^{15} = \frac{3}{2}$$

→ 논리식 [미래가치, r%, 15년] = 1.5

시행착오법, 보간법을 적용하여 r% 계산

19. 우신씨는 장학재단을 마련해 모교의 후배육성에 기여하고, 자신의 이름을 영원히 살릴 수 있는 인생의 꿈을 키우고 있다. 그의 계획으로는 지금부터 17년 뒤에 매년 초 1,000만원씩의 장학금을 자손만대 영원히 줄 수 있는 자금을 재단에 기부하고자 한다. 그렇다면 금리가 연 5%인 시절인 지금부터 17년간 매년 말에 얼마씩을 기부금으로 저축하여야 하는가?

풀이: 평가시점 $t = 17$ 시점 기준, 연금지급 시작은 18년 말부터이지만 기초부터 지급하는 것을 반영하면,

논리식 1,000만[영구연금현가; 5%, 무한대)](1 + 0.05) = A[연금의 미래가치; 5%, 17년)]

20. 올해 26세인 박일신씨는 직장에 취업하게 되었다. 노후설계를 위해서 다음과 같은 조건의 연금보험에 가입하고자 한다. 매년 말 납입하여야 할 연금액은 얼마인가?

*조건1

박씨는 지금부터 25년간 연금을 납입하고, 정년퇴직 시점인 60세까지 기다리면, 정년 이후 61세부터 80세까지 매년 3,000만원의 연금을 지급받을 수 있다는 조건을 제시받았다. 현재 금리는 연 12%이다.

***조건2**

연금의 납입 및 지급조건은 동일하지만, 금리가 현재 5%에서, 60세 이후에 가서는 12%로 상승할 전망이다. 이렇게 금리가 변동되면 박씨의 연금납입액이 얼마로 변하는가?

풀이: 조건1, 평가시점 t = 35 시점 기준,

논리식 A[연금의 미래가치; 12%, 25년]×[미래가치; 12%, 10년] = 3,000[연금의 현가; 12%, 20년]

풀이: 조건2, 평가시점 t = 35 시점 기준,

논리식 B[연금의 미래가치; 5%, 25년]×[미래가치; 5%, 10년] = 3,000[연금의 현가; 12%, 20년]

21. 익홍씨는 2,000만원짜리 새 차를 구입하려고 한다. SS자동차는 2가지 판매조건을 제시한다. 제1안은 구입시점에서 10% 현금할인해 주는 조건이고, 제2안은 차량구입비의 40%를 무이자로 3년간 분할상환하고, 나머지 60%는 3차년도 말에 현금으로 지급하는 조건이다. 현재 금리는 5%이다. 박익홍씨는 SS자동차의 1안, 2안 조건 중 어느 제안을 선택하는 것이 유리한가?
생선가시그림, 논리식과 풀이과정을 현재시점 t = 0 기준으로 서술하시오.
생선가시그림, 논리식과 풀이과정을 미래시점 t = 3 기준으로 서술히시오.

풀이: t = 0 시점기준 제1안

논리식 납입액 2,000(1 − 0.10) = 1,800

t = 0 시점시준 제2안

논리식 납입액 2,000(0.40)/3[연금현재; 5%, 3년] + 2,000(0.60)[현재; 5%, 3년]
= 266.67(2.7232) + 1,200(0.8638) = 726.19 + 1,036.56 = 1,762.75

풀이: t = 3 시점기준 제1안

논리식 납입액 2,000(1 − 0.10)[미래; 5%, 3년] = 1,800(1.1576) = 2,083.68

t = 3 시점기준 제2안

논리식 납입액 2,000(0.40)/3[연금미래; 5%, 3년] + 2,000(0.60)
= 266.67(3.1525) + 1,200 = 2,040.68

검산; t = 3 시점의 납입액을 t = 0 평가액으로 환산

= 2,040.68(현재; 5%, 3년) = 2,040.68(0.8638) = 1,762.74

22. 이천강교수가 연금보험에 가입하라는 권유를 받고 있다. 그가 매년 말 200만원씩 51세 말부터 65세 말까지 15번 납입하면 66세부터는 매년 초 500만원씩 12번 연금을 받을 수 있다고 한다. 금융시장에서 다른 상품에 가입하면 수익률 6%를 얻을 수 있다. 이천강교수가 연금보험상품에 가입하는 것이 타당한가 여부를 NPV방식으로 평가하시오.

t = 0 현재시점을 기준으로 생선가시그림, 논리식, 풀이과정을 서술하시오.

t = 27 연금수령 종료시점을 기준으로 생선가시그림, 논리식, 풀이과정을 서술하시오.

풀이: 생선가시그림 비교

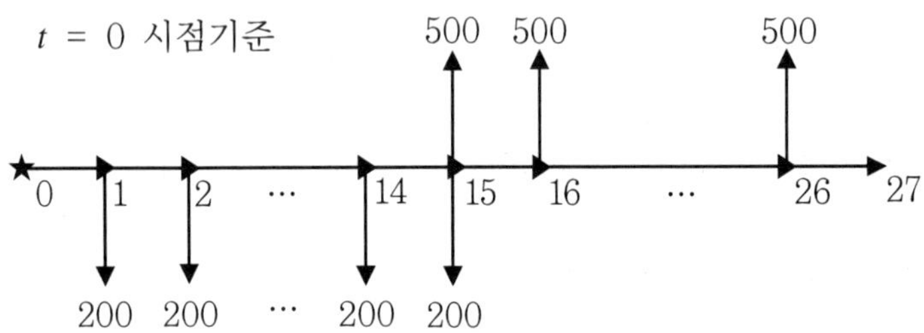

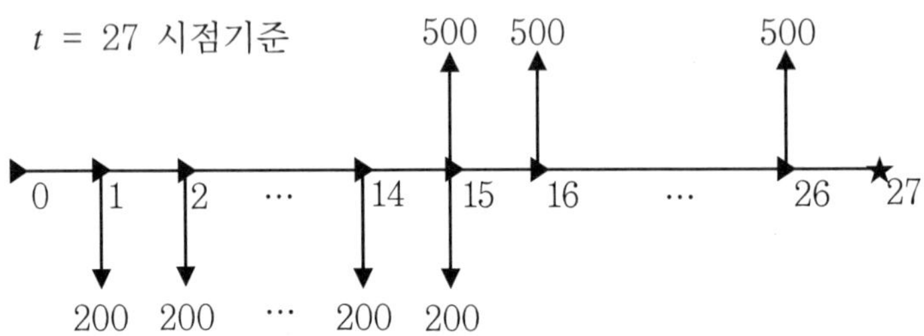

평가시점 t = 0 시점기준

논리식

연금납입액 = 200[연금현재; 6%, 15년] = 200(9.7122) = 1942.44

연금수령액 = 500[연금현재; 6%, 12년]×(1 + 0.06)[현재; 6%, 15년]

= 500(8.3838)(1.06)(0.4173) = 1,854.24

평가시점 t = 27 시점기준

논리식

연금납입액 = 200[연금미래; 6%, 15년]×[미래; 6%, 12년]
= 200(23.276)(2.0122) = 9367.19

연금수령액 = 500[연금미래; 6%, 12년]×(1 + 0.06)
= 500(16.870)(1.06) = 8,941.10

검산; t = 27 연금납입액의 t = 0 평가액 = 9,367.19(현재; 6%, 27년)
= 9,367.19(0.2074) = 1,942.76

t = 27 연금수령액의 t = 0 평가액 = 8,941.10(0.2074) = 1,854.38

〈표 5–1〉 목돈의 미래가치요소

	1%	2%	3%	4%	5%	6%	7%	8%	9%	10%
1	1.0100	1.0200	1.0300	1.0400	1.0500	1.0600	1.0700	1.0800	1.0900	1.1000
2	1.0201	1.0404	1.0609	1.0816	1.1025	1.1236	1.1449	1.1664	1.1881	1.2100
3	1.0303	1.0612	1.0927	1.1249	1.1576	1.1910	1.2250	1.2597	1.2950	1.3310
4	1.0406	1.0824	1.1255	1.1699	1.2155	1.2625	1.3108	1.3605	1.4116	1.4641
5	1.0510	1.1041	1.1593	1.2167	1.2763	1.3382	1.4026	1.4693	1.5386	1.6105
6	1.0615	1.1262	1.1941	1.2653	1.3401	1.4185	1.5007	1.5869	1.6771	1.7716
7	1.0721	1.1487	1.2299	1.3159	1.4071	1.5036	1.6058	1.7138	1.8280	1.9487
8	1.0829	1.1717	1.2668	1.3686	1.4775	1.5938	1.7182	1.8509	1.9926	2.1436
9	1.0937	1.1951	1.3048	1.4233	1.5513	1.6895	1.8385	1.9990	2.1719	2.3579
10	1.1046	1.2190	1.3439	1.4802	1.6289	1.7908	1.9672	2.1589	2.3674	2.5937
11	1.1157	1.2434	1.3842	1.5395	1.7103	1.8983	2.1049	2.3316	2.5804	2.8531
12	1.1268	1.2682	1.4258	1.6010	1.7959	2.0122	2.2522	2.5182	2.8127	3.1384
13	1.1381	1.2936	1.4685	1.6651	1.8856	2.1329	2.4098	2.7196	3.0658	3.4523
14	1.1495	1.3195	1.5126	1.7317	1.9799	2.2609	2.5785	2.9372	3.3417	3.7975
15	1.1610	1.3459	1.5580	1.8009	2.0789	2.3966	2.7590	3.1722	3.6425	4.1772
16	1.1726	1.3728	1.6047	1.8730	2.1829	2.5404	2.9522	3.4259	3.9703	4.5950
17	1.1843	1.4002	1.6528	1.9479	2.2920	2.6928	3.1588	3.7000	4.3276	5.0545
18	1.1961	1.4282	1.7024	2.0258	2.4066	2.8543	3.3799	3.9960	4.7171	5.5599
19	1.2081	1.4568	1.7535	2.1068	2.5270	3.0256	3.6165	4.3157	5.1417	6.1159
20	1.2202	1.4859	1.8061	2.1911	2.6533	3.2071	3.8697	4.6610	5.6044	6.7275
21	1.2324	1.5157	1.8603	2.2788	2.7860	3.3996	4.1406	5.0338	6.1088	7.4002
22	1.2447	1.5460	1.9161	2.3699	2.9253	3.6035	4.4304	5.4365	6.6586	8.1403
23	1.2572	1.5769	1.9736	2.4647	3.0715	3.8197	4.7405	5.8715	7.2579	8.9543
24	1.2697	1.6084	2.0328	2.5633	3.2251	4.0489	5.0724	6.3412	7.9111	9.8497
25	1.2824	1.6406	2.0938	2.6658	3.3864	4.2919	5.4274	6.8485	8.6231	10.8347
26	1.2953	1.6734	2.1566	2.7725	3.5557	4.5494	5.8074	7.3964	9.3992	11.9182
27	1.3082	1.7069	2.2213	2.8834	3.7335	4.8223	6.2139	7.9881	10.2451	13.1100
28	1.3213	1.7410	2.2879	2.9987	3.9201	5.1117	6.6488	8.6271	11.1671	14.4210
29	1.3345	1.7758	2.3566	3.1187	4.1161	5.4184	7.1143	9.3173	12.1722	15.8631
30	1.3478	1.8114	2.4273	3.2434	4.3219	5.7435	7.6123	10.0627	13.2677	17.4494
31	1.3613	1.8476	2.5001	3.3731	4.5380	6.0881	8.1451	10.8677	14.4618	19.1943
32	1.3749	1.8845	2.5751	3.5081	4.7649	6.4534	8.7153	11.7371	15.7633	21.1138
33	1.3887	1.9222	2.6523	3.6484	5.0032	6.8406	9.3253	12.6760	17.1820	23.2252
34	1.4026	1.9607	2.7319	3.7943	5.2533	7.2510	9.9781	13.6901	18.7284	25.5477
35	1.4166	1.9999	2.8139	3.9461	5.5160	7.6861	10.6766	14.7853	20.4140	28.1024
36	1.4308	2.0399	2.8983	4.1039	5.7918	8.1473	11.4239	15.9682	22.2512	30.9127
37	1.4451	2.0807	2.9852	4.2681	6.0814	8.6361	12.2236	17.2456	24.2538	34.0039
38	1.4595	2.1223	3.0748	4.4388	6.3855	9.1543	13.0793	18.6253	26.4367	37.4043
39	1.4741	2.1647	3.1670	4.6164	6.7048	9.7035	13.9948	20.1153	28.8160	41.1448
40	1.4889	2.2080	3.2620	4.8010	7.0400	10.2857	14.9745	21.7245	31.4094	45.2593

	11%	12%	13%	14%	15%	16%	17%	18%	19%	20%
1	1.1100	1.1200	1.1300	1.1400	1.1500	1.1600	1.1700	1.1800	1.1900	1.2000
2	1.2321	1.2544	1.2769	1.2996	1.3225	1.3456	1.3689	1.3924	1.4161	1.4400
3	1.3676	1.4049	1.4429	1.4815	1.5209	1.5609	1.6016	1.6430	1.6852	1.7280
4	1.5181	1.5735	1.6305	1.6890	1.7490	1.8106	1.8739	1.9388	2.0053	2.0736
5	1.6851	1.7623	1.8424	1.9254	2.0114	2.1003	2.1924	2.2878	2.3864	2.4883
6	1.8704	1.9738	2.0820	2.1950	2.3131	2.4364	2.5652	2.6996	2.8398	2.9860
7	2.0762	2.2107	2.3526	2.5023	2.6600	2.8262	3.0012	3.1855	3.3793	3.5832
8	2.3045	2.4760	2.6584	2.8526	3.0590	3.2784	3.5115	3.7589	4.0214	4.2998
9	2.5580	2.7731	3.0040	3.2519	3.5179	3.8030	4.1084	4.4355	4.7854	5.1598
10	2.8394	3.1058	3.3946	3.7072	4.0456	4.4114	4.8068	5.2338	5.6947	6.1917
11	3.1518	3.4785	3.8359	4.2262	4.6524	5.1173	5.6240	6.1759	6.7767	7.4301
12	3.4985	3.8960	4.3345	4.8179	5.3503	5.9360	6.5801	7.2876	8.0642	8.9161
13	3.8833	4.3635	4.8980	5.4924	6.1528	6.8858	7.6987	8.5994	9.5964	10.6993
14	4.3104	4.8871	5.5348	6.2613	7.0757	7.9875	9.0075	10.1472	11.4198	12.8392
15	4.7846	5.4736	6.2543	7.1379	8.1371	9.2655	10.5387	11.9737	13.5895	15.4070
16	5.3109	6.1304	7.0673	8.1372	9.3576	10.7480	12.3303	14.1290	16.1715	18.4884
17	5.8951	6.8660	7.9861	9.2765	10.7613	12.4677	14.4265	16.6722	19.2441	22.1861
18	6.5436	7.6900	9.0243	10.5752	12.3755	14.4625	16.8790	19.6733	22.9005	26.6233
19	7.2633	8.6128	10.1974	12.0557	14.2318	16.7765	19.7484	23.2144	27.2516	31.9480
20	8.0623	9.6463	11.5231	13.7435	16.3665	19.4608	23.1056	27.3930	32.4294	38.3376
21	8.9492	10.8038	13.0211	15.6676	18.8215	22.5745	27.0336	32.3238	38.5910	46.0051
22	9.9336	12.1003	14.7138	17.8610	21.6447	26.1864	31.6293	38.1421	45.9233	55.2061
23	11.0263	13.5523	16.6266	20.3616	24.8915	30.3762	37.0062	45.0076	54.6487	66.2474
24	12.2392	15.1786	18.7881	23.2122	28.6252	35.2364	43.2973	53.1090	65.0320	79.4968
25	13.5855	17.0001	21.2305	26.4619	32.9190	40.8742	50.6578	62.6686	77.3881	95.3962
26	15.0799	19.0401	23.9905	30.1666	37.8568	47.4141	59.2697	73.9490	92.0918	114.4755
27	16.7386	21.3249	27.1093	34.3899	43.5353	55.0004	69.3455	87.2598	109.5893	137.3706
28	18.5799	23.8839	30.6335	39.2045	50.0656	63.8004	81.1342	102.9666	130.4112	164.8447
29	20.6237	26.7499	34.6158	44.6931	57.5755	74.0085	94.9271	121.5005	155.1893	197.8136
30	22.8923	29.9599	39.1159	50.9502	66.2118	85.8499	111.0647	143.3706	184.6753	237.3763
31	25.4104	33.5551	44.2010	58.0832	76.1435	99.5859	129.9456	169.1774	219.7636	284.8516
32	28.2056	37.5817	49.9471	66.2148	87.5651	115.5196	152.0364	199.6293	261.5187	341.8219
33	31.3082	42.0915	56.4402	75.4849	100.6998	134.0027	177.8826	235.5625	311.2073	410.1863
34	34.7521	47.1425	63.7774	86.0528	115.8048	155.4432	208.1226	277.9638	370.3366	492.2235
35	38.5749	52.7996	72.0685	98.1002	133.1755	180.3141	243.5035	327.9973	440.7006	590.6682
36	42.8181	59.1356	81.4374	111.8342	153.1519	209.1643	284.8991	387.0368	524.4337	708.8019
37	47.5281	66.2318	92.0243	127.4910	176.1246	242.6306	333.3319	456.7034	624.0761	850.5622
38	52.7562	74.1797	103.9874	145.3397	202.5433	281.4515	389.9983	538.9100	742.6506	1020.6747
39	58.5593	83.0812	117.5058	165.6873	232.9248	326.4838	456.2980	635.9139	883.7542	1224.8096
40	65.0009	93.0510	132.7816	188.8835	267.8635	378.7212	533.8687	750.3783	1051.6675	1469.7716

〈표 5-2〉 목돈의 현재가치요소

	1%	2%	3%	4%	5%	6%	7%	8%	9%	10%
1	0.9901	0.9804	0.9709	0.9615	0.9524	0.9434	0.9346	0.9259	0.9174	0.9091
2	0.9803	0.9612	0.9426	0.9246	0.9070	0.8900	0.8734	0.8573	0.8417	0.8264
3	0.9706	0.9423	0.9151	0.8890	0.8638	0.8396	0.8163	0.7938	0.7722	0.7513
4	0.9610	0.9238	0.8885	0.8548	0.8227	0.7921	0.7629	0.7350	0.7084	0.6830
5	0.9515	0.9057	0.8626	0.8219	0.7835	0.7473	0.7130	0.6806	0.6499	0.6209
6	0.9420	0.8880	0.8375	0.7903	0.7462	0.7050	0.6663	0.6302	0.5963	0.5645
7	0.9327	0.8706	0.8131	0.7599	0.7107	0.6651	0.6227	0.5835	0.5470	0.5132
8	0.9235	0.8535	0.7894	0.7307	0.6768	0.6274	0.5820	0.5403	0.5019	0.4665
9	0.9143	0.8368	0.7664	0.7026	0.6446	0.5919	0.5439	0.5002	0.4604	0.4241
10	0.9053	0.8203	0.7441	0.6756	0.6139	0.5584	0.5083	0.4632	0.4224	0.3855
11	0.8963	0.8043	0.7224	0.6496	0.5847	0.5268	0.4751	0.4289	0.3875	0.3505
12	0.8874	0.7885	0.7014	0.6246	0.5568	0.4970	0.4440	0.3971	0.3555	0.3186
13	0.8787	0.7730	0.6810	0.6006	0.5303	0.4688	0.4150	0.3677	0.3262	0.2897
14	0.8700	0.7579	0.6611	0.5775	0.5051	0.4423	0.3878	0.3405	0.2992	0.2633
15	0.8613	0.7430	0.6419	0.5553	0.4810	0.4173	0.3624	0.3152	0.2745	0.2394
16	0.8528	0.7284	0.6232	0.5339	0.4581	0.3936	0.3387	0.2919	0.2519	0.2176
17	0.8444	0.7142	0.6050	0.5134	0.4363	0.3714	0.3166	0.2703	0.2311	0.1978
18	0.8360	0.7002	0.5874	0.4936	0.4155	0.3503	0.2959	0.2502	0.2120	0.1799
19	0.8277	0.6864	0.5703	0.4746	0.3957	0.3305	0.2765	0.2317	0.1945	0.1635
20	0.8195	0.6730	0.5537	0.4564	0.3769	0.3118	0.2584	0.2145	0.1784	0.1486
21	0.8114	0.6598	0.5375	0.4388	0.3589	0.2942	0.2415	0.1987	0.1637	0.1351
22	0.8034	0.6468	0.5219	0.4220	0.3418	0.2775	0.2257	0.1839	0.1502	0.1228
23	0.7954	0.6342	0.5067	0.4057	0.3256	0.2618	0.2109	0.1703	0.1378	0.1117
24	0.7876	0.6217	0.4919	0.3901	0.3101	0.2470	0.1971	0.1577	0.1264	0.1015
25	0.7798	0.6095	0.4776	0.3751	0.2953	0.2330	0.1842	0.1460	0.1160	0.0923
26	0.7720	0.5976	0.4637	0.3607	0.2812	0.2198	0.1722	0.1352	0.1064	0.0839
27	0.7644	0.5859	0.4502	0.3468	0.2678	0.2074	0.1609	0.1252	0.0976	0.0763
28	0.7568	0.5744	0.4371	0.3335	0.2551	0.1956	0.1504	0.1159	0.0895	0.0693
29	0.7493	0.5631	0.4243	0.3207	0.2429	0.1846	0.1406	0.1073	0.0822	0.0630
30	0.7419	0.5521	0.4120	0.3083	0.2314	0.1741	0.1314	0.0994	0.0754	0.0573
31	0.7346	0.5412	0.4000	0.2965	0.2204	0.1643	0.1228	0.0920	0.0691	0.0521
32	0.7273	0.5306	0.3883	0.2851	0.2099	0.1550	0.1147	0.0852	0.0634	0.0474
33	0.7201	0.5202	0.3770	0.2741	0.1999	0.1462	0.1072	0.0789	0.0582	0.0431
34	0.7130	0.5100	0.3660	0.2636	0.1904	0.1379	0.1002	0.0730	0.0534	0.0391
35	0.7059	0.5000	0.3554	0.2534	0.1813	0.1301	0.0937	0.0676	0.0490	0.0356
36	0.6989	0.4902	0.3450	0.2437	0.1727	0.1227	0.0875	0.0626	0.0449	0.0323
37	0.6920	0.4806	0.3350	0.2343	0.1644	0.1158	0.0818	0.0580	0.0412	0.0294
38	0.6852	0.4712	0.3252	0.2253	0.1566	0.1092	0.0765	0.0537	0.0378	0.0267
39	0.6784	0.4619	0.3158	0.2166	0.1491	0.1031	0.0715	0.0497	0.0347	0.0243
40	0.6717	0.4529	0.3066	0.2083	0.1420	0.0972	0.0668	0.0460	0.0318	0.0221

	11%	12%	13%	14%	15%	16%	17%	18%	19%	20%
1	0.9009	0.8929	0.8850	0.8772	0.8696	0.8621	0.8547	0.8475	0.8403	0.8333
2	0.8116	0.7972	0.7831	0.7695	0.7561	0.7432	0.7305	0.7182	0.7062	0.6944
3	0.7312	0.7118	0.6931	0.6750	0.6575	0.6407	0.6244	0.6086	0.5934	0.5787
4	0.6587	0.6355	0.6133	0.5921	0.5718	0.5523	0.5337	0.5158	0.4987	0.4823
5	0.5935	0.5674	0.5428	0.5194	0.4972	0.4761	0.4561	0.4371	0.4190	0.4019
6	0.5346	0.5066	0.4803	0.4556	0.4323	0.4104	0.3898	0.3704	0.3521	0.3349
7	0.4817	0.4523	0.4251	0.3996	0.3759	0.3538	0.3332	0.3139	0.2959	0.2791
8	0.4339	0.4039	0.3762	0.3506	0.3269	0.3050	0.2848	0.2660	0.2487	0.2326
9	0.3909	0.3606	0.3329	0.3075	0.2843	0.2630	0.2434	0.2255	0.2090	0.1938
10	0.3522	0.3220	0.2946	0.2697	0.2472	0.2267	0.2080	0.1911	0.1756	0.1615
11	0.3173	0.2875	0.2607	0.2366	0.2149	0.1954	0.1778	0.1619	0.1476	0.1346
12	0.2858	0.2567	0.2307	0.2076	0.1869	0.1685	0.1520	0.1372	0.1240	0.1122
13	0.2575	0.2292	0.2042	0.1821	0.1625	0.1452	0.1299	0.1163	0.1042	0.0935
14	0.2320	0.2046	0.1807	0.1597	0.1413	0.1252	0.1110	0.0985	0.0876	0.0779
15	0.2090	0.1827	0.1599	0.1401	0.1229	0.1079	0.0949	0.0835	0.0736	0.0649
16	0.1883	0.1631	0.1415	0.1229	0.1069	0.0930	0.0811	0.0708	0.0618	0.0541
17	0.1696	0.1456	0.1252	0.1078	0.0929	0.0802	0.0693	0.0600	0.0520	0.0451
18	0.1528	0.1300	0.1108	0.0946	0.0808	0.0691	0.0592	0.0508	0.0437	0.0376
19	0.1377	0.1161	0.0981	0.0829	0.0703	0.0596	0.0506	0.0431	0.0367	0.0313
20	0.1240	0.1037	0.0868	0.0728	0.0611	0.0514	0.0433	0.0365	0.0308	0.0261
21	0.1117	0.0926	0.0768	0.0638	0.0531	0.0443	0.0370	0.0309	0.0259	0.0217
22	0.1007	0.0826	0.0680	0.0560	0.0462	0.0382	0.0316	0.0262	0.0218	0.0181
23	0.0907	0.0738	0.0601	0.0491	0.0402	0.0329	0.0270	0.0222	0.0183	0.0151
24	0.0817	0.0659	0.0532	0.0431	0.0349	0.0284	0.0231	0.0188	0.0154	0.0126
25	0.0736	0.0588	0.0471	0.0378	0.0304	0.0245	0.0197	0.0160	0.0129	0.0105
26	0.0663	0.0525	0.0417	0.0331	0.0264	0.0211	0.0169	0.0135	0.0109	0.0087
27	0.0597	0.0469	0.0369	0.0291	0.0230	0.0182	0.0144	0.0115	0.0091	0.0073
28	0.0538	0.0419	0.0326	0.0255	0.0200	0.0157	0.0123	0.0097	0.0077	0.0061
29	0.0485	0.0374	0.0289	0.0224	0.0174	0.0135	0.0105	0.0082	0.0064	0.0051
30	0.0437	0.0334	0.0256	0.0196	0.0151	0.0116	0.0090	0.0070	0.0054	0.0042
31	0.0394	0.0298	0.0226	0.0172	0.0131	0.0100	0.0077	0.0059	0.0046	0.0035
32	0.0355	0.0266	0.0200	0.0151	0.0114	0.0087	0.0066	0.0050	0.0038	0.0029
33	0.0319	0.0238	0.0177	0.0132	0.0099	0.0075	0.0056	0.0042	0.0032	0.0024
34	0.0288	0.0212	0.0157	0.0116	0.0086	0.0064	0.0048	0.0036	0.0027	0.0020
35	0.0259	0.0189	0.0139	0.0102	0.0075	0.0055	0.0041	0.0030	0.0023	0.0017
36	0.0234	0.0169	0.0123	0.0089	0.0065	0.0048	0.0035	0.0026	0.0019	0.0014
37	0.0210	0.0151	0.0109	0.0078	0.0057	0.0041	0.0030	0.0022	0.0016	0.0012
38	0.0190	0.0135	0.0096	0.0069	0.0049	0.0036	0.0026	0.0019	0.0013	0.0010
39	0.0171	0.0120	0.0085	0.0060	0.0043	0.0031	0.0022	0.0016	0.0011	0.0008
40	0.0154	0.0107	0.0075	0.0053	0.0037	0.0026	0.0019	0.0013	0.0010	0.0007

〈표 5-3〉 연금의 미래가치요소

	1%	2%	3%	4%	5%	6%	7%	8%	9%	10%
1	1.0000	1.0000	1.0000	1.0000	1.0000	1.0000	1.0000	1.0000	1.0000	1.0000
2	2.0100	2.0200	2.0300	2.0400	2.0500	2.0600	2.0700	2.0800	2.0900	2.1000
3	3.0301	3.0604	3.0909	3.1216	3.1525	3.1836	3.2149	3.2464	3.2781	3.3100
4	4.0604	4.1216	4.1836	4.2465	4.3101	4.3746	4.4399	4.5061	4.5731	4.6410
5	5.1010	5.2040	5.3091	5.4163	5.5256	5.6371	5.7507	5.8666	5.9847	6.1051
6	6.1520	6.3081	6.4684	6.6330	6.8019	6.9753	7.1533	7.3359	7.5233	7.7156
7	7.2135	7.4343	7.6625	7.8983	8.1420	8.3938	8.6540	8.9228	9.2004	9.4872
8	8.2857	8.5830	8.8923	9.2142	9.5491	9.8975	10.2598	10.6366	11.0285	11.4359
9	9.3685	9.7546	10.1591	10.5828	11.0266	11.4913	11.9780	12.4876	13.0210	13.5795
10	10.4622	10.9497	11.4639	12.0061	12.5779	13.1808	13.8164	14.4866	15.1929	15.9374
11	11.5668	12.1687	12.8078	13.4864	14.2068	14.9716	15.7836	16.6455	17.5603	18.5312
12	12.6825	13.4121	14.1920	15.0258	15.9171	16.8699	17.8885	18.9771	20.1407	21.3843
13	13.8093	14.6803	15.6178	16.6268	17.7130	18.8821	20.1406	21.4953	22.9534	24.5227
14	14.9474	15.9739	17.0863	18.2919	19.5986	21.0151	22.5505	24.2149	26.0192	27.9750
15	16.0969	17.2934	18.5989	20.0236	21.5786	23.2760	25.1290	27.1521	29.3609	31.7725
16	17.2579	18.6393	20.1569	21.8245	23.6575	25.6725	27.8881	30.3243	33.0034	35.9497
17	18.4304	20.0121	21.7616	23.6975	25.8404	28.2129	30.8402	33.7502	36.9737	40.5447
18	19.6147	21.4123	23.4144	25.6454	28.1324	30.9057	33.9990	37.4502	41.3013	45.5992
19	20.8109	22.8406	25.1169	27.6712	30.5390	33.7600	37.3790	41.4463	46.0185	51.1591
20	22.0190	24.2974	26.8704	29.7781	33.0660	36.7856	40.9955	45.7620	51.1601	57.2750
21	23.2392	25.7833	28.6765	31.9692	35.7193	39.9927	44.8652	50.4229	56.7645	64.0025
22	24.4716	27.2990	30.5368	34.2480	38.5052	43.3923	49.0057	55.4568	62.8733	71.4027
23	25.7163	28.8450	32.4529	36.6179	41.4305	46.9958	53.4361	60.8933	69.5319	79.5430
24	26.9735	30.4219	34.4265	39.0826	44.5020	50.8156	58.1767	66.7648	76.7898	88.4973
25	28.2432	32.0303	36.4593	41.6459	47.7271	54.8645	63.2490	73.1059	84.7009	98.3471
26	29.5256	33.6709	38.5530	44.3117	51.1135	59.1564	68.6765	79.9544	93.3240	109.1818
27	30.8209	35.3443	40.7096	47.0842	54.6691	63.7058	74.4838	87.3508	102.7231	121.0999
28	32.1291	37.0512	42.9309	49.9676	58.4026	68.5281	80.6977	95.3388	112.9682	134.2099
29	33.4504	38.7922	45.2189	52.9663	62.3227	73.6398	87.3465	103.9659	124.1354	148.6309
30	34.7849	40.5681	47.5754	56.0849	66.4388	79.0582	94.4608	113.2832	136.3075	164.4940
31	36.1327	42.3794	50.0027	59.3283	70.7608	84.8017	102.0730	123.3459	149.5752	181.9434
32	37.4941	44.2270	52.5028	62.7015	75.2988	90.8898	110.2182	134.2135	164.0370	201.1378
33	38.8690	46.1116	55.0778	66.2095	80.0638	97.3432	118.9334	145.9506	179.8003	222.2515
34	40.2577	48.0338	57.7302	69.8579	85.0670	104.1838	128.2588	158.6267	196.9823	245.4767
35	41.6603	49.9945	60.4621	73.6522	90.3203	111.4348	138.2369	172.3168	215.7108	271.0244
36	43.0769	51.9944	63.2759	77.5983	95.8363	119.1209	148.9135	187.1021	236.1247	299.1268
37	44.5076	54.0343	66.1742	81.7022	101.6281	127.2681	160.3374	203.0703	258.3759	330.0395
38	45.9527	56.1149	69.1594	85.9703	107.7095	135.9042	172.5610	220.3159	282.6298	364.0434
39	47.4123	58.2372	72.2342	90.4091	114.0950	145.0585	185.6403	238.9412	309.0665	401.4478
40	48.8864	60.4020	75.4013	95.0255	120.7998	154.7620	199.6351	259.0565	337.8824	442.5926

	11%	12%	13%	14%	15%	16%	17%	18%	19%	20%
1	1.0000	1.0000	1.0000	1.0000	1.0000	1.0000	1.0000	1.0000	1.0000	1.0000
2	2.1100	2.1200	2.1300	2.1400	2.1500	2.1600	2.1700	2.1800	2.1900	2.2000
3	3.3421	3.3744	3.4069	3.4396	3.4725	3.5056	3.5389	3.5724	3.6061	3.6400
4	4.7097	4.7793	4.8498	4.9211	4.9934	5.0665	5.1405	5.2154	5.2913	5.3680
5	6.2278	6.3528	6.4803	6.6101	6.7424	6.8771	7.0144	7.1542	7.2966	7.4416
6	7.9129	8.1152	8.3227	8.5355	8.7537	8.9775	9.2068	9.4420	9.6830	9.9299
7	9.7833	10.0890	10.4047	10.7305	11.0668	11.4139	11.7720	12.1415	12.5227	12.9159
8	11.8594	12.2997	12.7573	13.2328	13.7268	14.2401	14.7733	15.3270	15.9020	16.4991
9	14.1640	14.7757	15.4157	16.0853	16.7858	17.5185	18.2847	19.0859	19.9234	20.7989
10	16.7220	17.5487	18.4197	19.3373	20.3037	21.3215	22.3931	23.5213	24.7089	25.9587
11	19.5614	20.6546	21.8143	23.0445	24.3493	25.7329	27.1999	28.7551	30.4035	32.1504
12	22.7132	24.1331	25.6502	27.2707	29.0017	30.8502	32.8239	34.9311	37.1802	39.5805
13	26.2116	28.0291	29.9847	32.0887	34.3519	36.7862	39.4040	42.2187	45.2445	48.4966
14	30.0949	32.3926	34.8827	37.5811	40.5047	43.6720	47.1027	50.8180	54.8409	59.1959
15	34.4054	37.2797	40.4175	43.8424	47.5804	51.6595	56.1101	60.9653	66.2607	72.0351
16	39.1899	42.7533	46.6717	50.9804	55.7175	60.9250	66.6488	72.9390	79.8502	87.4421
17	44.5008	48.8837	53.7391	59.1176	65.0751	71.6730	78.9792	87.0680	96.0218	105.9306
18	50.3959	55.7497	61.7251	68.3941	75.8364	84.1407	93.4056	103.7403	115.2659	128.1167
19	56.9395	63.4397	70.7494	78.9692	88.2118	98.6032	110.2846	123.4135	138.1664	154.7400
20	64.2028	72.0524	80.9468	91.0249	102.4436	115.3797	130.0329	146.6280	165.4180	186.6880
21	72.2651	81.6987	92.4699	104.7684	118.8101	134.8405	153.1385	174.0210	197.8474	225.0256
22	81.2143	92.5026	105.4910	120.4360	137.6316	157.4150	180.1721	206.3448	236.4385	271.0307
23	91.1479	104.6029	120.2048	138.2970	159.2764	183.6014	211.8013	244.4868	282.3618	326.2369
24	102.1742	118.1552	136.8315	158.6586	184.1678	213.9776	248.8076	289.4945	337.0105	392.4842
25	114.4133	133.3339	155.6196	181.8708	212.7930	249.2140	292.1049	342.6035	402.0425	471.9811
26	127.9988	150.3339	176.8501	208.3327	245.7120	290.0883	342.7627	405.2721	479.4306	567.3773
27	143.0786	169.3740	200.8406	238.4993	283.5688	337.5024	402.0323	479.2211	571.5224	681.8528
28	159.8173	190.6989	227.9499	272.8892	327.1041	392.5028	471.3778	566.4809	681.1116	819.2233
29	178.3972	214.5828	258.5834	312.0937	377.1697	456.3032	552.5121	669.4475	811.5228	984.0680
30	199.0209	241.3327	293.1992	356.7868	434.7451	530.3117	647.4391	790.9480	966.7122	1181.8816
31	221.9132	271.2926	332.3151	407.7370	500.9569	616.1616	758.5038	934.3186	1151.3875	1419.2579
32	247.3236	304.8477	376.5161	465.8202	577.1005	715.7475	888.4494	1103.4960	1371.1511	1704.1095
33	275.5292	342.4294	426.4632	532.0350	664.6655	831.2671	1040.4858	1303.1253	1632.6698	2045.9314
34	306.8374	384.5210	482.9034	607.5199	765.3654	965.2698	1218.3684	1538.6878	1943.8771	2456.1176
35	341.5896	431.6635	546.6808	693.5727	881.1702	1120.7130	1426.4910	1816.6516	2314.2137	2948.3411
36	380.1644	484.4631	618.7493	791.6729	1014.3457	1301.0270	1669.9945	2144.6489	2754.9143	3539.0094
37	422.9825	543.5987	700.1867	903.5071	1167.4975	1510.1914	1954.8936	2531.6857	3279.3481	4247.8112
38	470.5106	609.8305	792.2110	1030.9981	1343.6222	1752.8220	2288.2255	2988.3891	3903.4242	5098.3735
39	523.2667	684.0102	896.1984	1176.3378	1546.1655	2034.2735	2678.2238	3527.2992	4646.0748	6119.0482
40	581.8261	767.0914	1013.7042	1342.0251	1779.0903	2360.7572	3134.5218	4163.2130	5529.8290	7343.8578

〈표 5-4〉 연금의 현재가치요소

	1%	2%	3%	4%	5%	6%	7%	8%	9%	10%
1	0.9901	0.9804	0.9709	0.9615	0.9524	0.9434	0.9346	0.9259	0.9174	0.9091
2	1.9704	1.9416	1.9135	1.8861	1.8594	1.8334	1.8080	1.7833	1.7591	1.7355
3	2.9410	2.8839	2.8286	2.7751	2.7232	2.6730	2.6243	2.5771	2.5313	2.4869
4	3.9020	3.8077	3.7171	3.6299	3.5460	3.4651	3.3872	3.3121	3.2397	3.1699
5	4.8534	4.7135	4.5797	4.4518	4.3295	4.2124	4.1002	3.9927	3.8897	3.7908
6	5.7955	5.6014	5.4172	5.2421	5.0757	4.9173	4.7665	4.6229	4.4859	4.3553
7	6.7282	6.4720	6.2303	6.0021	5.7864	5.5824	5.3893	5.2064	5.0330	4.8684
8	7.6517	7.3255	7.0197	6.7327	6.4632	6.2098	5.9713	5.7466	5.5348	5.3349
9	8.5660	8.1622	7.7861	7.4353	7.1078	6.8017	6.5152	6.2469	5.9952	5.7590
10	9.4713	8.9826	8.5302	8.1109	7.7217	7.3601	7.0236	6.7101	6.4177	6.1446
11	10.3676	9.7868	9.2526	8.7605	8.3064	7.8869	7.4987	7.1390	6.8052	6.4951
12	11.2551	10.5753	9.9540	9.3851	8.8633	8.3838	7.9427	7.5361	7.1607	6.8137
13	12.1337	11.3484	10.6350	9.9856	9.3936	8.8527	8.3577	7.9038	7.4869	7.1034
14	13.0037	12.1062	11.2961	10.5631	9.8986	9.2950	8.7455	8.2442	7.7862	7.3667
15	13.8651	12.8493	11.9379	11.1184	10.3797	9.7122	9.1079	8.5595	8.0607	7.6061
16	14.7179	13.5777	12.5611	11.6523	10.8378	10.1059	9.4466	8.8514	8.3126	7.8237
17	15.5623	14.2919	13.1661	12.1657	11.2741	10.4773	9.7632	9.1216	8.5436	8.0216
18	16.3983	14.9920	13.7535	12.6593	11.6896	10.8276	10.0591	9.3719	8.7556	8.2014
19	17.2260	15.6785	14.3238	13.1339	12.0853	11.1581	10.3356	9.6036	8.9501	8.3649
20	18.0456	16.3514	14.8775	13.5903	12.4622	11.4699	10.5940	9.8181	9.1285	8.5136
21	18.8570	17.0112	15.4150	14.0292	12.8212	11.7641	10.8355	10.0168	9.2922	8.6487
22	19.6604	17.6580	15.9369	14.4511	13.1630	12.0416	11.0612	10.2007	9.4424	8.7715
23	20.4558	18.2922	16.4436	14.8568	13.4886	12.3034	11.2722	10.3711	9.5802	8.8832
24	21.2434	18.9139	16.9355	15.2470	13.7986	12.5504	11.4693	10.5288	9.7066	8.9847
25	22.0232	19.5235	17.4131	15.6221	14.0939	12.7834	11.6536	10.6748	9.8226	9.0770
26	22.7952	20.1210	17.8768	15.9828	14.3752	13.0032	11.8258	10.8100	9.9290	9.1609
27	23.5596	20.7069	18.3270	16.3296	14.6430	13.2105	11.9867	10.9352	10.0266	9.2372
28	24.3164	21.2813	18.7641	16.6631	14.8981	13.4062	12.1371	11.0511	10.1161	9.3066
29	25.0658	21.8444	19.1885	16.9837	15.1411	13.5907	12.2777	11.1584	10.1983	9.3696
30	25.8077	22.3965	19.6004	17.2920	15.3725	13.7648	12.4090	11.2578	10.2737	9.4269
31	26.5423	22.9377	20.0004	17.5885	15.5928	13.9291	12.5318	11.3498	10.3428	9.4790
32	27.2696	23.4683	20.3888	17.8736	15.8027	14.0840	12.6466	11.4350	10.4062	9.5264
33	27.9897	23.9886	20.7658	18.1476	16.0025	14.2302	12.7538	11.5139	10.4644	9.5694
34	28.7027	24.4986	21.1318	18.4112	16.1929	14.3681	12.8540	11.5869	10.5178	9.6086
35	29.4086	24.9986	21.4872	18.6646	16.3742	14.4982	12.9477	11.6546	10.5668	9.6442
36	30.1075	25.4888	21.8323	18.9083	16.5469	14.6210	13.0352	11.7172	10.6118	9.6765
37	30.7995	25.9695	22.1672	19.1426	16.7113	14.7368	13.1170	11.7752	10.6530	9.7059
38	31.4847	26.4406	22.4925	19.3679	16.8679	14.8460	13.1935	11.8289	10.6908	9.7327
39	32.1630	26.9026	22.8082	19.5845	17.0170	14.9491	13.2649	11.8786	10.7255	9.7570
40	32.8347	27.3555	23.1148	19.7928	17.1591	15.0463	13.3317	11.9246	10.7574	9.7791

	11%	12%	13%	14%	15%	16%	17%	18%	19%	20%
1	0.9009	0.8929	0.8850	0.8772	0.8696	0.8621	0.8547	0.8475	0.8403	0.8333
2	1.7125	1.6901	1.6681	1.6467	1.6257	1.6052	1.5852	1.5656	1.5465	1.5278
3	2.4437	2.4018	2.3612	2.3216	2.2832	2.2459	2.2096	2.1743	2.1399	2.1065
4	3.1024	3.0373	2.9745	2.9137	2.8550	2.7982	2.7432	2.6901	2.6386	2.5887
5	3.6959	3.6048	3.5172	3.4331	3.3522	3.2743	3.1993	3.1272	3.0576	2.9906
6	4.2305	4.1114	3.9975	3.8887	3.7845	3.6847	3.5892	3.4976	3.4098	3.3255
7	4.7122	4.5638	4.4226	4.2883	4.1604	4.0386	3.9224	3.8115	3.7057	3.6046
8	5.1461	4.9676	4.7988	4.6389	4.4873	4.3436	4.2072	4.0776	3.9544	3.8372
9	5.5370	5.3282	5.1317	4.9464	4.7716	4.6065	4.4506	4.3030	4.1633	4.0310
10	5.8892	5.6502	5.4262	5.2161	5.0188	4.8332	4.6586	4.4941	4.3389	4.1925
11	6.2065	5.9377	5.6869	5.4527	5.2337	5.0286	4.8364	4.6560	4.4865	4.3271
12	6.4924	6.1944	5.9176	5.6603	5.4206	5.1971	4.9884	4.7932	4.6105	4.4392
13	6.7499	6.4235	6.1218	5.8424	5.5831	5.3423	5.1183	4.9095	4.7147	4.5327
14	6.9819	6.6282	6.3025	6.0021	5.7245	5.4675	5.2293	5.0081	4.8023	4.6106
15	7.1909	6.8109	6.4624	6.1422	5.8474	5.5755	5.3242	5.0916	4.8759	4.6755
16	7.3792	6.9740	6.6039	6.2651	5.9542	5.6685	5.4053	5.1624	4.9377	4.7296
17	7.5488	7.1196	6.7291	6.3729	6.0472	5.7487	5.4746	5.2223	4.9897	4.7746
18	7.7016	7.2497	6.8399	6.4674	6.1280	5.8178	5.5339	5.2732	5.0333	4.8122
19	7.8393	7.3658	6.9380	6.5504	6.1982	5.8775	5.5845	5.3162	5.0700	4.8435
20	7.9633	7.4694	7.0248	6.6231	6.2593	5.9288	5.6278	5.3527	5.1009	4.8696
21	8.0751	7.5620	7.1016	6.6870	6.3125	5.9731	5.6648	5.3837	5.1268	4.8913
22	8.1757	7.6446	7.1695	6.7429	6.3587	6.0113	5.6964	5.4099	5.1486	4.9094
23	8.2664	7.7184	7.2297	6.7921	6.3988	6.0442	5.7234	5.4321	5.1668	4.9245
24	8.3481	7.7843	7.2829	6.8351	6.4338	6.0726	5.7465	5.4509	5.1822	4.9371
25	8.4217	7.8431	7.3300	6.8729	6.4641	6.0971	5.7662	5.4669	5.1951	4.9476
26	8.4881	7.8957	7.3717	6.9061	6.4906	6.1182	5.7831	5.4804	5.2060	4.9563
27	8.5478	7.9426	7.4086	6.9352	6.5135	6.1364	5.7975	5.4919	5.2151	4.9636
28	8.6016	7.9844	7.4412	6.9607	6.5335	6.1520	5.8099	5.5016	5.2228	4.9697
29	8.6501	8.0218	7.4701	6.9830	6.5509	6.1656	5.8204	5.5098	5.2292	4.9747
30	8.6938	8.0552	7.4957	7.0027	6.5660	6.1772	5.8294	5.5168	5.2347	4.9789
31	8.7331	8.0850	7.5183	7.0199	6.5791	6.1872	5.8371	5.5227	5.2392	4.9824
32	8.7686	8.1116	7.5383	7.0350	6.5905	6.1959	5.8437	5.5277	5.2430	4.9854
33	8.8005	8.1354	7.5560	7.0482	6.6005	6.2034	5.8493	5.5320	5.2462	4.9878
34	8.8293	8.1566	7.5717	7.0599	6.6091	6.2098	5.8541	5.5356	5.2489	4.9898
35	8.8552	8.1755	7.5856	7.0700	6.6166	6.2153	5.8582	5.5386	5.2512	4.9915
36	8.8786	8.1924	7.5979	7.0790	6.6231	6.2201	5.8617	5.5412	5.2531	4.9929
37	8.8996	8.2075	7.6087	7.0868	6.6288	6.2242	5.8647	5.5434	5.2547	4.9941
38	8.9186	8.2210	7.6183	7.0937	6.6338	6.2278	5.8673	5.5452	5.2561	4.9951
39	8.9357	8.2330	7.6268	7.0997	6.6380	6.2309	5.8695	5.5468	5.2572	4.9959
40	8.9511	8.2438	7.6344	7.1050	6.6418	6.2335	5.8713	5.5482	5.2582	4.9966

제6장 투자타당성 분석기법

현대재무학의 분석체계

투자타당성분석	현금흐름분석	채권가격
계속기업 가치평가	시간가치분석	주식가격
성장기업 가치평가	자본비용분석	시장효율성 가설

1. 투자타당성 분석기법의 핵심

- 현금흐름 분석; 투자활동 → 부가가치창출활동 → 재무적 잉여현금흐름
- 자본비용 분석; 본 장에서는 주어진 값(자금조달활동 → 자본비용 분석 이후 재고)
- 타당성분석 기법; 현금흐름할인법(화폐의 시간가치 공식 활용)

2. 투자타당성 분석기법

- 순현가법(*NPV*; Net Present Value)

순현가 = 사업가치 - 초기투하자산

판단기준; 순현가 〉 0, 경제성 있음

$$NPV = \sum_{t=1}^{N} \frac{FCF_t}{(1+K)^t} - IC_0 > 0$$

- 수익성지수법(*PI*; Profitability Index)

수익성지수 = 사업가치/초기투하자산

판단기준; 수익성지수 〉 1, 경제성 있음

$$PI = \frac{\sum_{t=1}^{N} \frac{FCF_t}{(1+K)^t}}{IC_0} > 1$$

– **내부수익률법**(IRR; Internal Rate of Return)

내부수익률은 사업가치 = 초기투하자산 등식을 성립시키는 할인율 r을 의미함

판단기준; r 〉 주어진 자본비용 K

$$NPV = 0, \quad \sum_{t=1}^{N} \frac{FCF_t}{(1+r)^t} = IC_0, \quad r > K$$

3. 유한한 사업수명을 가진 투자안에 대한 투자타당성 분석상 주의사항

– **유한한 사업수명이란 사업종료년도가 존재한다는 의미이므로, 매년 감가상각비를 보충투자할 필요가 없음; 감가상각비는 투자성과인 재무적 영업현금흐름의 일부로 측정됨.**

– **유한한 사업수명 때문에 사업종료년도 말에 특별한 고려사항이 몇 가지 있음;**

첫째, 순운전자금은 전액 회수하여야 함; 초기순운전자금 투자액 및 연도별 순운전자금증가액의 누계액 모두를 회수함.

둘째, 시설자금 중 잔존가치(시장거래가격)가 있고, 장부가잔존가액보다 크면 납세 후 회수하여야 함;

세후시설자금회수액 = 시설매각대금 – 처분이익에 대한 세금
= 잔존가치 – (잔존가치 – 장부가잔존가액) × 법인세율

Chapter 06 연습문제

[문제 1] 유한한 사업수명의 신규사업 투자타당성 분석: *NPV*, *PI*, *IRR*기법

초기투자 정보;

건물신축 100억, 감가상각 없음, 5년 후 가격 100억 유지예상(부동산차익 배제)

생산설비 500억, 감가상각 정액법, 5년 완전상각. 그러나 5년 후 매각대금 10억 예상

순운전자금은 매출액의 10% 필요

생산과 판매정보;

사업수명기간 5년간, 연간 100만개 생산, 판매가격 개당 100,000원

제조원가 개당 70,000원, 감가상각비를 제외한 판매비와관리비 연간 120억 원

법인세율 20%. 이 사업의 자본비용은 15%인 것으로 주어짐

1단계; 추정손익계산서(단위: 억원): 사업수명 5년으로 유한함

매출액	1,000	= 100만 × 10만
제조원가	700	= 100만 × 7만
판관비	120	
감가상각비	100	= 500/5년
영업이익	80	
법인세	16	= 80 × 0.2
세후영업이익	64	= 80 × (1 − 0.2)

2단계; "재무적" 영업현금흐름 = 64 + 100 = 164억원

＊ 순운전자금과 시설자금의 추가적 투자 없음. 감가상각비를 매년 재투자할 필요 없음

3단계; 연도별 재무적 잉여현금흐름 추정

연도	0	1	2	3	4	5
영업현금흐름	0	164	164	164	164	164
순운전자금 증가	−100	0	0	0	0	100*
순고정자산 증가	−600	0	0	0	0	108**
재무적 잉여현금흐름	−700	164	164	164	164	372

* 사업종료년도에 순운전자금 누계액 전액회수
** 고정자산회수액 = 생산설비매각대금 − 처분이익에 대한 세금 + 건물잔존가치

4단계; *NPV* 및 *PI* 계산 @15%

사업가치 = 164×(연금현재가치요소; 4년@15%) + 372(현재가치요소; 5년@15%)

= 164×2.8550 + 372×0.4972 = 468.22 + 184.96 = 653.18억원

투자의 현재가치 = −700

⇒ *NPV* = 653.18 − 700 = −46.82억원

⇒ *PI* = 653.18/700 = 0.93배

5단계; 신규사업의 내부수익률 *IRR* = 시행착오법, 보간법을 적용하여 계산

시행착오 1번째 시도; 자본비용 15%에서 14%로 낮추어 계산

사업가치 = 164×(연금현재가치요소; 4년@14%) + 372(현재가치요소; 5년@14%)

= 164×2.9137 + 372×0.5194 = 477.85 + 193.22

= 671.07억원 〈 투자 700

시행착오 2번쌔 시도; 자본비용을 이번에는 13%로 낮추어 재계산

사업가치 = 164×(연금현재가치요소; 4년@13%) + 372(현재가치요소; 5년@13%)

= 164×2.9745 + 372×0.5428 = 487.82 + 201.92

= 689.74억원 〈 투자 700

시행착오 3번째 시도; 자본비용을 이번에는 12%로 더 낮추어 재계산

사업가치 = 164×(연금현재가치요소; 4년@12%) + 372(현재가치요소; 5년@12%)

= 164×3.0373 + 372×0.5674 = 498.12 + 211.08

= 709.20억원 〉 투자 700

위와 같은 시행착오 과정에서 이 사업의 내부수익률은 12%와 13% 사이라고 알 수 있고

⇒ 보간법 적용하여 사업가치 = 700이 되는 내부수익률을 계산함.

1% 차이 : (709.20−689.74 =) 19.46 = Z% : (700 − 689.74 =) 10.26

따라서 Z = 0.53% 그러므로 사업가치 = 700으로 만드는 IRR = 13 − 0.53 = 12.47%

6단계; 민감도분석(현금흐름 증분 및 자본비용 변화 고려)

변동요인: 생산코스트인 제조원가 개당 6.5만원으로 하락하는 경우

6-1단계에서부터 다시 시작; 추정손익계산서(단위: 억원); 사업수명 5년

매출액	1,000	= 100만 × 10만
제조원가	650	= 100만 × 6.5만
판관비	120	
감가상각비	100	= 500/5년
영업이익	130	
법인세	26	= 130 × 0.2
세후영업이익	104	= 130 × (1 − 0.2)

6-2단계; "재무적" 영업현금흐름 = 104 + 100 = 204억원

* 순운전자금과 시설자금의 추가적 투자 없음, 감가상각비를 매년 재투자할 필요 없음.

6-3단계; 연도별 재무적 잉여현금흐름 추정

연도	0	1	2	3	4	5
영업현금흐름	0	204	204	204	204	204
순운전자금 증가	−100	0	0	0	0	100*
순고정자산 증가	−600	0	0	0	0	108**
재무적 잉여현금흐름	−700	204	204	204	204	412

* 사업종료년도에 순운전자금 누계액 전액회수

** 고정자산회수액 = 생산설비매각대금 − 처분이익에 대한 세금 + 건물잔존가치

6-4단계; *NPV* 및 *PI* 계산 @15%

사업가치 = 204×(연금현재가치요소; 4년@15%) + 412(현재가치요소; 5년@15%)

= 204×2.8550 + 412×0.4972 = 582.42 + 204.85 = 787.27억원

투자의 현재가치 = −700

⇒ *NPV* = 787.27 − 700 = +87.27억원

⇒ *PI* = 787.27/700 = 1.12배

6-5단계; 신규사업의 내부수익률 *IRR* = 시행착오법, 보간법을 적용하여 계산

시행착오법 r = 19%로 시작, *NPV* = 710.92

시행착오법 r = 20%로 할인, *NPV* = 693.68

보간법 적용

6-6단계; "*PV* 가산원리" 이용; $PV(a) + PV(b) = PV(a + b)$

① 민감도분석 전 사업가치

= 164×(연금현재가치요소; 4년@15%) + 372(현재가치요소; 5년@15%)

= 164×2.8550 + 372×0.4972 = 468.22 + 184.96 = 653.18억원

② 1~5년간 제조원가 하락에 따른 세무적 잉여현금흐름 변화의 가치

= 40(연금현재가치요소; 5년@15%)

= 40×3.3522 = 134.09억원

민감도 분석 후 사업가치; *PV* 가산원리에 의하면

= ① + ② = 653.18 + 134.09 = 787.27

즉 동일시점에 발생하는 현금유입, 유출액을 가감하여도 동일한 *NPV* 계산결과가 도출됨.

[문제 2] 유한한 사업수명을 갖는 신규사업의 투자타당성 분석 및 민감도 분석

초기투자 정보;

건물신축 100억, 감가상각 없음, 5년 후 가격 100억 유지예상

생산설비 500억, 감가상각 정액법, 5년 완전상각. 그러나 5년 후 매각대금 10억 예상

순운전자금은 매출액의 10% 필요

생산과 판매정보;

사업수명기간 5년간, 연간 100만개 생산, 판매가격 개당 100,000원

제조원가 개당 65,500원, 감가상각비를 제외한 판매비와관리비 연간 120억

자본비용은 15%, 법인세율 30%.

풀이:

1단계; 추정손익계산서(단위: 억원)

매출액	1,000	= 100만 × 10만
제조원가	655	= 100만 × 6.55만
판관비	120	
감가상각비	100	= 500/5
영업이익	125	
법인세	37.5	= 125 × 0.3
세후영업이익	87.5	

2단계; 재무적 영업현금흐름 = 87.5 + 100 = 187.5

3단계; 연도별 재무적 잉여현금흐름 추정

연도	0	1	2	3	4	5
영업현금흐름	0	187.5	187.5	187.5	187.5	187.5
순운전자금 증가	−100	0	0	0	0	100*
순고정자산 증가	−600	0	0	0	0	107**
재무적 잉여현금흐름	−700	187.5	187.5	187.5	187.5	394.5

* 순운전자금회수액 = 순운전자금 투자액의 누계액

** 고정자산회수액 = 생산설비매각대금 − 처분이익에대한세금 10(1 − 0.3) + 건물잔존가치 100

4단계; *NPV* 및 *PI* 계산 @15%

사업가치 = 187.5(연금현재가치요소; 4년@15%) + 394.5(현재가치요소; 5년@15%)

= 187.5×2.8550 + 394.5×0.4972 = 535.31 + 196.15 = 731.46억원

투자의 현재가치 = −700 ⇒ *NPV* = 731.46 − 700 = +31.46억원

⇒ *PI* = 731.46/700 = 1.04배

5단계; 내부수익률 *IRR* = 시행착오법, 보간법을 적용하여 계산

시행착오 1번째 시도; 자본비용 15%에서 16%로 높여서 계산

사업가치 = 187.5(연금현재가치요소; 4년@16%) + 394.5(현재가치요소; 5년@16%)

= 187.5×2.7982 + 394.5×0.4761 = 524.66 + 187.82

= 712.48억원 〉 투자 700

시행착오 2번째 시도; 자본비용을 이번에는 17%로 다시 높여서 재계산

사업가치 = 187.5×(연금현재가치요소; 4년@17%) + 394.5(현재가치요소; 5년@17%)

= 187.5×2.7432 + 394.5×0.4561 = 514.35 + 179.93

= 694.28억원 〈 투자 700

위와 같은 시행착오 과정에서 이 사업의 내부수익률은 16%와 17% 사이라고 알 수 있고

⇒ 보간법 적용하여 사업가치 = 700이 되는 내부수익률을 계산함.

1% 차이 : (712.48 − 694.28 =) 18.20 = *X*% : (700 − 694.28 =) 5.72

따라서 *X* = 0.31% 그러므로 사업가치 = 700으로 만드는 *IRR* = 17 − 0.31 = 16.69%

6단계; 민감도 분석

변동요인; 순운전자금은 투자초기에 매출액의 10%가 필요한 것에 더하여 1차년도 말(즉 2차년도 초가 됨)**부터 50억원씩 순증함**

6-1단계; 추정손익계산서(단위: 억원)**; 원안과 동일**

6-2단계; 재무적 영업현금흐름(단위: 억원)**; 원안과 동일**

6-3단계; 연도별 재무적 잉여현금흐름 추정

연도	0	1	2	3	4	5
영업현금흐름	0	187.5	187.5	187.5	187.5	187.5
순운전자금 증가	−100	−50	−50	−50	−50	300*
순고정자산 증가	−600	0	0	0	0	107**
재무적 잉여현금흐름	−700	137.5	137.5	137.5	137.5	594.5

* 순운전자금회수액 = 순운전자금 증가액의 누계액 전액

** 고정자산회수액 = 생산설비매각대금 10 − 처분이익에대한세금 10 × (1 − 0.3) + 건물잔존가치 100

6-4단계; *NPV* 및 *PI* 계산 @15%

사업가치 = 137.5(연금현가요소; 4년@15%) + 594.5(현가요소; 5년@15%)

= 137.5×2.8550 + 594.5×0.4972

= 392.56 + 295.59 = 688.15억원

투자의 현재가치 = −700 ⇒ *NPV* = −11.85억원

⇒ *PI* = 0.98배

6-5단계: 내부수익률 *IRR* = 시행착오법, 보간법을 적용하여 계산

시행착오 1번째 시도; 자본비용 15%에서 14%로 낮추어 계산

사업가치 = 137.5(연금현재가치요소; 4년@14%) + 594.5(현재가치요소; 5년@14%)

= 137.5×2.9137 + 594.5×0.5194 = 400.63 + 308.78

= 709.41억원 〉 투자 700

위와 같은 시행착오 과정에서 이 사업의 내부수익률은 14%와 15% 사이라고 알 수 있고

⇒ 보간법 적용하여 사업가치 = 700이 되는 내부수익률을 계산함.

1% 차이 : (709.41 − 688.15 =) 21.26 = *Y*% : (700 − 688.15 =) 11.85

따라서 *Y* = 0.56% 그러므로 사업가치 = 700으로 만드는 *IRR* = 15 − 0.56 = 14.44%

6-6단계: *PV* 가산원리 이용한 검산; $PV(a) + PV(b) = PV(a + b)$

① 민감도 분석 전 사업가치

= 187.5(연금의 현재가치요소; 4년@15%) + 394.5(현재가치요소; 5년@15%)

= 187.5×2.8550 + 394.5×0.4972 = 535.31 + 196.15 = 731.46억원

② 1~5년간 순운전자금 증가액의 현재가치

= (−)50(연금의 현가요소; 4년@15%) + 200(현가요소; 5년@15%)

= (−)50×2.8550 + 200×0.4972

= (−)142.75 + 99.44 = −43.31(억원)

PV 가산원리에 의하면

① + ② = 731.46 − 43.31 = 688.15억원 = 민감도 분석 후 사업가치

[문제 3] 유한한 사업수명을 갖는 신규사업의 민감도 분석과 *PV* 가산원리

초기투자 정보;

건물신축 100억, 감가상각 없음, 5년 후 가격 100억 유지예상

생산설비 500억, 감가상각 정액법, 5년 완전상각. 그러나 5년 후 매각대금 10억 예상

순운전자금은 매출액의 10% 필요

생산과 판매정보;

사업수명기간 5년간, 연간 100만개 생산, 판매가격 개당 100,000원

제조원가 개당 50,000원, 감가상각비를 제외한 판매비와관리비 연간 120억

자본비용은 15%, 법인세율 30%.

1단계; 추정손익계산서(단위: 억원)

매출액	1,000	= 100만 × 10만
제조원가	500	= 100만 × 5만
판관비	120	
감가상각비	100	= 500/5
영업이익	280	

법인세 84 = 280 × 0.3

세후영업이익 196

2단계; 재무적 영업현금흐름 = 196 + 100 = 296

3단계; 연도별 재무적 잉여현금흐름 추정

연도	0	1	2	3	4	5
영업현금흐름	0	296	296	296	296	296
순운전자금 증가	−100	0	0	0	0	100*
순고정자산 증가	−600	0	0	0	0	107**
재무적 잉여현금흐름	−700	296	296	296	296	503

* 순운전자금회수액 = 초기순운전자금 투자액

** 고정자산회수액 = 생산설비매각대금 − 처분이익에대한세금 + 건물잔존가치

4단계; *NPV* 및 *PI* 계산 @15%

사업가치 = 296×(연금현재가치요소; 4년@15%) + 503(현재가치요소; 5년@15%)

= 296×2.8550 + 503×0.4972 = 845.08 + 250.09 = 1,095.17억원

투자의 현재가치 = −700 ⇒ NPV = 1,095.17 − 700 = 395.17억원

⇒ PI = 1,095.17/700 = 1.56배

5단계; 민감도 분석

변동요인; 순운전자금은 투자초기에 필요한 매출액의 10% 이외에, 매년 초 110억, 120억, 130억, 140억원씩 순증함.

5-1단계; 추정손익계산서(단위: 억원); 원안과 동일

5-2단계; 재무적 영업현금흐름 = 196 + 100 = 296(억원)

5-3단계; 연도별 재무적 잉여현금흐름 추정(생선가시그림 그려볼 것)

연도	0	1	2	3	4	5
영업현금흐름	0	296	296	296	296	296
순운전자금 증가	−100	−110	−120	−130	−140	600
순고정자산 증가	−600	0	0	0	0	107*
재무적 잉여현금흐름	−700	186	176	166	156	1,003

* 운전자금회수액 = 순운전자금증가액의 누계액
* 고정자산회수액 = 생산설비매각대금 10 − 처분이익에대한세금 10 × (1 − 0.3) + 건물잔존가치 100

5–4단계; *NPV* 및 *PI* 계산 @15%

사업가치 = 186(현가요소; 1년@15%) + 176(현가요소; 2년@15%) + 166(현가요소; 3년@15%) + 156(현가요소; 4년@15%) + 1,003(현가요소; 5년@15%)

= 186(0.8696) + 176(0.7561) + 166(0.6575) + 156(0.5718) + 1003(0.4972)

= 161.75 + 133.07 + 109.15 + 89.20 + 498.69

= 991.86억원

투자의 현재가치 = −700 ⇒ *NPV* = +291.86억원

⇒ *PI* = 1.42배

5–5단계; "*PV* 가산원리" 이용; $PV(a) + PV(b) = PV(a + b)$

① 민감도분석 전 사업가치 = 296(연금현가요소; 5년@15%) + 207(현가요소; 5년@15%) = 296×3.3522 + 207×0.4972 = 1,095.17(억원)

② 1~5년간 순운전자금 증가액의 현재가치

= (−)110(현가요소; 1년@15%) + (−)120(현가요소; 2년@15%) + (−)130(현가요소; 3년@15%) + (−)140(현가요소; 4년@15%) + 500(현가요소; 5년@15%)

= (−)110×0.8696 + (−)120×0.7561 + (−)130×0.6575 + (−)140×0.5718 + 500×0.4972

= (−)95.66 + (−)90.73 + (−)85.48 + (−)80.05 + 248.60 = −103.32(억원)

PV 가산원리에 의하면

① + ② = 1,095.17 − 103.32 = 991.85억원 = 민감도 분석 후 사업가치

6단계; 실물옵션 분석

변동요인;

1. 영업이익이 사업기간 동안 매년 68억원씩 감소한다.

2. 시설매각대금(잔존가치)이 사업기간 동안 장부가잔존가액의 70%에 형성된다.

사업기간 동안 매년 변경된 정보를 요약하면 다음과 같다.

시점	영업이익	장부가잔존가액	잔존가치(매각대금)
0	0	500	500
1	280	400	280
2	212	300	210
3	144	200	140
4	76	100	70
5	8	0	10

이와 같이 변경된 영업이익과 잔존가치 정보를 반영하여 투자타당성분석을 다시 시행하고, 투자포기 옵션이 주어졌다면 투자포기 옵션의 가치를 계산하라.

연도별 재무적잉여현금흐름정보

변경된 영업이익과 감가상각비 및 사업종료년도의 회수액을 바탕으로 매기말 기준으로 재무적잉여현금흐름을 계산한다. 이 때 매기말 사업을 종료하는 것을 가상해서 현금흐름분석을 시행한다.

시점	*FCF*(*주1)	토지회수액	세후시설자금회수액(*주2)	순운전자금회수액
1	296.00	100	316	100
2	248.40	100	237	100
3	200.80	100	158	100
4	153.20	100	79	100
5	105.60	100	7	100

* 주1: $FCF = X(1-T) + Dep$

1기말 $FCF = 280(1-0.3)+100 = 296$

2기말 $FCF = 212(1-0.3)+100 = 248.40$

3기말 $FCF = 144(1-0.3)+100 = 200.80$

4기말 FCF = 76(1 − 0.3) + 100 = 153.20
5기말 FCF = 8(1 − 0.3) + 100 = 105.60

* 주2: 세후시설자금회수액 = 매각대금 − (매각대금 − 잔존가액) × 법인세율
1기말 회수액 = 280 − (280 − 400)0.3 = 316
2기말 회수액 = 210 − (210 − 300)0.3 = 237
3기말 회수액 = 140 − (140 − 200)0.3 = 158
4기말 회수액 = 70 − (70 − 100)0.3 = 79
5기말 회수액 = 10 − (10 − 0)0.3 = 7

연도별 투자타당성분석: NPV

투자포기 옵션을 가진 투자안에 대한 투자타당성분석을 하기 위해 매기말 사업종료가 가능하다고 상정하고 NPV를 계산한다.

$$NPV(t=1) = \frac{296}{1.15} + \frac{516}{1.15} - 700 = 706.09 - 700 = 6.09$$

$$NPV(t=2) = \frac{286}{1.15} + \frac{248.40}{(1.15)^2} + \frac{437}{(1.15)^2} - 700 = 775.65 - 700 = 75.65$$

$$NPV(t=3) = \frac{296}{1.15} + \frac{248.40}{(1.15)^2} + \frac{200.80}{(1.15)^3} + \frac{358}{(1.15)^3} - 700 = 812.64 - 700 = 112.64$$

$$NPV(t=4) = \frac{296}{1.15} + \frac{248.40}{(1.15)^2} + \frac{200.80}{(1.15)^3} + \frac{153.20}{(1.15)^4} + \frac{279}{(1.15)^4} - 700$$
$$= 824.36 - 700 = 124.36$$

$$NPV(t=5) = \frac{296}{1.15} + \frac{248.40}{(1.15)^2} + \frac{200.80}{(1.15)^3} + \frac{153.20}{(1.15)^4} + \frac{105.60}{(1.15)^5} + \frac{207}{(1.15)^5} - 700$$
$$= 820.26 - 700 = 120.26$$

변경된 영업이익과 시설매각대금을 반영하여 매기말 사업이 종료된다는 전제 아래에서 계산한 결과를 살펴보면, 사업종료년도까지 사업을 포기하지 않은 경우의 $NPV(t=5)$는 120.26억원이다. 그러나 4기말에 사업을 포기한다면 $NPV(t=4)$는 124.36억원으로서 사업을 포기하지 않은 경우의 $NPV(t=5)$보다 더 크다. 따라서 이 투자안은 사업수명 도중에 사업을 포기하는 것이 최적의사결정이 된다. 이 때 투자포기옵션 가치 = 124.36 − 120.26 = 4.10억원이 된다.

7단계; 실물옵션 분석의 민감도분석

변동요인;

1. 영업이익이 사업기간 동안 매년 68억원씩 감소한다.

2. 시설매각대금(잔존가치)이 사업기간 동안 장부가잔존가액의 60%에 형성된다.

사업기간 동안 매년 변경된 정보를 요약하면 다음과 같다.

시점	영업이익	장부가잔존가액	잔존가치(매각대금)
0	0	500	500
1	280	400	240
2	212	300	180
3	144	200	120
4	76	100	60
5	8	0	10

이와 같이 변경된 영업이익과 잔존가치 정보를 반영하여 투자타당성분석을 다시 시행하고, 투자포기 옵션이 주어졌다면 투자포기 옵션의 가치를 다시 계산하라.

연도별 재무적잉여현금흐름정보

변경된 영업이익과 감가상각비 및 사업종료년도의 회수액을 바탕으로 매기말 기준으로 재무적잉여현금흐름을 계산한다. 이 때 매기말 사업을 종료하는 것을 가상해서 현금흐름분석을 시행한다.

시점	*FCF*(*주1)	토지회수액	세후시설자금회수액(*주2)	순운전자금회수액
1	296.00	100	288	100
2	248.40	100	216	100
3	200.80	100	144	100
4	153.20	100	72	100
5	105.60	100	7	100

*주1: $FCF = X(1-T) + Dep$

1기말 FCF = 280(1 − 0.3) + 100 = 296
2기말 FCF = 212(1 − 0.3) + 100 = 248.40
3기말 FCF = 144(1 − 0.3) + 100 = 200.80
4기말 FCF = 76(1 − 0.3) + 100 = 153.20
5기말 FCF = 8(1 − 0.3) + 100 = 105.60

*주2: 세후시설자금회수액 = 매각대금 − (매각대금 − 잔존가액) × 법인세율

1기말 회수액 = 240 − (240 − 400)0.3 = 288
2기말 회수액 = 180 − (180 − 300)0.3 = 216
3기말 회수액 = 120 − (120 − 200)0.3 = 144
4기말 회수액 = 60 − (60 − 100)0.3 = 72
5기말 회수액 = 10 − (10 − 0)0.3 = 7

연도별 투자타당성분석: *NPV*

투자포기 옵션을 가진 투자안에 대한 투자타당성분석을 하기 위해 매기말 사업종료가 가능하다고 상정하고 *NPV*를 계산한다.

$$NPV(t=1) = \frac{296}{1.15} + \frac{488}{1.15} - 700 = 681.74 - 700 = -18.26$$

$$NPV(t=2) = \frac{286}{1.15} + \frac{248.40}{(1.15)^2} + \frac{416}{(1.15)^2} - 700 = 759.97 - 700 = 59.97$$

$$NPV(t=3) = \frac{296}{1.15} + \frac{248.40}{(1.15)^2} + \frac{200.80}{(1.15)^3} + \frac{344}{(1.15)^3} - 700 = 803.43 - 700 = 103.43$$

$$NPV(t=4) = \frac{296}{1.15} + \frac{248.40}{(1.15)^2} + \frac{200.80}{(1.15)^3} + \frac{153.20}{(1.15)^4} + \frac{272}{(1.15)^4} - 700$$
$$= 820.36 - 700 = 120.36$$

$$NPV(t=5) = \frac{296}{1.15} + \frac{248.40}{(1.15)^2} + \frac{200.80}{(1.15)^3} + \frac{153.20}{(1.15)^4} + \frac{105.60}{(1.15)^5} + \frac{207}{(1.15)^5} - 700$$
$$= 820.26 - 700 = 120.26$$

변경된 영업이익과 시설매각대금을 반영하여 매기말 사업이 종료된다는 전제 아래에서 계산한 결과를 살펴보면, 사업종료년도까지 사업을 포기하지 않은 경우의 $NPV(t=5)$는 120.26억원이다. 그러나 4기말에 사업을 포기한다면 $NPV(t=4)$는 120.36억원으로서 사업을 포기하지 않은 경우의 $NPV(t=5)$보다 더 크다. 그러나 거의 동일값이다. 따라서 이 때 투자포기옵션 가치는 거의 없게 된다(시행착오법에 따라 검산해 보면 시설매각대금이 잔존가액의 59.75%이면 투자포기옵션 가치가 제로가 된다).

제 7 장 투자타당성 분석사례

현대재무학의 분석체계

투자타당성분석	현금흐름분석	채권가격
계속기업 가치평가	시간가치분석	주식가격
성장기업 가치평가	자본비용분석	시장효율성 가설

1. 유한한 사업수명을 가진 투자안의 투자타당성 분석기법 적용 예제

- 신규투자안
- 대체투자안
- 비용절감투자안
- 연간균등비용 분석
- 최저입찰가격 분석

2. 투자타당성 분석기법의 핵심

- 현금흐름 분석; 투자활동 → 부가가치창출활동 → 재무적 잉여현금흐름
- 자본비용 분석; 본 장에서는 주어진 값(자금조달활동 → 자본비용 분석 이후 재고)
- 타당성분석 기법; 현금흐름할인법(화폐의 시간가치 공식 활용)
  시점, 현금유출입을 표시하는 생선가시그림을 "빠짐없이 중복 없이" 그릴 것

3. 투자타당성 분석기법

- **순현가법(*NPV*; Net Present Value)**

  순현가 = 사업가치 − 초기투하자산

  판단기준; 순현가 〉0, 경제성 있음

$$NPV = \sum_{t=1}^{N} \frac{FCF_t}{(1+K)^t} - IC_0 > 0$$

- **수익성지수법(*PI*; Profitability Index)**

  수익성지수 = 사업가치/초기투하자산

  판단기준; 수익성지수 〉1, 경제성 있음

$$PI = \frac{\sum_{t=1}^{N} \frac{FCF_t}{(1+K)^t}}{IC_0} > 1$$

- **내부수익률법(*IRR*; Internal Rate of Return)**

내부수익률은 사업가치 = 초기투하자산 등식을 성립시키는 할인율 r을 의미함.

판단기준; r 〉주어진 자본비용 K

$$NPV = 0, \quad \sum_{t=1}^{N} \frac{FCF_t}{(1+r)^t} = IC_0, \quad r > K$$

Chapter 07 연습문제

[문제 1] 생산코스트를 절약하는 투자안의 투자 타당성분석

홍익(주)의 기획부 검토결과, 생산자동화 시설에 대한 투자 80,000원을 들이면, 인건비와 재료비가 매년 22,000원씩 절감된다. 새 시설의 수명은 5년이고, 감가상각은 정액상각법을 사용하며, 시설수명이 다할 때 잔존가치는 0이 된다. 그러나 5년 후 동 시설의 시중가격이 20,000원은 될 것으로 예상된다. 세율은 20%이고, 홍익(주)의 자본비용은 10%이다. 생산자동화시설에 투자하여야 하는가?

[풀이]

생선가시그림

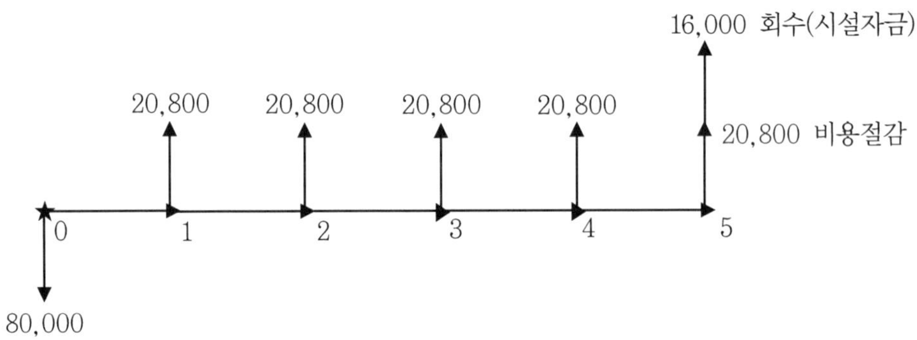

초기투자 80,000원

영업현금흐름 = $(R-C-Dep)(1-T)+Dep$ = $(R-C)(1-T)+Dep \times T$ 관계식이용;

매년 비용절감액 22,000(1 − 0.20) + 감가상각비 증가에 따른 세금절약 $80{,}000/5 \times 0.20$

= 영업현금흐름 증가액 17,600 + 3,200 = 20,800/년 → 5년간

사업종료년도 고려사항; 시설매각대금 20,000(1 − 0.20) = 16,000 회수

NPV;

사업가치 증가액(= 20,800[연금현가; 10%, 5] + 16,000[현가; 10%, 5])
− 초기투자 80,000 〉 0 ?

[문제 2] 구 설비를 신 설비로 대체투자하는 투자안의 투자타당성 분석

투자활동정보;

우일(주)는 내용년수 10년, 잔존가액 100억원인 시설을 5년 전에 500억원에 구입하여 현재 가동 중이며, 만약 지금 처분한다면 210억원을 받을 수 있다. 우일(주)는 내용년수 5년, 잔존가액 250억원, 사업종료할 때 시장매각가 250억원을 회수할 수 있을 것으로 예상되는 새 시설을 750억원에 구입하여 헌 시설을 대체하려고 계획하고 있다.

생산판매활동정보;

새 시설을 설치하면, 매출액은 현재 100억원에서 250억원으로 증가하고, 감가상각비를 제외한 생산판매코스트는 75억원에서 60억원으로 절감될 것으로 예상된다.

그러나 매출 증가에 따라 시설대체 1년 후에 순운전자금이 25억원 더 필요하다.

우일(주)는 감가상각은 정액법을 적용하고 있다. 법인세율은 20%이다.

자본시장정보;

우일(주)의 자본비용은 10%로 추정된다.

[풀이]

1단계; 손익계산서(신 · 구 시설 대체 차이 = 증감)

매출액(250 − 100) − 생산판매코스트(60 − 75) − 감가상각비[(750 − 250)/5 − (500 − 100)/10]

= 영업이익 증가액 150 − (−15) − (60) = 105

검산; 새 시설 감가상각비 = (750 − 250)/5 = 100 매년 새롭게 비용처리됨.
구 시설 감가상각비 = (500 − 100)/10 = 40 매년 비용처리될 것을 처분함.

2단계; 재무적 영업현금흐름 증가액 = 105×(1 − 0.20) + 감가상각비 증가액 60 = 144

3단계; 연도별 잉여현금흐름 요약 종료년도 조정사항

사업시작년도 0차년도 투하자산증가액 = 순운전자금증가액 0 − 시설자금증가 750 + 헌 시설 회수 210 − (210 − 300)×0.20 = −522

검산; 구 시설 장부가 잔존가액 = 500 − (500 − 100)×(5/10) = 300

1차년도 투하자산증가액 = − 순운전자금증가액 25

사업종료년도 5차년도 투하자산회수액 = 순운전자금회수액 25 + 새 시설 회수 250

검산; 새 시설 회수액 = 250 − (250 − 250)(0.20) = 250

재무적 잉여현금흐름표 요약표

연도 말 기준	0	1	2	3	4	5
재무적 영업현금흐름		144	144	144	144	144
순운전자금 증가액		−25				25
순고정자산 증가액	−522					250
재무적 잉여현금흐름	−522	119	144	144	144	144+275

4단계; 생선가시그림

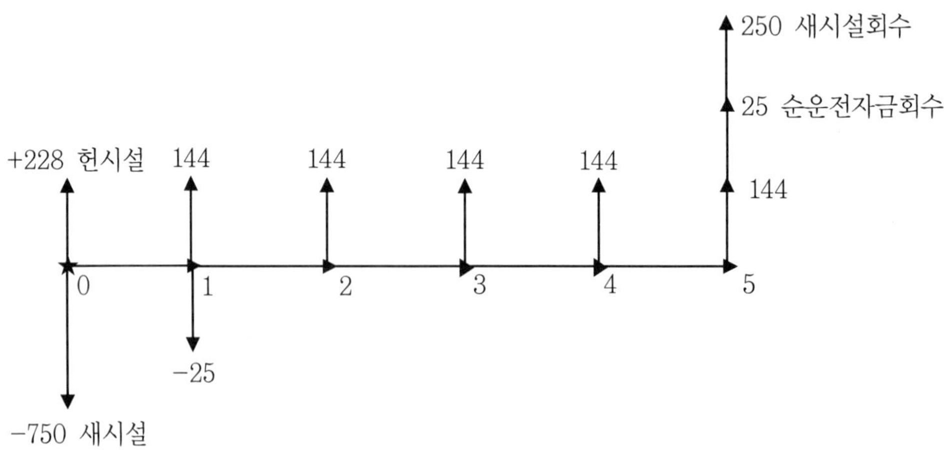

NPV 논리식; 119[현가; 10%, 1] + 144[연금현가; 10%, 4] × [현가; 10%, 1] + 275[현가; 10%, 5] − 522 〉 0 ?

PI 논리식; PI = 사업가치/투하자산

IRR 논리식; 119[현가; r%, 1] + 144[연금현가; r%, 4] × [현가; r%, 1] + 275[현가; r%, 5] − 522 = 0,

IRR 논리식에서 NPV 값을 0로 만드는 할인율 r을 구하고, 주어진 자본비용 10%와 비교하여 투자타당성 존재 여부를 평가할 것.

[문제 3] 사업수명이 다른 사업의 투자 타당성분석; 연간균등비용 EAC

일신(주)는 펌프를 사용하여 다른 부품을 제조하는 기업이다. 이 사업을 계속하는 한 펌프가 낡고 닳을 때마다 새 펌프를 교체 구입하여야 한다. AA(주)의 펌프는 구입비용이 100만원이고 가동비용은 연 10만원인데 2년마다 교체해야 한다. 한편, BB(주)의 펌프는 구입비용 140만원, 연간 가동비용 8만원인데 3년마다 교체해야 한다. 일신(주)의 절세효과는 무시하고, 할인율이 10%라고 가정한다. 어느 회사의 펌프를 사용하는 것이 경제적인가?

[풀이]

AA(주)펌프비용 현가 = $100 + 10/1.1 + 10/1.1^2 = 117.36$

BB(주)펌프비용 현가 = $140 + 8/1.1 + 8/1.1^2 + 8/1.1^3 = 159.89$

AA(주)펌프의 연간균등비용; 117.36 = $EACx$[연금현가; 10%, 2년]

⇒ $EACx$ = ?

BB(주)펌프의 연간균등비용; 159.89 = $EACy$[연금현가; 10%, 3년]

⇒ $EACy$ = ?

[문제 4] 세금을 고려한 연간균등비용 EAC

광흥반도체(주)는 먼지제거 집진장치를 도입하려고, 필터방식과 침전방식 등 두 가지 설비를 검토하고 있다. 필터방식은 구입비용 110억원, 세전가동비용 19억원, 기계수명 5년이고, 침전방식은 구입비용 190억원, 세전가동비용 11억원, 기계수명 8년이다. 감가상각방법은 정액법을 적용하고, 어느 방식이든 잔존가치는 0이다. 세율은 20%이고,

기대투자수익률은 12%이다. 기계수명이 다할 때마다 교체 구입하여야 한다면 어느 것이 경제적인가?

[풀이]

영업현금흐름 = $(R - C - Dep)(1 - T) + Dep = (R - C)(1 - T) + Dep \times T$

관계식이용;

	필터 방식	침전 방식
세전가동비용	−19	−11
세후가동비용 $-C(1-T)$	−15.20	−8.80
감가상각 절세효과 $+Dep \times T$	110/5×0.20= 4.40	190/8×0.20= 4.75
영업현금흐름 증가액	−10.80	−4.05
연금현가	[연금현가; 12, 5] = 3.6048	[연금현가; 12, 8] = 4.9676
영업현금흐름 현가	−38.93	−20.12
초기 구입비용	−110	−190
총비용(가동비용 + 구입비용) 현가	−148.93	−210.12
EAC	−148.93 = $EACx$[연금현가; 12, 5] $EACx$ = −41.31	−210.12 = $EACy$[연금현가; 12, 8] $EACy$ = −42.30

침전방식이 갖는 더 긴 수명과 더 적은 가동비용의 이점들이 필터방식에 비해 더 높은 초기 구입비용을 상쇄하지 못하기 때문에, 필터방식이 더 경제적인 것으로 평가된다.

[문제 5] 승자의 저주를 피하기 위한 경쟁입찰 가격산정을 위한 투자타당성 분석

대흥(주)는 트럭을 특장차로 개조사업을 하는 기업이다. 대흥(주)는 마포구청에서 시행하는 4년 동안 연 5대씩, 총 20대의 물청소차 입찰에 참가하고자 한다. 개조용 트럭은 대당 10,000원이고, 인건비, 재료비 등 개조코스트는 대당 4,000원이다. 개조 기본시설은 초기에 60,000원을 투자해야 하고, 기타 보조시설은 연간 임대료비용으로 24,000원에 임대할 수 있다. 기본시설은 정액법으로 감가상각할 것이고, 사업수명이 다하면 장부가 잔존가액은 0이지만 고물시장에서 5,000원에 팔 수 있을 것이다. 원재료 재고 등 운전자금으로 초기에 40,000원이 필요하다. 세율은 20%이고, 이 사업에

서 기대되는 투자수익률이 20%는 되어야 한다. 이때 물청소차 대당 입찰가격은 얼마로 결정하여야 기대수익률을 달성할 수 있는가?

[풀이]

생선가시그림

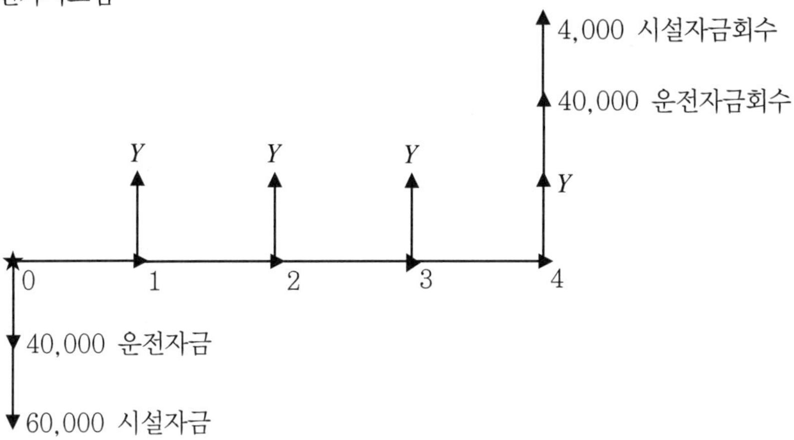

초기투자; 운전자금 40,000 + 시설자금 60,000 = 100,000

개조코스트; 10,000×5대 + 4,000×5대 + 24,000 = 94,000/년 → 4년간

감가상각비; 60,000/4 – 15,000/년

사업종료년도 고려사항; 운전자금 40,000 회수 + 시설매각대금 4,000 회수

검산; 시설매각대금 회수액 = 5000 – (5000 – 0)(0.20) = 4000

먼저, NPV = 0이 되는 OCF = 세후영업이익 + 감가상각비 = Y를 구하면

100,000 = Y[연금현가; 20%, 4] + 44,000[현가; 20%, 4] ⇒ Y = 30,432/년

다음으로, 연간 OCF = Y가 달성될 수 있는 매출액 R을 구하고,

(R – 94,000 – 15,000)(1 – 0.20) + 15,000 = 30,432 ⇒ R = 128,290

마지막으로, R을 연간 납품대수로 나누어 대당 최저입찰가격 25,658원이 산정된다.

[문제 6] 최저입찰가격: $NPV = 0$이 되는 매출액/매출단가 산정

천강(주)는 볼트제조회사이다. 향후 5년간 매년 15억개의 볼트 공급계약에 입찰하고자 한다. 볼트 생산설비는 구입비용이 1,800억원이고, 정액법에 의해 완전상각을 한다. 그러나 5년 후 동 설비는 시장에서 50억원에 매각이 가능하다. 볼트의 연간 고정생산코스트는 450억원이고, 변동생산코스트는 개당 110원이다. 순운전자금으로 투자초기에 70억원이 소요된다. 세율은 20%이고, 기대투자수익률은 16%이다.

[풀이]

생선가시그림

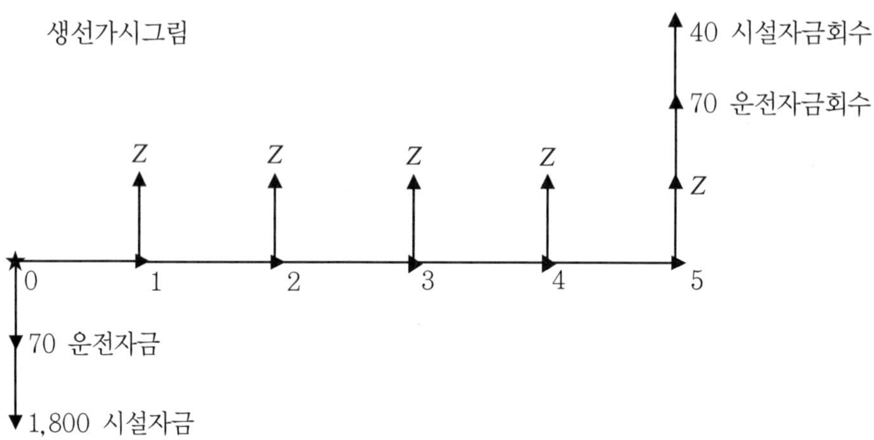

초기투자; 운전자금 70 + 시설자금 1,800 = 1,870억원

생산코스트(연간); 450 + 15억 × 110원 = 2,100억원/년 → 5년간

감가상각비; 1,800/5 = 360억원/년

사업종료년도 고려사항; 순운전자금 70억 회수 + 시설매각대금 50(1 − 0.20) = 40억 회수

먼저, $NPV = 0$이 되는 OCF = 세후영업이익 + 감가상각비 = Z를 구하면

1,870 = Z[연금현가; 16%, 5] + 110[현가; 16%, 5] ⇒ Z = 555.12억원/년

다음으로, 연간 $OCF = Z$가 달성될 수 있는 매출액 R을 구하고,

$(R - 2{,}100 - 360)(1 - 0.20) + 360 = 555.12 \Rightarrow R = 2{,}703.90$억원

마지막으로, R을 연간 납품 개수 15억개로 나누면 대당 최저입찰가격이 180.26원으로 산정된다.

[문제 7] 최저입찰가격 분석

합정(주)는 향후 5년간 매년 반도체 8,000억개를 공급하는 입찰에 참가하려 한다. 합정(주)는 오래 전 1,000억원에 구입하고 지금은 사용하지 않고 있는 토지에 공장을 짓고 생산설비를 갖추는 데 3,500억원을 투자할 계획이다. 동 토지는 현재 시가는 1,300억원이 나간다. 공장과 생산설비는 5년 정액, 완전상각될 예정이지만, 5년 후에 600억원에 팔 수 있을 것이다. 토지는 5년 뒤에 가격상승이 없을 것으로 가정한다. 순운전자금으로 투자 초기에 800억원이 필요하고, 생산비용은 반도체 개당 0.50원이고, 연간 고정비용은 800억원이다. 세율은 20%, 기대투자수익률은 15%이다. 반도체의 개당 입찰가격을 계산하시오.

[풀이]

생선가시그림

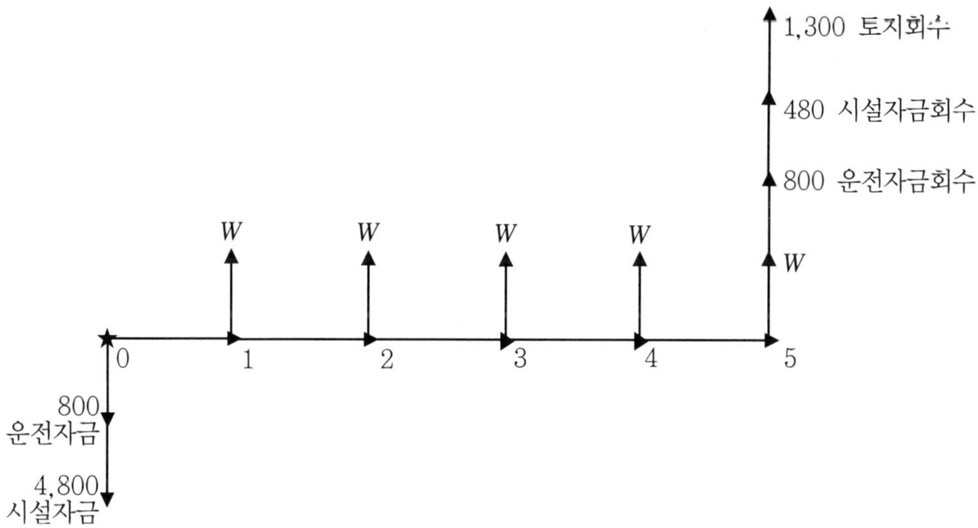

t = 0 시점 초기투자; 운전자금 800 + 토지 1,300 + 생산설비 3,500 = 5,600억

생산코스트(연간); 800 + 0.5×8,000 = 4,800억/년 → 5년간

감가상각비; 3,500/5 = 700억/년

사업종료년도 고려사항; 순운전자금 800억 회수 + 시설매각대금(600(1 − 0.02) =)

480억 회수 + 토지 1,300억 회수 = 총회수액 = 2,580억원

먼저, $NPV = 0$이 되는 OCF = 세후영업이익 + 감가상각비 = W를 구하면

5,600 = W[연금현가; 15%, 5] + 2580[현가,15%,5] ⇒ W = 1,287.88억원

다음으로, 연간 $OCF = W$가 달성될 수 있는 매출액 R을 구하고,

$(R - 4{,}800 - 700)(1 - 0.20) + 700 = W \Rightarrow R = 6{,}234.85$억원

마지막으로, R을 연간 납품개수로 나누면 개당 최저입찰가격 0.779원이 산정된다.

[문제 8] 최저입찰가격의 민감도 분석

합정(주)의 반도체 공급입찰 문제는 7번 내용과 동일하다. 그러나 순운전자금으로 투자 초기에 800억원이 필요한 것 이외에, 매년 원재료 재고를 충분히 확보하기 위해서 40억원씩이 추가로 소요된다. 이 경우 반도체의 개당 입찰가격을 다시 계산하시오.

[풀이]

$t = 0$ 시점 초기투자; 운전자금 800 + 토지 1,300 + 생산설비 3,500 = 5,600억

$t = 0$ 시점 순운전자금 추가투자액의 현재가치; 40[연금현가; 15%, 4년] = 114.20억

생산코스트(연간); 800 + 0.5×8,000 = 4,800억/년 → 5년간

감가상각비; 3,500/5 = 700억/년

사업종료년도 고려사항; 순운전자금 (800억 + 40억×4 =) 960억 회수
+ 시설매각대금 (600(1 − 0.02) =) 480억 회수
+ 토지 1,300억 회수 = 총회수액 = 2,740억원

먼저, $NPV = 0$이 되는 OCF = 세후영업이익 + 감가상각비 = Y를 구하면

$t = 0$ 시점의 투하자산 5,600 + 114.20 = Y[연금현가; 15%, 5] + 2,740[현가; 15%, 5] ⇒ Y = 1,298.21

다음으로, 연간 $OCF = Y$가 달성될 수 있는 매출액 R을 구하고,

$(R - 4{,}800 - 700)(1 - 0.20) + 700 = Y \Rightarrow R = 6{,}247.77$

마지막으로, R을 연간 납품개수로 나누면 개당 최저입찰가격 0.781원이 산정된다.

[문제 9] 투자연기옵션 가치

흥창(주)는 800억원을 투자하여 반도체제조 기계를 구매하였다. 흥창(주)의 매출과 영업이익 금액은 반도체시세에 민감하게 반응하므로 사업투자의 개시 여부는 반도체시세에 달렸다고 할 수 있다. 현재 반도체가격은 1만원이고, 1년을 내다보면 150만원으로 상승할 확률과 5천원으로 하락할 확률이 각각 50%씩이다. 그러면 각 경우의 연간 예상 잉여현금흐름은 150억원 혹은 50억원이 될 것으로 추정된다. 그리고 새 반도체가격이 형성된 이후에는 영원히 일정할 것으로 가정한다. 광흥(주)의 자본비용은 10%이고, 투자금액에 대한 무위험이자율도 10%로 관측된다. 사업투자의 시행시기를 연기할 수 있는 선택권인 투자연기옵션(option to wait or postpone)의 가치를 계산하라.

투자연기옵션이라는 투자정책의 유연성을 가진 이 투자안에 대해 초기 투자계획 금액이 얼마까지 증액되어도 투자타당성이 있는가를 분석하라.

[풀이]

전통적인 현금흐름할인분석

투자의 예상 잉여현금흐름으로부터의 기댓값(평균)을 계산하고 이를 바탕으로 현금흐름할인분석을 시행하면

$NPV = -800 + [0.5(150) + 0.5(50)]$ [연금현재, 10%, 무한대]

$= -800 + 100/0.1 = +200 > 0$

투자연기옵션을 고려한 현금흐름할인분석

흥창(주)는 반도체 시세의 등락 여부에 따라 사업투자의 시행 여부를 선택할 것이므로 각 경우의 NPV를 따로 계산한다.

1년 뒤 반도체 값이 상승한 경우, NPV(반도체값 1만원)

$$= 0.5\left[\frac{-800}{1.1} + \sum_{t=2}^{\infty}\frac{150}{(1+0.1)^t}\right] = 0.5\left(\frac{-800}{1.1} + \frac{1,500}{1.1}\right) = +318.18$$

1년 뒤 반도체 값이 하락한 경우, NPV(반도체값 5천원)

$$= 0.5\left[\frac{-800}{1.01} + \sum_{t=2}^{\infty}\frac{50}{(1+0.1)^t}\right] = 0.5\left(\frac{-800}{1.1} + \frac{500}{1.1}\right) = -136.36$$

흥창(주)는 1년 후 반도체값이 하락하면 $NPV < 0$인 것을 알게 되었으므로 사업투자를 연기할 수 있는 선택권을 행사하고 당연히 투자를 포기할 것이다. 그

러므로 사업을 연기하거나 기다릴 수 있는 선택권인 투자연기옵션의 가치는 318.18 − 200 = 118.18억원이 된다.

투자연기옵션을 포함한 *NPV*가 전통적인 *NPV* 값이 될 때까지 초기 투자금액이 증액되면 투자유연성을 감안한 최대 투자금액을 산출할 수 있다.

$$0.5\left[\frac{-IC_0}{1.1}+\sum_{t=2}^{\infty}\frac{150}{(1.1)^t}\right] = 200$$

$$\frac{-IC_0}{1.1}+\frac{1500}{1.1} = 400$$

따라서 $IC_0 = 1,060$억원.

[문제 10] 투자성공 확률

청송(주)는 3D프린트 기계를 40억원에 구입하려한다. 기계의 내용연수는 5년이고 완전상각되며, 감가상각은 정액법을 적용한다. 법인세율은 T = 30%이고, 서울(주)의 자본비용은 K = 15%이다. 이 사업의 평균 영업이익은 년 6억원, 표준편차는 2억원으로 예상한다. 이 3D프린트 기계가 본전을 뽑을 수 있는 확률은 얼마나 되는가? 기계가 본전을 뽑을 수 있는 확률이 60% 이상은 되어야 투자하려고 한다. 투자타당성을 분석하라.

[풀이]

기계가 본전을 뽑을 수 있으려면 NPV = 0가 되어야 한다;

40억 = FCF[연금현가, 15%, 5년] = 3.3522(FCF)

따라서 FCF =11.9325억원.

FCF = 11.9325 = $X(1-T) + Dep$ = $X(1-0.3)+8$,

그러므로 X = 5.6178억원이 영업이익으로 얻어져야 한다. 그런데 평균 영업이익이 6억원으로 예상되기 때문에 이 수준의 영업이익을 얻을 확률은 50% 이상이 될 것이다.

따라서 (5.6178 − 6)/2 = −0.1911 = z

표준정규분포에서의 누적확률은 z = 0.19이면 7.53%, z = 2.0이면 7.93%로 나타나기 때문에 보간법을 이용해 풀면 금채굴기계가 본전을 뽑을 수 있는 성공확률은 약 57.58%이다.

* EXCEL 명령문; = 1 − NORMDIST(5.6178,6,2,TRUE) = 57.58%

[문제 11] 투자포기옵션 가치

대흥(주)는 3D프린터를 도입하여 장난감로봇을 제작하여 판매하려한다. 프린터의 도입가는 50억 원이고, 내용연수는 5년이며, 감가상각은 정액법을 따를 것이고 완전상각된다. 대흥(주)의 법인세율은 T = 40%이고, 자본비용은 10%로 추정된다. 연도별 영업이익과 감가상각 후 잔존장부가 및 잔존시설의 매각대금를 정리하면 다음과 같다.

시점	영업이익 X (억원)	상각후 잔존가 W (억원)	시설매각대금 Y (억원)
0	0	50	50
1	12	40	38
2	8	30	27
3	4	20	17
4	2	10	8
5	0	0	0

대흥(주)는 언제든 프린터를 매각하고 사업을 포기할 선택권이 있다. 언제가 대흥(주)가 사업을 포기할 적정 시점인가를 분석하라. 이 때 대흥(주)가 보유한 사업을 포기할 수 있는 선택권인 투자포기옵션(option to stop or abandon)의 가치를 계신하라.

[풀이]

대흥(주)의 프린터사업에서의 투자성과;

$FCF = OCF$ + 세후시설회수액 $= X(1-T) + Dep + Y-(Y-W)T$

시점	$X(1-T)+Dep$	$Y-(Y-W)T$
0	0	50
1	12(1 − 0.4) + 10 = 17.2	38 − (38 − 40)0.4 = 38.8
2	8(1 − 0.4) + 10 = 14.8	27 − (27 − 30)0.4 = 28.2
3	4(1 − 0.4) + 10 = 12.4	17 − (17 − 20)0.4 = 18.2
4	2(1 − 0.4) + 10 = 11.2	8 − (8 − 10)0.4 = 8.8
5	0(1 − 0.4) + 10 = 10	0

매기말 사업을 포기할 수 있다고 전제하고 매기 *NPV*를 계산하여 비교한다.

$$NPV(n = 1\text{년}) = -50 + \frac{17.2}{1.1} + \frac{38.8}{1.1} = 0.9091$$

$$NPV(n = 2\text{년}) = -50 + \frac{17.2}{1.1} + \frac{14.8}{(1.1)^2} + \frac{28.2}{(1.1)^2} = 1.1736$$

$$NPV(n = 3\text{년}) = -50 + \frac{17.2}{1.1} + \frac{14.8}{(1.1)^2} + \frac{12.4}{(1.1)^3} + \frac{18.2}{(1.1)^3} = 0.8580$$

$$NPV(n = 4\text{년}) = -50 + \frac{17.2}{1.1} + \frac{14.8}{(1.1)^2} + \frac{12.4}{(1.1)^3} + \frac{11.2}{(1.1)^4} + \frac{8.8}{(1.1)^4} = 0.8444$$

$$NPV(n = 5\text{년}) = -50 + \frac{17.2}{1.1} + \frac{14.8}{(1.1)^2} + \frac{12.4}{(1.1)^3} + \frac{11.2}{(1.1)^4} + \frac{10}{(1.1)^5} = 1.0431$$

순현가를 분석한 결과, $NPV(n = 2\text{년})$가 최대값을 가지므로 2차년도 말에 사업을 포기하고 프린터를 고철시장의 시장가격에 매각하는 것이 가장 투자타당성이 높다. 따라서 사업포기옵션의 가치는 최대 순현가 $NPV(n = 2\text{년})$과 최종년도 순현가 $NPV(n = 5\text{년})$의 차이인 1.1736 − 1.0431 = 0.1305억원이 된다.

제8장 자본비용 분석

현대재무학의 분석체계

투자타당성분석	현금흐름분석	채권가격
계속기업 가치평가	시간가치분석	주식가격
성장기업 가치평가	자본비용분석	시장효율성 가설

1. 타인자본비용 K_d

– 회사채 발행의 경우; 유통수익률, 시장실세금리, 채권자의 기대수익률, 요구수익률

유통시장에서의 회사채 거래가격

= 액면이자액[연금현가; K_d%, 만기 N년] + 원금상환액[현가; K_d%, 만기 N년]

따라서, K_d = 시장실세금리; 시행착오법, 보간법을 적용하여 계산

– 은행 차입의 경우; 시장실세금리 = 액면금리

유통시장에서의 차입증서 거래가격 = 10,000원

= 액면이자액[연금현가; K_d%, 만기 N년] + 원금상환액[현가; K_d%, 만기 N년]

따라서, K_d = 시장실세금리 = 액면금리; 시행착오법, 보간법을 적용하여 확인할 것

2. 자기자본비용 K_e

– 배당할인모형

계속기업의 무한대모형 가정 및 강형 효율적 시장가설 가정;

K_e = 당기순이익/주식의 시가총액

= 주당순이익/현재주가

성장기업의 무한대모형 가정 및 강형 효율적 시장가설 가정;

K_e = 배당지급액/주식의 시가총액 + 잠재성장률

= 주당배당금/현재주가 + 잠재성장률

– *CAPM*

준강형 시장가설 가정 아래, 계속기업이든 성장기업이든 상관없이 동일한 모형 적용;

$K_e = R_f + [R_m - R_f] \times \beta_i$

3. 가중평균자본비용 K_o

– 기업의 자본비용 = 세후 가중평균자본비용($WACC_{AT}$)

$$K_O = K_d(1-T)\frac{B}{B+S} + K_e\frac{S}{B+S}$$

– 기업의 자금조달원별 자본비용 및 시가총액기준 자금조달비중 관측, 계산하여 가중평균 계산식에 대입하여 세후 가중평균자본비용($WACC_{AT}$) 계산, K_o = 기업의 자본비용

4. 베타 벤치마킹

– 비상장기업의 베타를 비교대상인 상장기업으로부터 유추, 추정하여 *CAPM* 모형 적용

$$\beta_{비상장회사} = \beta_U[1+(1-T)\frac{B}{S}_{비상장회사}]$$

여기서, $\beta_U = \beta_{상장회사}/[1+(1-T)\frac{B}{S}_{상장회사}]$

Chapter 08 연습문제

[문제 1] 한국(주)의 자본비용 분석: 성장기업, 회사채 장부가 발행의 경우

대차대조표(단위: 억원)

	2019년 말		2019년 말
현금	200	매입채무	400
매출채권	500	단기차입금(@5%)	600
재고자산	1,300	유동부채	1,000
유동자산	2,000	장기차입금(@5%)	400
		회사채(@5%)	3,000
기계설비	6,000	고정부채	3,400
		자본금	3,000
		이익잉여금	600
		자본총계	3,600
자산총계	8,000	부채자본총계	8,000

* 2019년 말 현재 자본시장정보;
채권가격 = 1좌당액면가 10,000원당 10,000원, 만기 3년, 연말 1회 이자지급
주식가격 = 1주당액면가 5,000원당 10,000원, 당기순이익에 대한 배당성향 80% 가정함

손익계산서(단위: 억원)

	2019.1.1 - 12.31
매출액	8,000
매출원가	6,500

판매비와관리비	400
감가상각비	100
영업이익	1,000
지급이자	200
경상이익	800
법인세(@20%)	160
당기순이익	640
배당금(배당성향@80%)	512
내부유보액	128

한국(주)의 기업의 자본비용을 가중평균자본비용($WACC$) 공식을 적용하여 계산하라.

[1] 위에 주어진 자본시장정보에 의하면 한국(주)가 발행한 회사채 1좌당 액면가 1만원, 액면금리 5%, 만기 3년, 연말 1회 이자지급하는 조건으로 회사채를 발행하여 3,000억원을 조달하였으며, 동 채권의 현재 시장가격이 10,000원에 거래되고 있다면, 한국(주)의 타인자본비용 K_d는 얼마인가? B는 얼마인가?

* 힌트; 현재 시장가격과 향후 이자지급 및 원금상환액의 현재가치를 일치시키는 할인율 = IRR(내부수익률법)을 통해 회사채의 자본비용 K_d 계산

⇒ 시행착오법, 보간법 활용.

채권의 시가총액 B = 채권가격 × 채권발행수 ⇒ 장부가 D에 대한 시장가치를 나타냄.

풀이:

논리식 10,000 = 500[연금현가; K_d, 3년] + 10,000[현가; K_d, 3년]

시행착오법 적용 시작, K_d = 5%인 경우

500[연금현가, 5%, 3년]+10000[현가, 5%, 3년] = 10,000, 시장가격과 일치

그러므로 회사채 K_d = 5%

그리고 회사채 시가총액 B = 1만원 × (3,000억원/1만원) = 3,000억원

[2] 한국(주)는 액면가 5,000원의 주식을 6,000만주 발행했다. 이 회사는 2019년도 당기순이익에 대한 배당성향이 80%이고, 동일한 배당금을 지급하면 매년 3.56%씩 영원히 성장할 것으로 기대된다. 동 주식의 주가가 현재 10,000원에

거래되고 있다. 이 회사 주식의 자기자본비용 = 주주의 요구수익률 K_e는? 주식의 시가총액 S는?

* 힌트: 일정률로 성장하는 영구연금 공식을 기억할 것.

주식의 시가총액 S = 주식가격 × 주식발행수 ⇒ 장부가 E에 대한 시장가치를 나타냄.

풀이:

성장률 $g = ROE(1-PO) = 640/3{,}600(1-0.8) = 3.56\%$

일정률로 성장하는 영구연금 공식 K_e = 배당금 512/6,000 + 성장률 3.56%
= 12.09%

주식의 시가총액 S = 1만원 × (3,000억/5,000원) = 6,000억원

[3] 회사의 자금조달 원천별 자본비용 측정 및 가중평균자본비용의 계산

위의 [1], [2]를 이용하여 자금조달원별 시가총액기준 자금조달비중 계산

자금조달원	시가총액(단위: 억원)	시가총액기준 자금조달 비중
단기차입금	B_1 = 장부가 600	0.06
장기차입금	B_2 = 장부가 400	0.04
회사채발행	B_3 = 채권가격 × 채권발행수 3,000	0.30
주식발행	S = 주가 × 발행주식수 6,000	0.60
시가총액 합계	$B_1+B_2+B_3+S$ = 10,000	1.0

[4] 위의 [1], [2]의 해답을 이용하여 자금조달원별 자본비용 계산

자금조달원	자본비용 계산을 위한 논리식	자본비용
단기차입금	채권가격= 액면가	5%
장기차입금	채권가격 = 액면가	5%
회사채발행	채권가격 논리식	5%
주식발행	주가(배당할인모형)	12.09%

[5] 법인세율 T = 20%일 때, 기업의 자본비용 = 세후가중평균자본비용($WACC$) = K_o 계산할 것

세후 가중평균 자본비용 $WACC$ 공식;

$$K_o = K_d(1-T)\frac{B}{B+S} + K_e\frac{S}{B+S}$$

$$K_o = 5(1-0.20)(0.06) + 5(1-0.20)(0.04) + 5(1-0.20)(0.30) + 12.09(0.60)$$
$$= 0.24 + 0.16 + 1.20 + 7.254 = 8.854\%$$

[검산] 기업의 자본비용(성장기업의 경우)

$$K_O = \frac{K_d(1-T)B + K_eS}{B+S} = \frac{\text{자금조달에 대한 대가보상액}}{\text{시가기준 자금조달액}}$$
$$= \frac{(\text{지급이자} - \text{절세액}) + (\text{배당금} + g \times S)}{\text{시가기준자금조달액}}$$
$$= \frac{200(1-0.2) + (512 + 0.0356 \times 6000)}{(600+400+3000)+6000} = 8.854\%$$

여기서,

$$S = \frac{\text{배당금}}{K_e - g},\ g = ROE(1-PO),\ \text{따라서}\ K_eS = \text{배당금} + g \times S$$

[문제 2] 한국(주)의 기업의 자본비용; 성장기업, 회사채 시가 발행의 경우

대차대조표(단위: 억원)

	2019년 말		2019년 말
현금	200	매입채무	400
매출채권	500	단기차입금(@5%)	600
재고자산	1,300	유동부채	1,000
유동자산	2,000	장기차입금(@5%)	400
		회사채(@5%)	3,000
기계설비	6,000	고정부채	3,400
		자본금	3,000
		이익잉여금	600
		자본총계	3,600

자산총계	8,000	부채자본총계	8,000

* 2019년 말 현재 자본시장정보;

채권가격 = 액면가 10,000원, 만기 3년, 연말 1회 이자지급 조건의 1좌당 10,277.50원

주식가격 = 1주당액면가 5,000원당 10,000원, 배당성향 80%로 배당금 지급

손익계산서(단위: 억원)

	2019.1.1 - 12.31
매출액	8,000
매출원가	6,500
판매비와관리비	400
감가상각비	100
영업이익	1,000
지급이자	200
경상이익	800
법인세(@20%)	160
당기순이익	640
배당금	512
내부유보액	128

[풀이]

[1] 한국(주)의 투자에 대한 자금조달 및 자본비용 분석용 자본시장 정보

직간접금융시장으로부터 관찰한 다음과 같은 자금조달 원천별 시장정보를 바탕으로 조달원천별 자본비용 및 가중평균자본비용(*WACC*)을 계산하시오.

– 단기차입금

600억원, 액면금리 5%, 만기 1년, 연말 1회 이자지급

– 장기차입금

400억원, 액면금리 5%, 만기 2년, 연말 1회 이자지급

– 회사채 발행; 현재 채권가격 10,277.50원에 거래됨
3,000억원 원금, 액면가 1좌당 10,000원, 액면금리 5%, 만기 3년, 연말 1회 이자지급

– 주식 발행; 현재 주식가격 10,000원에 거래됨
자본금 3,000억 원, 보통주 1주당 액면가 5,000원
배당금지급 예상; 배당성향 80%

[2] 한국(주) 2019년 말 기준, 재무제표 재계산(회사채 시가 반영)

대차대조표 재계산(단위: 억원)

	2019년 말		2019년 말	2019년 말 시가기준 채권가격 재계산
현금	200	매입채무	400	400
매출채권	500	단기차입금(@5%)	600	600
재고자산	1,300	유동부채	1,000	1,000
유동자산	2,000	장기차입금(@5%)	400	400
		회사채(@5%)	3,000	3,000 × 1.027750 = 3,083.25
기계설비	6,000	고정부채	3,400	3,483.25
		자본금	3,000	3,000
		이익잉여금	600	600
		자본총계	3,600	3,600
자산총계	8,000	부채자본총계	8,000	8,083.25

손익계산서 재계산(단위: 억원)

	2019.1.1 – 12.31	2019.1.1 – 12.31 시가기준 지급이자 재계산
매출액	8,000	8,000
매출원가	6,500	6,500
판매비와관리비	400	400
감가상각비	100	100
영업이익	1,000	1,000

지급이자	200	600(0.05) + 400(0.05) + 3083.25(0.04) = 173.33
경상이익	800	826.67
법인세(@20%)	160	165.33
당기순이익	640	661.34 (성장기업의 무한대모형 가정; 배당성향 80%)
배당지급액	512	529.07
내부유보액	128	132.27

성장률 $g = ROE(1 - PO) = 661.34/3{,}600(1 - 0.8) = 3.67\%$

[3] 자금조달원별 시가총액 계산

자금조달원	시가총액 측정방법	자금조달 비중(단위: 소수점 4자리)
단기차입금	$D = B_1$ 계산 600	0.0595
장기차입금	$D = B_2$ 계산 400	0.0397
회사채발행	B_3 = 채권가격 × 채권발행수 1.027750(3,000억/1만원) = 3,083.25	0.3058
주식발행	S = 주식가격 × 주식발행수 1만원(3,000억/5,000원) = 6,000	0.5950
시가총액 합계	$B_1 + B_2 + B_3 + S$ = 10,083.25	1.0

[4] 자금조달원별 자본비용 계산

자금조달원	자본비용 측정방법	세전 자본비용(단위: 소수점 4자리)
단기차입금	10,000 = 500[연금현가; 1년, K_d] + 10,000[현가; 1년, K_d] → K_d 계산	채권의 시장가격 = 액면가, 시장실세금리 = 액면금리 5%
장기차입금	10,000 = 500[연금현가; 2년, K_d] + 10,000[현가; 2년, K_d] → K_d 계산	채권의 시장가격 = 액면가, 시장실세금리 = 액면금리 5%

회사채발행	10,277.50 = 500[연금현가; 3년, K_d] + 10,000[현가; 3년, K_d] → K_d 계산	시행착오법 적용 4%
주식발행	일정률로 성장하는 배당할인모형(*주) → K_d 계산	529.07/6,000 + 3.67% = 12.49%

*주: 투하자산증가액 = 내부유보액(1 + 부채 시가총액/자기자본 장부가)
= (132.27)(1 + 4083.25/3,600)] = 282.30
잠재성장률 = 282.30/(4083.25 + 3,600) = 3.67%

[5] 세후 $WACC$ = K_o 값을 계산하시오.

K_o = 5(1 − 0.20)(0.0595) + 5(1 − 0.20)(0.0397) + 4(1−0.20)(0.3058)
+ 12.49(0.5950)
= 0.238 + 0.1588 + 0.97856 + 7.43155 = 8.80691(약 8.81%)

[문제 3] 한국(주)의 자본시장 정보를 반영한 자기자본비용 추정; $CAPM$모형

*** 회사채 시가 반영, 회사채의 타인자본비용 재계산**

*** 준강형 효율적 시장가설 가정, 자기자본비용을 $CAPM$ 적용하여 계산**

*** 시가총액기준 자금조달비중 계산할 때 주식의 내재가치 적용**

대차대조표(단위: 억원)

	2019년 말		2019년 말
현금	200	매입채무	400
매출채권	500	단기차입금(@5%)	600
재고자산	1,300	유동부채	1,000
유동자산	2,000	장기차입금(@5%)	400
		회사채(@5%)	3,000
기계설비	6,000	고정부채	3,400
		자본금	3,000
		이익잉여금	600
		자본총계	3,600
자산총계	8,000	부채자본총계	8,000

* 2019년 말 현재 자본시장정보;
채권가격 = 액면가 10,000원, 만기 3년, 연말 1회 이자지급 조건의 1좌당 10,277.50원
주식가격 = 1주당 액면가 5,000원당 10,000원, 배당성향 80%로 배당금 지급
준강형 효율적 시장가설에 따라 주식의 자본비용 계산하기 위한 정보관측;
무위험금리 = 4%, 시장수익률 평균 = 12%, 한국(주)의 베타 = 1.0111

손익계산서(단위: 억원)

	2019.1.1 - 12.31
매출액	8,000
매출원가	6,500
판매비와관리비	400
감가상각비	100
영업이익	1,000
지급이자	200
경상이익	800
법인세(@20%)	160
당기순이익	640
배당금	512
내부유보액	128

[풀이] 한국(주) 2019년 말 기준, 성장기업의 무한대모형 가정

[1] 재무제표 재계산

대차대조표 재계산(단위: 억원)

	2019년 말		2019년 말	2019년 말 시가기준 채권가격 재계산
현금	200	매입채무	400	400
매출채권	500	단기차입금(@5%)	600	600
재고자산	1,300	유동부채	1,000	1,000
유동자산	2,000	장기차입금(@5%)	400	400
		회사채(@5%)	3,000	3,000×1.027750 = 3,083.25

기계설비	6,000	고정부채	3,400	3,483.25
		자본금	3,000	3,000
		이익잉여금	600	600
		자본총계	3,600	3,600
자산총계	8,000	부채자본 총계	8,000	8,083.25

손익계산서 재계산(단위: 억원)

	2019.1.1 – 12.31	2019.1.1 – 12.31 시가기준 지급이자 재계산
매출액	8,000	8,000
매출원가	6,500	6,500
판매비와관리비	400	400
감가상각비	100	100
영업이익	1,000	1,000
지급이자	200	600(0.05)+400(0.05)+3,083.25(0.04) = 173.33
경상이익	800	826.67
법인세(@20%)	160	165.33
당기순이익	640	661.34 (성장기업의 무한대모형 가정; 배당성향 80%)
배당금	512	529.07
내부유보액	128	132.27

현금흐름 분석

[1] 자금조달; 타인자본 D = 600 + 400 + 3,000(1.027750) = 4,083.25억

자기자본 E = 3,000 + 600 = 3,600억

[2] 투자; 투하자산 = 4,083.25 + 3,600 = 7,683.25

[5] 성장; 내부유보액 = 당기순이익 − 배당금 = 661.34(1 − 0.80)

= 132.27

투자증가액 = 내부유보액 × (1 + DER)

$$= 132.27\left(1 + \frac{4,083.25}{3,600}\right) = 282.30$$

성장률 = 282.30/7683.25 = 3.674%

= $ROE(1 - PO)$ = (661.34/3600)(1 − 0.80)

[2] 자본비용 분석

준강형 효율적 시장가설이 성립하는 것으로 가정하였으므로, 배당할인모형을 이용해 자기자본비용을 추정하기에는 정보가 부족하고, 현재 주가에 의거하여 계산하는 주식의 시가총액을 자기자본조달액의 평가액으로 상정하기 어렵다.

따라서 *CAPM*모형을 이용하여 자기자본비용 K_e를 추정하고, *CFE*모형을 적용하여 주식의 내재가치 S = 시가기준으로 재계산한 배당지급액/K_e를 계산한다. 이 주식의 내재가치를 자기자본조달액으로 간주하여 자기자본의 자금조달비중을 계산한다.

자기자본비용; $CAPM\ K_e = 4 + (1.0111)(8) = 12.0888\%$

주식의 내재가치 $S = 529.07/(0.120888 - 0.03674) = 6{,}287.53$

자기자본조달비중 $S/B+S = 6{,}287.53/(4{,}083.25 + 6{,}287.53)$

$= 6{,}287.53/10{,}370.78 = 0.6063$

타인자본비용; K_d = 지급이자/이자성부채 = $173.33/4{,}083.25 = 4.2449\%$

타인자본조달비중 $B/B+S = 4{,}083.25/10{,}370.78 = 0.3937$

$WACC_{AT}$ **세후가중평균자본비용;**

$K_o = 4.2449(1-0.2)(0.3937) + 12.0888(0.6063)$

$= 1.337 + 7.3294 = 8.666\%$

검산;

1. 자금조달원별 자본비용 계산

자금조달원	자본비용 계산을 위한 논리식	자본비용
단기차입금	채권가격 = 액면가, 시장실세금리 =액면금리	5%
장기차입금	채권가격 = 액면가, 시장실세금리 =액면금리	5%
회사채발행	채권가격 논리식 10,277.50 = 500[연금현가; 3년, K_d] +10,000[현가; 3년, K_d] → K_d 계산	4%
주식발행	주가수익률(*CAPM*모형) $K_e = Rf + (Rm - Rf) \times$ 베타	4 + (12 − 4)(1.0111) = 12.0888

2. 자금조달원별 자금조달비중 계산

자금조달원	시가총액(단위: 억원)	시가총액기준 자금조달 비중
단기차입금	B = 장부가 600	0.0579
장기차입금	B = 장부가 400	0.0386
회사채발행	B = 채권가격×채권발행수 1.027750(3,000억/1만원) = 3,083.25	0.2973
주식발행	S = 주식의 내재가치 529.07/(0.120888 − 0.03674) = 6,287.53	0.6063
시가총액 합계	$B+S$ = 10,370.78	1.0

[3] 법인세율 T = 20%일 때, 기업의 자본비용 = 세후가중평균자본비용(*WACC*) = K_o 계산할 것

세후 가중평균 자본비용 *WACC* 공식; $K_o = K_d(1-T)\dfrac{B}{B+S} + K_e\dfrac{S}{B+S}$

$$K_o = 5(1-0.2)(0.0579) + 5(1-0.2)(0.0386) + 4(1-0.2)(0.2973) + 12.0888(0.6063)$$
$$= 0.2316 + 0.1544 + 0.9514 + 7.3294 = 8.666\%$$

[4] 위 3번 해답에서 무조건 올림한 정수값만 취하여 한국(주)의 자본비용으로 간주한다. 그리고 제6장(투자타당성 분석기법)의 본문에 예시된 홍익(주)의 투자안을 한국(주)의 입장에서 한국(주)의 자본비용을 적용하여 평가하라.

한국(주)의 기업의 자본비용 = 9%

한국(주) 투자안의 연도별 재무적 잉여현금흐름 추정

연도	0	1	2	3	4	5
재무적 영업현금흐름	0	184	184	184	184	184(*1)
순운전자금 증가액	−100	0	0	0	0	100(*2)
순고정자산 증가액	−600	0	0	0	0	128(*3)
재무적 잉여현금흐름	−700	184	184	184	184	412

*1 순운전자금과 시설자금의 추가적 투자증가 없음, 감가상각비도 매년 재투자 불필요
*2 순운전자금의 누적액을 사업종료년도 말에 전액 회수
*3 시설자금회수액 = [매각대금 − (매각대금 − 잔존가액)×T] 10 − (10 − 100)(0.20) + 토지회수 100

투자타당성 분석기법; *NPV*, *PI* 및 *IRR* @자본비용 *K* = 9%

사업가치 = 184×(연금현재가치요소; 9%, 4년) + 412(목돈현재가치요소; 9%, 5년)
= 184(3.2397) +412(0.6499) = 596.10+267.76 =863.86

투자의 현재가치 = −700

NPV = 863.86 − 700 = +163.86억원

PI = 863.86/700 = 1.23배

(주)홍익의 자본비용이 9%인 것으로 자본시장 정보를 바탕으로 계산되었으므로 신규투자안의 투자타당성 분석에서 자본비용 *K* = 9%를 적용한다. 그러면 *NPV*는 더 개선되어 +163.86억원, *PI*는 1.23배로 계산됨으로써 신규투자안은 기업가치의 창출에 기여하므로 투자타당성이 있는 것을 알 수 있다. 시행착오법 및 보간법을 활용하여 *IRR*을 계산하면 16.60%로 추정되는 것은 본문 사례풀이와 변함이 없고, 다만 기순값이 되는 자본비용 *K* = 9%와 비교하여 이를 상회하기 때문에 이 사업은 투자타당성이 있는 것으로 평가된다.

시행착오법 시작, *r* = 16% 시도,

사업가치 = 184×(연금현재가치요소; 16%, 4년) + 412(목돈현재가치요소; 16%, 5년)
= 184×2.7982 + 412×0.4761 = 711.02 ⇒ NPV = 11.02 〉 0

⇒ 시행착오법 다시 적용, *r* = 17% 시도,

사업가치 = 184×(연금현재가치요소; 17%, 4년) + 412(목돈현재가치요소; 17%, 5년)
= 184×2.7432 + 412×0.4561 = 692.66 ⇒ NPV = −7.34 〈 0

⇒ 보간법을 적용하여 *IRR* 계산

1% 차이 : *x*% = (11.02 − (−)7.34) : 11.02, *x* = 0.60%

따라서 *IRR* = 16 + 0.60 = 16.60% 〉 자본비용 *K* 9% 상회함.

[문제 4] 회사채 거래가격, 채권의 유통수익률, 시장실세금리 분석

1. 액면가 1만원, 표면금리 10%, 만기 3년, 연말 1회 이자지급 조건으로 발행된 일신산업의 회사채가 채권시장에서 10,500원에 거래되는 경우, 채권의 유통수익률을 계산하여 타인자본비용 K_d를 구하라.

풀이: 생선가시그림

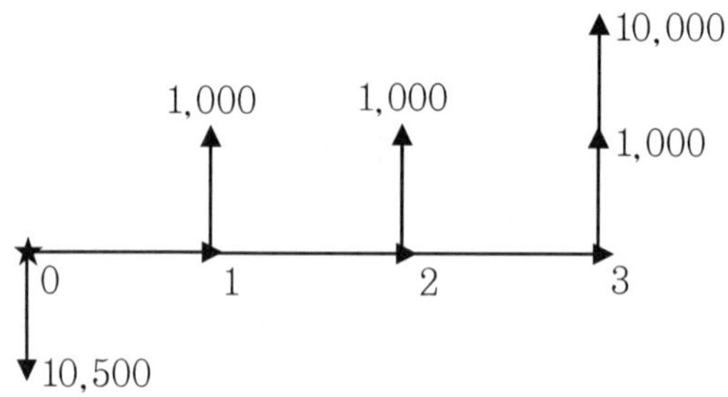

논리식 1,000[연금현가; K_d%, 3년] + 10,000[목돈현가; K_d%, 3년] = 10,500

시행착오법에 의거해, 우선 K_d 후보로서 9% 적용, 1,000[연금현가; 9%, 3년] + 10,000[목돈현가; 9%, 3년] = 1,000(2.5313) + 10,000(0.7722) = 10,253.30원 〈 10,500원이므로,

다음으로 8% 적용, 1,000[연금현가; 8%, 3년] + 10,000[목돈현가; 8%, 3년] = 1,000(2.5771) + 10,000(0.7938) = 10,515.10원.

따라서 보간법 계산에 의하면 K_d = 8.0577%

2. 액면가 1만원, 액면금리 9%, 15년 만기, 연말에 이자 지급한다는 조건을 가진 회사채를 발행하였다. 현재 수익률 9%로 채권이 거래된다면 채권가격은 얼마인가?

풀이: 생선가시그림

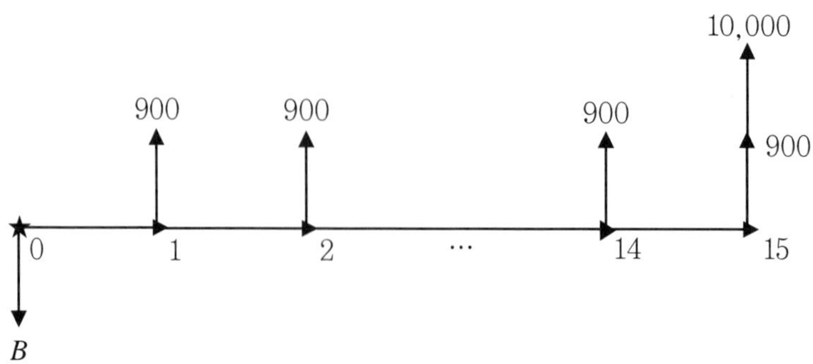

논리식 1만(0.09)[연금의 현재가치; 9%, 15년] + 1만원[현재가치; 9%, 15년] = B
= 900(8.0607) + 10,000(0.2745) = 7,254.63 + 2,745 = 10,000원

3. 액면가 1만원, 액면금리 9%, 15년 만기, 연말에 이자 지급한다는 조건을 가진 회사채를 발행하였다. 현재 수익률 8%에서 10%로 상승한다면 채권 가격은 얼마나 변화하는가?

풀이:

논리식

현재가격 1만(0.09)[연금의 현재가치; 8%, 15년] + 1만원[현재가치; 8%, 15년]
= 900(8.5595) + 10,000(0.3152) = 7,703.55 + 3,152 = 10,855.55

수익률변화 후 가격

1만(0.09)[연금의 현재가치; 10%, 15년] + 1만원[현재가치; 10%, 15번]
= 900(7.6061) + 10,000(0.2394) = 6,845.49 + 2,394 = 9,239.49

4. 액면가 1만원, 액면금리 9%, 15년 만기, 년2회 이자지급 조건을 가진 회사채를 발행하였다. 현재 수익률 8%에서 10%로 상승한다면 채권가격은 얼마나 변화하는가?

풀이:

논리식

현재가격 1만(0.045)[연금의 현재가치; 8%/2,30번] + 1만원[현재가치; 4%, 30번]
450(17.292) + 10,000(0.3083) = 7,761.40 + 3,083 = 10,864.40

수익률 변화 후 가격

1만(0.045)[연금의 현재가치; 10%/2,30번] + 1만원[현재가치; 5%, 30번]
450(15.373) + 10,000(0.2314) = 6,917.85 + 2,314 = 9,231.85

5. 액면가 1만원, 표면금리 10%, 만기 3년, 연말 1회 이자지급 조건으로 발행된 일신산업의 회사채가 채권시장에서 10,515.10원에 거래되는 경우, 채권의 유통수익률이 8%로 계산된다. 이 채권의 유통수익률을 지급이자

율과 채권가격변화율로 구분해서 계산하여 타인자본비용 K_d의 구성요소를 보여라.

풀이:

현재 채권가

1,000[연금현가; 8%, 3년] + 10,000[목돈현가; 8%, 3년]

= 1,000(2.5771) + 10,000(0.7938) = 10,515.10원

1년 보유 후 채권가

1,000[연금현가; 8%, 2년] + 10,000[목돈현가; 8%, 2년]

= 1,000(1.7833) + 10000(0.8573) = 10,356.33원

따라서 채권자는 동 채권을 1년간 보유함으로써 지급이자 1,000원을 받고, 채권가격은 잔존만기가 작아지면서 하락하였다.

채권자의 보유수익률 = 채권의 유통수익률 = 지급이자율 + 채권가격변화율

= 1,000/10,515.10 + (10,356.33 − 10,515.10)/10,515.10 = 0.09510 + (−)0.01510

= 8%

즉 채권의 타인자본비용 K_d = 8%

이 사례는 타인자본비용은 단순히 지급이자율로 계산되지 않는다는 점을 강조해주는 것이다. 타인자본비용은 시장에서 채권자가 획득할 수 있을 것으로 기대되는 수익률로서 시가기준으로 계산한 지급이자율과 채권가격변화율의 합계로 구성된다는 것을 알 수 있다.

[문제 5] 주식 거래가격, 주식의 수익률, 자기자본비용 분석

1. 액면가 5,000원, 연말 1회 배당을 받을 권리가 있는 조건으로 발행된 일신산업의 보통주가 주식시장에서 10,500원에 거래되고 있다. 금년도 주당 배당금 d = 840원이고, 향후 동일한 금액의 배당금이 지급될 것으로 예상된다. 이 주식의 수익률을 계산하여 자기자본비용 K_e를 구하라.

풀이:

논리식 840[연금현가; K_e%, 무한대] = 10,500

시간가치공식 $840/K_e = 10{,}500$, 따라서 $K_e = 8\%$

2. 액면가 5,000원, 연말 1회 배당을 받을 권리가 있는 조건으로 발행된 일신산업의 보통주가 주식시장에서 10,500원에 거래되고 있다. 일신산업의 금년도 주당 장부가 $b = 10{,}500$원, 주당 당기순이익 $e = 1{,}050$원이고, 주당 배당금 $d = 840$원이다. 향후 동일한 성장률의 배당금이 지급될 것으로 예상된다. 이 주식의 수익률을 계산하여 자기자본비용 K_e를 구하라.

풀이:

일신산업의 잠재성장률 $g = ROE(1-PO) = e/b(1-d/e) = (1{,}050/10{,}500)(1 - 840/1{,}050) = 2\%$

논리식 840[영구연금현가; 성장률 2%, K_e%,무한대] = 10,500

시간가치공식 $840/(K_e - 0.02) = 10{,}500$, 따라서 $K_e = 10\%$

3. 액면가 5,000원, 연말 1회 배당을 받을 권리가 있는 조건으로 발행된 일신산업의 보통주가 주식시장에서 10,500원에 거래되고 있다. 일신산업의 금년도 주당 장부가 $b = 10{,}500$원, 주당 당기순이익 $e = 1{,}050$원이고, 주당 배당금 $d = 840$원이다. 향후 동일한 성장률의 배당금이 지급될 것으로 예상된다. 이때 일신산업의 자기자본비용 K_e를 구하고, 자기자본비용의 구성요소인 배당수익률과 주식가격변화율(자본이득률)로 구분해서 계산하라.

풀이:

일신산업의 잠재성장률 $g = ROE(1-PO) = e/b(1-d/e) = (1{,}050/10{,}500)(1 - 840/1{,}050) = 2\%$

논리식 840[영구연금현가; 성장률 2%, Ke%,무한대] = 10,500

시간가치공식 $840/(Ke - 0.02) = 10{,}500$, 따라서 $Ke = 10\%$

따라서 $Po = 10{,}500$원이지만, $P_1 = 840(1+0.02)/(0.10-0.02) = 10{,}710$원으로 계산된다.

일신산업 주식을 1년간 보유한 주주의 수익률 = 배당수익률 + 자본이득률

= 840/10,500 + (10,710 − 10,500)/10,500 = 8% + 2% = 10%

즉 주식의 자기자본비용 K_e = 10%.

이 사례는 자기자본비용은 단순히 배당수익률로 계산되지 않는다는 점을 강조해 주는 것이다. 자기자본비용은 주식시장에서 주주가 획득할 수 있을 것으로 기대되는 수익률로서 시가기준으로 계산한 배당수익률과 주식가격변화율로 계산되는 자본이득률의 합계로 구성된다는 것을 알 수 있다.

4. 우일기업의 주식에 대한 정보를 증권시장에서 수집하여 분석해보면, 애널리스트들은 동 기업의 성장성은 동종 업계의 평균성장율 5%는 유지할 수 있을 것이며, 내년도 주당 배당금 d는 액면가 5,000원의 25%는 될 것으로 예상하고 있다. 한편, 그 동안 무위험자산인 국채수익률 R_f = 4%, 시장수익률로 대변되는 종합주가지수수익률 R_m = 14%, 우일기업의 주식베타 = 1.30으로 측정되었으며, 현재 우일기업의 주가가 13,500원이다. 그러나 내년도 경기에 대한 불확실성이 높아지면서 R_f = 3%, R_m = 11%, 우일기업의 주식베타 = 1.10으로 변화될 것으로 애널리스트는 전망하고 있다.

다음과 같은 애널리스트의 질문에 답하시오.

경기전망 수정발표 전 우일기업 주주의 기대수익률을 계산하시오.

경기전망 수정발표 전, 후의 적정주가를 *CAPM*모형에 의거하여 추정하시오.

경기전망 수정발표 후 주가는 어떻게 변화하겠는가를 예상하시오.

풀이;

경기전망 수정 전,

우일기업 주주의 기대수익률 K_e = 배당수익률 + 자본이득율

= 5,000(0.25)/13,500 + 5% = 9.26% + 5% = 14.26%

경기전망 수정 전,

우일기업의 K_e = 4 + (14 − 4)(1.30) = 17% = 시장의 요구수익률

따라서 주가전망 Po = 5,000(0.25)/(0.17 − 0.05) = 10,416.67원

시장에서 기대하는 우일기업의 요구수익률은 17%로 계산되는 데 반해서, 경기전망 및 기업전망에 따른 주주의 기대수익률은 14.26%이다. 이는 주주들은 현재주가가 과대평가되어 있으며 앞으로 주가가 하락하여 10,416.67원까지 떨어질 것으로 예상하고 있다는 것을 의미한다.

그런데 경기전망이 수정되어 시장의 요구수익률에 변화가 있었다.
경기전망 수정 후,
우일기업의 K_e = 3 + (11 − 3)(1.10) = 11.8% = 시장의 요구수익률
따라서 주가전망 Po = 5,000(0.25)/(0.118 − 0.05) =18,382.35원

경기전망 수정발표 후, 시장에서 기대하는 우일기업의 요구수익률은 11.8%로 계산되는 데 반해서, 경기전망 및 기업전망에 따른 주주의 기대수익률은 14.26%이다. 이는 주주들은 현재주가가 과소평가되게 변하였으며 현재보다 상승하여 18,382.35원까지 될 것으로 예상하고 있다는 것을 의미하는 것이다.

5. 일신산업은 비상장회사이다. 상장회사인 우일기업의 주식시장 정보를 활용하여 일신산업의 자기자본비용을 구하려고 한다. 우일기업에 대한 애널리스트의 분석자료인 R_f = 3%, R_m = 11%, 주식베타 = 1.10 및 우일기업의 시가기준 부채비율 DER =1.50, 법인세율 = 20%를 활용할 것. 목표부채비율이 1.0인 일신산업의 베타를 벤치마킹하고 자기자본비용 K_e를 추정하시오.

풀이:
싱장회사인 우일기업의 베타로부터 무부채조달기업의 베타 계산;
베타_U = 1.10/[1 + (1 − 0.20)(1.50)] = 0.50

비상장회사인 일신산업의 베타 계산;
베타_일신 = 0.50[1 + (1 − 0.20)(1.0)] = 0.90

비상장회사인 일신산업의 자기자본비용 계산;
K_e_일신 = 3 + (11 − 3)(0.90) = 10.20%

제3부

자본구조정책과 기업가치 분석

제 9 장 자본구조정책과 가치평가원리

자본구조, 자본비용과 기업가치

	재무적 접근법 FCF방식 (재무적 잉여현금흐름 할인방식)	회계적 접근법 APV방식 (회계적 잉여현금흐름 할인방식)
현금흐름	기업의 현금흐름 = 세후영업이익 = $X(1-T)$ = 재무적 잉여현금흐름 채권자의 현금흐름 = $I = K_d\ B$ 주주의 현금흐름 = $(X-I)\ (1-T)$	기업의 현금흐름 = $I+(X-I)(1-T) = X(1-T)+I\ T$ = 회계적 잉여현금흐름 채권자의 현금흐름 = $I = K_d\ B$ 주주의 현금흐름 = $(X-I)\ (1-T)$
가치평가 원리	해당 경제주체 현금흐름 몫 / 해당 자본비용	해당 경제주체 현금흐름 몫 / 해당 자본비용
기업가치 등식 $V = B+S$	기업가치 $V = X(1-T)/K_o$ 부채가치 $B = I/K_d$ 주식가치 $S = (X-I)(1-T)/K_e$	기업가치 $V = X(1-T)/K_u + I\ T/K_d$ $V_L = V_u + B \times T$
기업의 자본비용	기업의 자본비용 $K_o = K_d(1-T)\dfrac{B}{B+S} + K_e\dfrac{S}{B+S}$ = 세후 가중평균자본비용($WACC_{AT}$)	기업의 자본비용 $K_o = K_U(1 - T\dfrac{B}{B+S})$ = 세후 가중평균자본비용($WACC_{AT}$)
주주의 자본비용	주주의 자본비용 = 자기자본비용 $K_e = K_o + [(K_o - K_d(1-T)]\dfrac{B}{S}$	주주의 자본비용 = 자기자본비용 $K_e = K_U + [(K_U - K_d)\ (1-T)]\dfrac{B}{S}$
결론	V_L; 부채비율과 비례하여 증가 K_o; 부채비율과 반비례, 감소 K_d; 부채비율과 무관, 일정 K_e; 부채비율과 비례하여 증가	재무적 접근법과 동일한 결론!

자본구조, 자본비용과 기업가치 간의 관계; 회계적 및 재무적 접근법 활용순서

[순서 1] 초기 투자액에 변함이 없는 상태에서 무부채기업이 부채를 조달하기 시작하여 부채사용기업으로 변화하는 경우, 회계적 접근법의 가치평가 공식인 기업가치 = 무부채조달기업 가치 + 절세효과 가치를 이용하여 부채사용기업 가치를 계산한다.

$$V_L = V_U + B \times T$$

기업가치 = 부채가치 + 주식가치 등식을 이용, $S = V_L - B$

[순서 2] 회계적 접근법의 K_o와 K_u 관계공식을 이용하여 부채조달기업의 자본비용 K_o를 계산한다.

$$K_O = K_U[1 - T\frac{B}{B + S}]$$

[순서 3] 회계적 접근법의 K_e와 K_u 관계공식을 이용하여 부채조달기업의 자기자본비용 K_e를 도출한다.

$$K_e = K_U + (K_U - K_d)(1 - T)\frac{B}{S}$$

[순서 4] 재무적 접근법의 K_e와 K_o 관계공식을 이용하여 부채조달기업의 자기자본비용 K_e를 도출한다.

$$K_e = K_o + [K_o - K_d(1 - T)]\frac{B}{S}$$

상기 3, 4번의 계산결과가 서로 동일값인지 여부를 검산한다.

[순서 5] 재무적 접근법으로 도출한 K_o의 가중평균자본비용 계산공식을 이용하여 부채조달기업의 자본비용 K_o를 도출한다.

$$K_o = K_d(1 - T)\frac{B}{B + S} + K_e\frac{S}{B + S}$$

상기 2, 5번의 계산결과가 서로 동일값인지 여부를 검산한다.

[순서 6] 재무적 접근법의 기업가치 $V_L = \frac{X(1 - T)}{K_o}$

상기 1, 6번의 계산결과가 서로 동일값인지 여부를 검산한다.

순서	재무적 의미	계산공식	확인
1	무부채조달기업의 가치 → 부채조달기업의 가치	$V_u = X(1-T)/K_u$ $V_L = V_u + BT$ $S = V_L - B$	K_u 아는 것으로 가정 시작
2	무부채조달기업의 자본비용 [1] → 부채조달기업의 자본비용	K_u $K_o = K_u[1 - T\frac{B}{B+S}]$	
3	[1] → 부채조달기업의 자기자본 자본비용	$K_e = K_u + (K_u - K_d)(1-T)\frac{B}{S}$	
4	[2] → 부채조달기업의 자기자본 자본비용	$K_e = K_o + [K_o - K_d(1-T)]\frac{B}{S}$	3 = 4
5	[4] → 부채조달기업의 자본비용	$K_o = K_d(1-T)\frac{B}{B+S} + K_e\frac{S}{B+S}$	2 = 5
6	[5] → 부채조달기업의 가치	$V_L = \frac{X(1-T)}{K_o}$	1 = 6

자본구조, 자본비용과 기업가치

	회계적 접근법 1 *APV*방식	회계적 접근법 2 *CCF*방식
현금흐름	기업의 현금흐름 $= I + (X - I)(1 - T)$ $= X(1 - T) + I\ T$ = 회계적 잉여현금흐름 채권자의 현금흐름 = $I = K_d\ B$ 주주의 현금흐름 = $(X - I)(1 - T)$	기업의 현금흐름 = "회계적" 잉여현금흐름 = 세후 영업이익 + 절세액 $= X(1 - T) + IT$ 채권자의 현금흐름 = $I = K_d\ B$ 주주의 현금흐름 = $(X - I)(1 - T)$
가치평가 원리	해당 경제주체 현금흐름 몫 /해당 자본비용	해당 경제주체 현금흐름 몫 /해당 자본비용
기업가치 등식 $V = B + S$	기업가치 = $X(1 - T)/K_u + I\ T/K_d$ $V_L = V_U + B \times T$	기업가치 = $[X(1 - T) + IT]/K$ 부채가치 = I/K_d 주식가치 = $(X - I)(1 - T)/K_e$
기업의 자본비용	기업의 자본비용 $K_o = K_U(1 - T\frac{B}{B+S})$ = 세후 가중평균자본비용($WACC_{AT}$)	기업의 자본비용 $K = K_d\frac{B}{B+S} + K_e\frac{S}{B+S} = K_{BT}$ = 세전 가중평균자본비용($WACC_{BT}$)
주주의 자본비용	주주의 자본비용 = 자기자본비용 $K_e = K_U + [(K_U - K_d)\ (1 - T)]\frac{B}{S}$	주주의 자본비용 = 자기자본비용 $K_e = K_{BT} + [K_{BT} - K_d]\frac{B}{S}$
결론	V_L ; 부채비율과 비례, 증가 K_o ; 부채비율과 반비례, 감소 K_d ; 부채비율과 무관, 일정 K_e ; 부채비율과 비례, 증가	재무적 접근법 및 회계적 접근법(*APV*방식)과 동일한 결론!

자본구조, 자본비용과 기업가치 간의 관계; 두 가지 회계적 접근법의 통합

[순서 1]에서 [순서 6]까지는 검산 내용이 동일하고

[순서 7] 상기 5번 정보를 바탕으로 세전가중평균자본비용 K_{BT}를 계산한다.

$$K_{BT} = K_d \frac{B}{B+S} + K_e \frac{S}{B+S}$$

[순서 8] 회계적 접근법[APV방식]을 이용하여 기업가치 V를 도출하고, 상기 1번 = 6번과 동일값 여부를 검산한다. $V_L = \dfrac{X(1-T)+IT}{K_{BT}}$

[순서 9] 상기 7번으로부터 K_e 계산식을 도출하고, 3번 = 4번과 동일값 여부를 검산한다. $K_e = K_{BT} + [K_{BT} - K_d]\dfrac{B}{S}$

순서	재무적 의미	계산공식	확인
1	무부채조달기업의 가치 → 부채조달기업의 가치	$Vu = X(1-T)/K_u$ $V_L = V_u + BT$ $S = V_L - B$	K_u 아는 것으로 가정 시작
2	무부채조달기업의 자본비용 [1] → 부채조달기업의 자본비용	K_u $K_o = K_u[1 - T\frac{B}{B+S}]$	
3	[1] → 부채조달기업의 자기자본 자본비용	$K_e = K_u + (K_u - K_d)(1-T)\frac{B}{S}$	
4	[2] → 부채조달기업의 자기자본 자본비용	$K_e = K_o + [K_o - K_d(1-T)]\frac{B}{S}$	3 = 4
5	[4] → 부재조딜기업의 자본비용	$K_o = K_d(1-T)\frac{B}{B+S} + K_e\frac{S}{B+S}$	2 = 5
6	[5] → 부채조달기업의 가치	$V_L = \frac{X(1-T)}{K_o}$	1 = 6
7	부채조달기업의 자본비용 (세전가중평균자본비용)	$K_{BT} = K_d\frac{B}{B+S} + K_e\frac{S}{B+S}$	5번에서 다시 시작
8	부채조달기업의 가치	$V_L = \frac{X(1-T)+IT}{K_{BT}}$	8 = 1 = 6
9	부채조달기업의 자기자본 자본비용	$K_e = K_{BT} + [K_{BT} - K_d]\frac{B}{S}$	9 = 3 = 4

Chapter 09 연습문제

[문제 1] 법인세가 없는 경우, 자본구조 정책과 자본비용, 기업가치 분석

(단위: 억원)

무부채조달(자기자본만 조달)		부채 1,000억 조달	부채 2,000억 조달
R	1,000	1,000	1,000
C	620	620	620
Dep	100	100	100
X	280	280	280
I	0	100	200
NI	280	180	80

K_e	12.5%	?	?
K_d	10% 불변	10% 불변	10% 불변
K	12.5% 주어짐	12.5% 불변	12.5% 불변

1. V	2,240 불변	2,240 불변	2,240 불변
B	0	1,000	2,000
S	2,240	1,240	240
$\frac{B}{B+S}$	0	0.446	0.893
$\frac{S}{B+S}$	1.0	0.554	0.107
$\frac{B}{S}$	0	0.806	8.333

2. $K_e = K + (K - K_d)\frac{B}{S} = 12.5\%$ 　 12.5+(12.5−10)0.806 = 14.52% 　 12.5+(12.5−10)8.333 = 33.33%

3. $K = K_d\frac{B}{B+S} + K_e\frac{S}{B+S} = 12.5\%$ 　 10(0.446) +14.52(0.554) = 12.5% 　 10(0.893) +33.33(0.107) = 12.5%

[검산] $K_e = \frac{NI}{S}$ = 280/2,240 = 12.50% 　 180/1,240 = 14.52% 　 80/240 = 33.33%

결론; 법인세가 없는 세상(완전자본시장)에서는

1. "자금조달 방법(비중)과 상관없이 기업가치 V는 자기자본만 조달한 경우의 기업가치와 동일한 가치가 유지된다"는 자본구조 정책의 무관련성 명제는 성립한다.

2. "자금조달 방법(비중)과 상관없이 자본비용 K는 자기자본만 조달한 경우의 자본비용과 동일한 값이 유지된다"는 명제는 성립한다.

3. "자금조달 방법(비중)과 상관없이 타인자본비용 K_d는 자기자본만 조달한 경우의 타인자본비용과 동일한 값이 유지된다"고(일정한 부채비율 범위 내에서 성립한다고) 가정한다.

4. "부채조달 비중이 높아질수록 자기자본비용 Ke는 비례하여 커진다"는 명제는 성립한다.
   본문의 예제와 함께 살펴보면, 부채비율, 자기자본비용 간에는 직선관계가 관찰된다. X축에 부채비율 B/S를, Y축에 자기자본비용을 각각 좌표로 하여 그림을 그려볼 것.
   500억(0.287, 13.22%), 1,000억(0.806, 14.52%), 1,500억(2.027, 17.57%), 2,000억(8.333, 33.33%)

[문제 2] 자본구조정책과 자본비용, 기업가치 간의 관계

무부채기업 U는 연간 280억원의 세전 영업이익 X가 지속적으로 창출되고, 자기자본비용 $K_e = K_u = 12.5\%$, 법인세율 $T = 30\%$이다.

초기 투자액에 변함이 없는 상태에서 이자율 $K_d = 10\%$로 이자성부채 $B = 1{,}000$억원을 차입하여 부채기업으로 자본구조를 변경하려는 자본구조정책을 선택했다.

1. 부채조달 이후 기업가치와 주주가치는?

부채조달 이전 기업가치 $V_U = \dfrac{280(1-0.30)}{0.125} = 1{,}568$

부채조달 이후 기업가치 $V_L = V_U + B\ T = 1{,}568 + 1{,}000 \times 0.30 = 1{,}868$

* 부채조달 이전 주주가치 = 1,568 = 280(1 − 0.30)/0.125

* 부채조달 이후 주주가치 = 1,868 − 1,000 = 868

2. 회계적 접근법 1; 자본구조 변경 이후 기업의 자본비용과 자기자본비용은?

부채조달 이후 가중평균자본비용

$$K_o = K_u[1 - T\frac{B}{B+S}] = 12.5[1-(0.30)\frac{1,000}{1,868}] = 10.5\%$$

부채조달 이후 자기자본비용

$$K_e = K_U + (K_U - K_d)(1-T)\frac{B}{S}$$
$$= 12.5 + (12.5 - 10)(1-0.30)\frac{1,000}{868} = 14.53\%$$

3. 재무적 접근법; 자본구조 변경 이후 기업의 자본비용과 자기자본비용은?

부채조달 이후 자기자본비용

$$K_e = K_o + [K_o - K_d(1-T)]\frac{B}{S} = 10.5+[10.5-10(1-0.3)]\frac{1000}{868} = 14.53\%$$

부채조달 이후 가중평균자본비용

$$K_o = K_d(1-T)\frac{B}{B+S} + K_e\frac{S}{B+S}$$
$$= 10(1-0.30)\frac{1,000}{1,868} + 1,4.53\frac{868}{1,868} = 10.5\%$$

부채조달 이후 가중평균자본비용을 이용하여 계산한 기업가치는 5,200이 되는가?

$$V_L = \frac{X(1-T)}{K_o} = \frac{280(1-0.30)}{0.1050} = 1,868 \text{ 확인}$$

= 무부채기업가치 + 절세효과가치

4. 회계적 접근법 2; 세전가중평균자본비용

$$K_{BT} = K_d\frac{B}{B+S} + K_e\frac{S}{B+S} = 10(1,000/1,868) + 14.53(868/1,868)$$

= 5.3533 + 6.7516 = 12.105%

부채조달기업의 가치

$$V_L = \frac{CCF}{K_{BT}} = \frac{X(1-T)+IT}{K_{BT}}$$

$= [280(1 - 0.30) + 1,000(0.10)(0.30)]/0.12105 = 1,868$

부채조달기업의 자기자본비용

$$K_e = K_{BT} + [K_{BT} - K - d]\frac{B}{S} = 12.105 + (12.105 - 10)(1000/868) = 14.53\%$$

[문제 3] 법인세가 있는 경우; 자본구조정책과 자본비용, 기업가치 간의 관계

(단위: 억원)

무부채조달(자기자본만 조달)		부채 1,000억 조달	부채 2,000억 조달
R	1,000	1,000	1,000
C	620	620	620
Dep	280	280	280
X	100	100	100
I@10%	0	100	150
Tax@30%	84	54	24
회계적 잉여현금흐름	196	226	256
재무적 잉여현금흐름 $X(1\quad T)$	196	196	196
K_e	12.5% 가정	?	?
K_d	10% 가정	10%	10%

1. $V_L = V_U + B \times T$		1,568 + 1,000×0.3 = 1,868	1,568 + 2,000×0.3 = 2,168
B	0	1,000	2,000
S	1,568	868	168
$\frac{B}{S}$	0	1.152	11.905

2. $K_o = K_u \times [1 - T \times \frac{B}{B+S}]$

12.5×(1 − 0.3×0.535) = 10.5%

12.5×(1 − 0.3×0.923) = 9.03%

3. $K_e = K_u + (K_u - K_d) \times (1-T) \times \frac{B}{S}$		자기자본비용 도출	
12.5+(12.5−10)×(1−0.3)×1.152 = 14.53%		12.5+(12.5−10)×(1−0.3)×11.905 = 33.3%	
4. $K_e = K_o + [K_o - K_d(1-T)] \times \frac{B}{S}$		동일한 자기자본비용 도출 여부 확인	
10.5+(10.5−10(1−0.3))×1.152 = 14.53%		9.03+(9.03−10(1−0.3))×11.905 = 33.3%	
5. $K_o = K_d \times (1-T)\ \frac{B}{B+S} + K_e \frac{S}{B+S}$		동일한 기업의 자본비용 도출 확인	
$\frac{B}{B+S}$	1.0	0.535	0.923
$\frac{S}{B+S}$	0	0.465	0.077
K_o	12.5%	10.50%	9.03%
6. $V_L = \frac{X(1-T)}{K_o}$ ⇒ "재무적" 현금흐름을 평가하는 것과 동일한 기업가치 도출확인			
	196/0.125 = 1,568	196/0.105 = 1,868	196/0.0903 = 2,168

결론; 법인세가 있는 세상(현실적 자본시장)에서는

1. "자금조달 방법(비중)에서 타인자본비중이 커질수록 법인세 절감효과 때문에 기업가치 V는 커진다"는 명제가 성립한다.

2. "자금조달 방법(비중)에서 타인자본비중이 커질수록 법인세 절감효과 때문에 세후 가중평균자본비용 K_o는 작아진다"는 명제가 성립한다.

3. "부채조달 비중이 높아질수록 자기자본비용 K_e는 비례하여 커진다"는 명제는 성립한다.
본문의 예제와 함께 살펴보면, 부채비율, 자기자본비용 간에는 직선관계가 관찰된다. X축에 부채비율 B/S를, Y축에 자기자본비용을 각각 좌표로 하여 그림을 그려볼 것.
500억(0.411, 13.22%), 1,000억(1.152, 14.53%), 1,500억(2.896, 17.56%), 2,000억(11.905, 33.33%)

[문제 4] 자본구조정책, 자본비용, 기업가치 평가공식의 사용순서

무부채기업 U는 연간 1,000억원의 세전 영업이익 X가 지속적으로 창출되고, 자기자본비용 $K_e = K_u = 16\%$, 법인세율 20%이다. 초기 투자액에 변함이 없는 상태에서 이자율 $K_d = 10\%$로 이자성부채 $B = 1{,}000$억원 혹은 2,000억원을 차입하여 부채기업으로 자본구조를 변경하려는 정책을 세우고 있다. 부채조달 이후 기업가치, 주주가치, 자기자본비용 및 기업의 자본비용을 계산하라.

[1] 자본구조정책 변경; $B = 1{,}000$억원 조달한 경우

순서	재무적 의미	계산공식
1	무부채조달기업의 가치 → 부채조달기업의 가치	$K_u = 16\%$ $V_u = 1{,}000(1-0.20)/0.16 = 5{,}000$ $V_L = V_u + BT = 5{,}000+1{,}000(0.20) = 5{,}200$
2	무부채조달기업의 자본비용 → 부채조달기업의 자본비용	$K_o = K_u[1 - T\frac{B}{B+S}]$ $= 16[1-(0.20)(1{,}000/5{,}200)] = 15.385\%$
3	1 → 부채조달기업의 자기자본 자본비용	$K_e = K_u + (K_u - K_d)(1-T)\frac{B}{S}$ $= 16+(16-10)(1-0.20)(1{,}000/4{,}200) = 17.143\%$
4	2 → 부채조달기업의 자기자본 자본비용	$K_e = K_o + [K_o - K_d(1-T)]\frac{B}{S}$ $= 15.385+[15.385-10(1-0.20)](1{,}000/4{,}200) = 17.143\%$
5	4 → 부채조달기업의 자본비용	$K_o - K_d(1-T)\frac{B}{B+S} + K_e\frac{S}{B+S}$ $= 10(1-0.20)(1{,}000/5{,}200)+17.143(4{,}200/5{,}200)$ $= 15.385\%$
6	5 → 부채조달기업의 가치	$V_L = \frac{X(1-T)}{K_o}$ $- 1{,}000(1-0.20)/0.15385 = 5{,}200$
7	부채조달기업의 자본비용 (세전가중평균자본비용)	$K_{BT} = K_d\frac{B}{B+S} + K_e\frac{S}{B+S}$ $= 10(1{,}000/5{,}200)+17.143(4{,}200/5{,}200) = 15.7694\%$
8	부채조달기업의 가치	$V_L = \frac{X(1-T)+IT}{K_{BT}}$ $= [1{,}000(1-0.20)+1{,}000(0.10)(0.20)]/0.157694$ $= 5{,}200$
9	부채조달기업의 자기자본 자본비용	$K_e = K_{BT} + [K_{BT} - K_d]\frac{B}{S}$ $= 15.7694+[15.7694-10](1{,}000/4{,}200) = 17.143\%$

[2] 자본구조정책 변경; B = 2,000억원 조달한 경우

순서	재무적 의미	계산공식
1	무부채조달기업의 가치 → 부채조달기업의 가치	$K_u = 16\%$ $V_L = V_u + BT$ = 1,000(1−0.20)/0.16+2,000(0.20) = 5,400
2	무부채조달기업의 자본비용 → 부채조달기업의 자본비용	$K_o = K_u[1 - T\frac{B}{B+S}]$ = 16[1−(0.20)(2,000/5,400)] = 14.815%
3	1 → 부채조달기업의 자기자본 자본비용	$K_e = K_u + (K_u - K_d)(1-T)\frac{B}{S}$ = 16+(16−10)(1−0.20)(2,000/3,400) = 18.824%
4	2 → 부채조달기업의 자기자본 자본비용	$K_e = K_o + [K_o - K_d(1-T)]\frac{B}{S}$ = 14.815+[14.815−10(1−0.20)](2,000/3,400) = 18.824%
5	4 → 부채조달기업의 자본비용	$K_o = K_d(1-T)\frac{B}{B+S} + K_e\frac{S}{B+S}$ = 10(1−0.20)(2,000/5,400)+18.824(3,400/5,400) = 14.815%
6	5 → 부채조달기업의 가치	$V_L = \frac{X(1-T)}{K_o}$ = 1,000(1−0.20)/0.14815 = 5,400
7	부채조달기업의 자본비용 (세전가중평균자본비용)	$K_{BT} = K_d\frac{B}{B+S} + K_e\frac{S}{B+S}$ = 10(2,000/5,400)+18.824(3,400/5,400) = 15.5558%
8	부채조달기업의 가치	$V_L = \frac{X(1-T)+IT}{K_{BT}}$ = [1,000(1−0.20)+2,000(0.10)(0.20)]/0.155558 = 5,400
9	부채조달기업의 자기자본 자본비용	$K_e = K_{BT} + [K_{BT} - K_d]\frac{B}{S}$ = 15.5558+[15.5558−10](2,000/3,400) = 18.824%

제 10 장 계속기업의 가치평가모형

현대재무학의 분석체계

투자타당성분석	현금흐름분석	채권가격
계속기업 가치평가	시간가치분석	주식가격
성장기업 가치평가	자본비용분석	시장효율성 가설

계속기업과 성장기업의 재무적 특성 비교

재무적 특성	계속기업	성장기업
사업수명	무한한 사업수명기간	무한한 사업수명기간
투자활동	기초투자 IC_0 이외에 추가투자 없음. 감가상각비 *Dep*만 보충투자함.	추가투자 있음 $\Delta IC > 0$ 감가상각비 *Dep*를 반드시 보충투자.
부가가치 창출활동	기초투자 IC_0는 동일한 생산력 X_1 창출력을 유지함, 영원히 유지.	추가투자는 부가가치창출력의 증가를 초래함.
자금조달 활동	추가 자금조달 증가액 없음.	추가 투자액 = 추가 자금조달액 = $RE\ (1+DER)$
부가가치 배분활동	당기순이익 전액을 배당금으로 지급. 배당성향 $PO = 1$	추가자금조달의 기반은 내부유보액 RE, 배당성향 $PO < 1$. 기존부채비율 유지하는 수준의 추가 이자성부채 조달액 = $RE \times DER$. 추가 자금조달액 = $RE(1 + DER)$
성장활동	$g = ROE(1 - PO) = 0$	$g = ROE(1 - PO) > 0$

계속기업의 가치평가모형 비교;
FCF, CCF, APV, CEVA, CFE, EEVA 등가공식

계속기업의 무한대모형 가정; 투자의 부가가치 창출력 일정, 신규투자(투하자산) 없음

무한대모형	가치평가 공식	현금흐름	자본비용
"재무적" 잉여현금흐름 할인모형 $FCF(K_o)$	$V = \frac{FCF}{WACC_{AT}} = \frac{FCF}{K_O}$	재무적 잉여현금흐름 $FCF = X(1-T)$ = "재무적"영업현금흐름 − 투자증가액 (감가상각비만 차감)	$WACC_{AT} = K_O = K_d(1-T)\frac{B}{B+S} + K_e\frac{S}{B+S}$
"회계적" 잉여현금흐름 할인모형 $CCF(WACC_{BT})$	$V = \frac{CCF}{WACC_{BT}} = \frac{CCF}{K_{BT}}$	회계적 잉여현금흐름 CCF = I/S상 영업이익 − 법인세 = "회계적"영업현금흐름 − 투자증가액 (감가상각비만 차감)	$WACC_{BT} = K_{BT} = K_d\frac{B}{B+S} + K_e\frac{S}{B+S}$
조정현금흐름 할인모형 $APV(K_u)$	$V = \frac{FCF}{K_U} + \frac{IT}{K_d}$	부채조달 기업가치 = 무부채 기업가치 + 절세효과가치 $V_L = V_U + BT$	$K_O = K_U(1 - T\frac{B}{B+S})$ $K_U = \frac{K_d(1-T)B + KeS}{B(1-T)+S}$
경제적 부가가치 할인모형 $CEVA(K_o)$	$V = IC + \frac{CEVA}{K_O}$	economic value added $CEVA = IC \times$ (세후$ROIC - K_O$)	
주주의 현금흐름 할인모형 $CFE(K_e)$	$S = \frac{CFE}{K_e}$	주주의 현금흐름 CFE = 당기순이익 = 배당지급액	K_e = $Sharpe(1964)$의 $CAPM(SML)$ 혹은 배당할인모형
주식의 초과이익 할인모형 $EEVA(K_e)$	$S = E + \frac{EEVA}{K_e}$	RI 혹은 EE $EEVA = E \times (ROE - K_e)$	

Chapter 10 연습문제

[문제 1] (주)홍익의 재무제표로부터 5대 재무활동의 현금흐름을 분석하고, 자본시장 정보로부터 자본비용을 분석한 후, 계속기업 가정 하에서 (주)홍익의 기업가치를 평가하라.

대차대조표 및 손익계산서(단위: 억원)

재무제표	계정과목	2018년도	2019년도	재무정보 계산
대차 대조표 각 연도 말 현재	현금	150	200	
	외상매출금	150	200	
	재고자산	250	300	
	유동자산계	550	700	*운전자금 투자*
	총고정자산	1,700	1,800	
	감가상각누계액	400	500	
	순고정자산	1,300	1,300	*시설자금 투자*
	자산총계	1,850	2,000	
	외상매입금	90	50	비이자성부채
	미지급금	100	150	→ *순운전자금*
	단기차입금(5%)	110	100	이자성부채
	유동부채계	300	300	
	장기차입금(5%)	600	400	이자성부채
	회사채(5%)	200	500	이자성부채
	고정부채계	800	900	*타인자본 조달*
	자본금 (액면가 5,000원)	400	400	주가 15,000원
	이익잉여금	350	400	
	자기자본계	750	800	*자기자본 조달*
	부채 및 자본총계	1,850	2,000	

손익계산서 2019.1.1 – 12.31	매출액		2,000	
	매출원가		1,500	= 생산코스트
	매출총이익		500	
	판매비와관리비		300	= 판매코스트
	(감가상각비 포함)		(100)	= 500−400
	영업이익		200	*부가가치 창출*
	이자		50	= 100(0.05) + 400 (0.05) + 500(0.05)
	경상이익		150	
	법인세(T = 20%)		30	
	당기순이익		120	→ *배당금 계산*
	배당금		120	당기순이익 전액 배당지급
	내부유보액		0	

[풀이]

(주)홍의 2019년 말 기준, 계속기업의 무한대모형 가정

- 계속기업 가정 1(현금흐름): 매년 감가상각비만 보충투자하면 부가가치 창출력 유지
- 계속기업 가정 2(자본시장): 강형 효율적 시장 가설이 성립하고, 향후 미래 배당지급액에 관한 완벽한 정보가 주어짐(당기순이익 전액을 배당지급)

현금흐름 분석

[1] 자금조달; 타인자본 D = 100 + 400 + 500 = 1,000

자기자본 E = 400 + 0 + 400 = 800

[2] 투자; 순운전자금 = (700 − 50 − 150) = 500

시설자금 = 순고정자산 = 1,800 − 500 = 1,300

투하자산 = 500 + 1,300 = 1,800

[3] 부가가치창출; 회계적 영업현금흐름 = 200 − 30 + 100 = 270

회계적 잉여현금흐름 CCF = 270 − 100 = 170

재무적 영업현금흐름 = 200(1 − 0.20) + 100 = 260

재무적 잉여현금흐름 FCF = 260 − 100 = 160

절세효과 = 50(0.20) = 10 = 170 − 160

[4] 부가가치배분; 채권자의 현금흐름 = 지급이자 = 50

주주의 현금흐름 = 당기순이익 전액배당 = 120

회계적 잉여현금흐름 = 50 + 120 = 170

[5] 성장; 내부유보액 = 당기순이익 − 배당금 = 120 − 120 = 0

자본비용 분석

타인자본비용; K_d = 지급이자/이자성부채 = 50/1,000 = 5%

타인자본조달비중 $B/B+S$ = 1,000/(1,000 + 400억/0.5만×1.5만) = 0.4545

자기자본비용; K_e = 금기말배당금/주가 = (120억/800만주)/1.5만 = 10%

자기자본조달비중 $S/B+S$ = 1,200/(1,000 + 400억/0.5만×1.5만) = 0.5455

$WACC_{AT}$

세후가중평균자본비용; K_o = 5(1 − 0.20)(0.4545) + 10(0.5455)

= 1.818 + 5.455 = 7.273%

$WACC_{BT}$

세전가중평균자본비용; K_{BT} = 5(0.4545) + 10(0.5455)

= 2.2725 + 5.455 = 7.7275%

K_u

무부채기업의 자본비용; $K_u = K_o/[1-T\ B/V]$ = 7.273/[1 − (0.20)(0.4545)] = 8%

계속기업의 기업가치 분석

재무적(잉여현금흐름 할인) 방법 FCF모형

기업가치 $V = FCF/K_o$ = 160/0.07273 = 2,200

재무적(잉여현금흐름 할인) 방법 2, $CEVA$모형

투자수익률 = 세후$ROIC$ = 200(1 − 0.20)/1,800 = 8.89%

$CEVA$ = 1,800(0.08889 − 0.07273) = 29.09

기업가치 $V = IC + CEVA/K_o = 1,800 + 29.09/0.07273 = 1,800 + 400 = 2,200$

회계적(잉여현금흐름 할인) 방법 CCF모형

기업가치 $V = CCF/K_{BT} = 170/0.077275 = 2,200$

회계적(잉여현금흐름 할인) 방법 2, APV모형

기업가치 $V = FCF/K_u + BT = 160/0.08 + 1,000(0.20) = 2,000 + 200 = 2,200$

주식의 배당할인방법(주주의 현금흐름 할인방법) CFE모형

$S = CFE/K_e = 120/0.10 = 1,200$

주식의 초과이익 할인방법 $EEVA$모형

$EEVA = E(ROE - K_e) = 800(120/800 - 0.10) = 40$

$S = E + EEVA/K_e = 800 + 40/0.1 = 800 + 400 = 1,200$

[문제 2] 현금흐름에 관한 계속기업 가정 및 자본시장에 관한 강형 효율적 시장가설을 가정하고, 계속기업의 가치평가모형을 바탕으로 상수(주)의 기업가치를 평가하라.

상수(주) 대차대조표(단위: 억원)

	2018년 말	2019년 말		2018년 말	2019년 말
현금	2,270	2,000	매입채무	870	1,400
매출채권	2,500	3,000	미지급금	1,450	600
재고자산	3,550	2,000	단기차입금(10%)	1,100	1,000
유동자산	8,320	7,000	유동부채	3,420	3,000
			장기차입금(@8%)	5,200	5,000
			회사채(@10%)	2,000	2,000
순고정자산	12,100	13,000	고정부채	7,200	7,000
			부채총계	10,620	10,000
			자본금*	5,000	5,000

			자본잉여금	1,000	1,000
			이익잉여금	3,800	4,000
			자본총계	9,800	10,000
자산총계	20,420	20,000	부채자본총계	20,420	20,000

* 상수(주)의 주식시장 정보: 주식액면가 5,000원. 2019년 말 현재, 주가는 6,000원, 당기순이익 전액을 배당지급

상수(주)의 손익계산서(단위: 억원)

	2019.1.1 - 12.31
매출액	**29,000**
매출원가	24,000
판매비와관리비	1,300
감가상각비	1,000
영업이익 X	2,700
지급이자	700
경상이익	2,000
법인세(@T = 20%)	400
당기순이익	1,600
배당금	1,600
내부유보액	0

[풀이]

상수(주) 2019년 말 기준, 계속기업의 무한대모형 가정

- 계속기업 가정 1(현금흐름): 매년 감가상각비만 보충투자하면 부가가치 창출력 유지
- 계속기업 가정 2(자본시장): 강형 효율적 시장 가설이 성립하고, 향후 미래 배당지급액에 관한 완벽한 정보가 주어짐(당기순이익 전액을 배당지급)

현금흐름 분석

[1] 자금조달; 타인자본 D = 1,000 + 5,000 + 2,000 = 8,000

자기자본 E = 5,000 + 1,000 + 4,000 = 10,000

[2] 투자; 순운전자금 = 7,000 − 600 − 1,400 = 5,000

시설자금 = 순고정자산 = 13,000

투하자산 = 5,000 + 13,000 = 18,000

[3] 부가가치창출; 회계적 영업현금흐름 = 2,700 − 400 + 1,000 = 3,300

회계적 잉여현금흐름 CCF = 3,300 − 1,000 = 2,300

재무적 영업현금흐름 = 2,700(1 − 0.20) + 1,000 = 3,160

재무적 잉여현금흐름 FCF = 3,160 − 1,000 = 2,160

절세효과 = 700(0.20) = 140 = 2,300 − 2,160

[4] 부가가치배분; 채권자의 현금흐름 = 지급이자 = 700

주주의 현금흐름 = 당기순이익 전액배당 = 1,600

회계적 잉여현금흐름 = 700 + 1,600 = 2,300

[5] 성장; 내부유보액 = 당기순이익 − 배당금 = 1,600 − 1,600 = 0

자본비용 분석

타인자본비용; K_d = 지급이자/이자성부채 = 700/8,000 = 8.75%

타인자본조달비중 $B/B+S$ = 8,000/(8,000 + 5,000억/0.5만×0.6만) = 0.5714

자기자본비용; K_e = 금기말배당금/주가 = (1,600억/1억주)/6,000원 = 26.67%

자기자본조달비중 $S/B+S$ = 6,000/(8,000 + 5,000억/0.5만×0.6만) = 0.4286

$WACC_{AT}$

세후가중평균자본비용; K_o = 8.75(1 − 0.2)(0.5714) + 26.67(0.4286)

= 4 + 11.43 = 15.43%

$WACC_{BT}$

세전가중평균자본비용; K_{BT} = 8.75(0.5714) + 26.67(0.4286)

= 5 + 11.43 = 16.43%

K_u

무부채기업의 자본비용; $K_u = K_o/[1-T\ B/V]$ = 15.43/[1 − (0.20)(0.5714)] = 17.42%

계속기업의 기업가치 분석

재무적(잉여현금흐름 할인) 방법 FCF모형

기업가치 $V = FCF/K_o = 2{,}160/0.1543 = 14{,}000$

재무적(잉여현금흐름 할인) 방법 2, $CEVA$모형

투자수익률 = 세후$ROIC = 2{,}700(1-0.20)/18{,}000 = 12\%$

$CEVA = 18{,}000(0.12-0.1543) = -617.40$

기업가치 $V = IC + CEVA/K_o = 18{,}000 + (-617.40)/0.1543$

$= 18{,}000 - 4{,}000 = 14{,}000$

회계적(잉여현금흐름 할인) 방법 CCF모형

기업가치 $V = CCF/K_{BI} = 2{,}300/0.1643 = 14{,}000$

회계적(잉여현금흐름 할인) 방법 2, APV모형

기업가치 $V = FCF/K_u + BT = 2{,}160/0.1742 + 8{,}000(0.20)$

$= 12{,}400 + 1{,}600 = 14{,}000$

주식의 배당할인방법 CFE모형

$S = CFE/K_e = 1{,}600/0.2667 = 6{,}000$

주식의 초과이익 할인방법 $EEVA$모형

$EEVA = E(ROE - K_e) = 10{,}000(0.16-0.2667) = -1{,}067$

$S = E + EEVA/K_e = 10{,}000 + (-1{,}067)/0.2667 = 10{,}000 - 4{,}000 = 6{,}000$

[문제 3] 현금흐름에 관한 계속기업 가정 및 자본시장에 관한 강형 효율적 시장가설을 가정하되, 이때 회사채의 시장가격을 반영하여 회사채의 자본비용을 계산하고, 계속기업의 가치평가모형을 바탕으로 천강(주)의 기업가치를 평가하라.

천강(주) 대차대조표(단위: 억원)

	2018년 말	2019년 말		2018년 말	2019년 말
현금	250	200	매입채무	100	150
매출채권	250	500	미지급금	100	150
재고자산	500	300	은행차입금(@10%)	200	300
유동자산	1,000	1,000	유동부채	400	600
			회사채(@5%)	300	400
순고정자산	500	1,000	고정부채	300	400
			자본금	600	600
			이익잉여금	200	400
			자본총계	800	1,000
자산총계	1,500	2,000	부채자본총계	1,500	2,000

* 2019년 말 현재 자본시장정보: 천강(주)의 채권가격 = 액면가 10,000원당 9,475.15원
천강(주)의 주식가격 = 액면가 5,000원당 15,000원, 당기순이익 전액을 배당지급

천강(주) 손익계산서(단위: 억원)

	2019.1.1 - 12.31
매출액	2,200
매출원가	1,800
판매비와관리비	55
감가상각비	25
영업이익	
지급이자	
법인세(@20%)	
당기순이익	

1. 천강(주)의 투자에 대한 자금조달 및 자본비용 분석
직간접금융시장으로부터 관찰한 다음과 같은 자금조달 원천별 시장정보를 바탕으로 조달원천별 자본비용 및 가중평균자본비용(*WACC*)를 계산하시오.

– 은행차입; 단기차입금
300억원, 액면금리 10%, 만기 1년, 연말 1회 이자지급

– 회사채 발행; 현재 채권가격 9,475.15원
  400억원, 액면가 1좌당 10,000원, 액면금리 5%, 만기 3년, 연말 1회 이자지급
– 주식 발행; 현재 주식가격 15,000원
  자본금 600억원, 보통주 1주당 액면가 5,000원, 당기순이익 전액을 배당지급

각 자금조달원별 시가총액 계산

자금조달원	시가총액 측정방법	자금조달 비중(단위: 소수점 4자리)
은행차입	$D = B_1$ 계산 300억	0.1210
회사채발행	B_2 = 채권가격 × 채권발행수 0.947515×(400억/1만원) = 379억	0.1529
주식발행	S = 주식가격 × 주식발행수 1.5만×(600억/0.5만) = 1,800억	0.7261
시가총액 합계	2,479억	1.0

각 자금조달원별 자본비용 계산

자금조달원	자본비용 측정방법	세전 자본비용(단위: 소수점 4자리)
은행차입	10,000 = 1,000[연금현가; 1년, K_d] + 10,000[현가; 1년, K_d] → K_d 계산	채권의 시장가격 = 액면가, 시장실세금리 = 액면금리 10%
회사채발행	9,475.15 = 500[연금현가; 3년, K_d] + 10000[현가; 3년, K_d] → K_d 계산	시행착오법 적용 7%
주식발행	배당할인모형 → K_e 계산	회사채 시장가격 반영한 현금흐름 재계산 이후 계산 210.78/1,800 = 11.71%

세후 $WACC = K_o$ 값을 계산하시오.

K_o = 10(1 − 0.2)(0.1210) + 7(1 − 0.2)(0.1529) + 11.71(0.7261)
  = 0.968 + 0.856 + 8.503 = 10.33%

세전 $WACC = K_{BT}$ 값을 계산하시오.

K_{BT} = 10(0.1210) + 7(0.1529) + 11.71(0.7261)
  = 1.21 + 1.0703 + 8.503 = 10.78%

무부채기업의 자본비용 K_u 값을 계산하시오.

$K_u = K_o/[1 - T\ B/V] = 10.33/[1 - (0.2)(0.1210 + 0.1529)] = 10.93\%$

2. 현금흐름 분석; 재무제표 재계산 이후 실시

대차대조표 재계산(단위: 억원)

	2019년 말		2019년 말	2019년 말 시가기준 채권가격 재계산
현금	200	매입채무	150	150
매출채권	500	미지급금	150	150
재고자산	300	은행차입금(@10%)	300	300
유동자산	1,000	유동부채	600	600
		회사채(@5%)	400	400×0.947515 = 379
기계설비	1,000	고정부채	400	379
		자본금	600	600
		이익잉여금	400	400
		자본총계	1000	1,000
자산총계	2,000	부채자본총계	2000	1,979

손익계산서 재계산(단위: 억원)

	2019.1.1 – 12.31	2019.1.1 – 12.31 시가기준 지급이자 재계산
매출액	2,200	2,200
매출원가	1,800	1,800
판매비와관리비	55	55
감가상각비	25	25
영업이익	320	320
지급이자	50 = 300(0.10) + 400(0.05)	56.53 = 300(0.10) + 379(0.07)
경상이익	270	263.47
법인세(@20%)	54	52.69
당기순이익	216 = 전액 배당지급 (계속기업의 무한대모형 가정)	210.78 = 전액 배당지급 (계속기업의 무한대모형 가정)

현금흐름 분석

[1] 자금조달; 타인자본 $D = 300 + 379 = 679$

자기자본 $E = 600 + 400 = 1,000$

[2] 투자; 투하자산 = 679 + 1,000 = 1,679(대차등식의 원리에 따라 자금조달액에서 계산함)

[3] 부가가치창출; 회계적 영업현금흐름 = 320 − 52.69 + 25 = 292.31

재무적 영업현금흐름 = 320(1 − 0.20) + 25 = 281

절세효과 = 56.53(0.20) = 11.31 = 292.31 − 281

[4] 부가가치배분; 회계적 잉여현금흐름 CCF = 292.31 − 25 = 267.31

재무적 잉여현금흐름 FCF = 281 − 25 = 256

채권자의 현금흐름 = 지급이자 = 56.53

주주의 현금흐름 = 당기순이익 전액배당 = 210.78

회계적 잉여현금흐름 = 56.53 + 210.78 = 267.31

[5] 성장; 내부유보액 = 당기순이익 − 배당금 = 0

3. 6가지 계속기업의 기업가치 평가모형에 의거하여, 천강(주)의 기업가치 및 주식가치를 각각 계산하시오.

무한대모형	가치평가 공식	현금흐름과 자본비용	기업가치
"재무적" 잉여현금흐름 할인모형 $FCF(K_o)$	$V = \dfrac{FCF}{WACC_{AT}}$	재무적 잉여현금흐름 $FCF = 256$ $K_o = 10.33\%$	$V = 256/0.1033$ $= 2,479$
"회계적" 잉여현금흐름 할인모형 $CCF(WACC_{BT})$	$V = \dfrac{CCF}{WACC_{BT}}$	회계적 잉여현금흐름 $CCF = 267.31$ $K_{BT} = 10.78\%$	$V = 267.31/0.1078$ $= 2,479$
조정현금흐름할인모형 $APV(K_U)$	$V = \dfrac{FCF}{K_U} + \dfrac{IT}{K_d}$	회계적 잉여현금흐름 = 재무적 잉여현금흐름 + 절세효과 = 256 + 11.31 $K_u = 10.93\%$	$V = 256/0.1093$ $+ 679(0.20)$ $= 2,342.18$ $+ 138.80$ $= 2,479$

경제적 부가가치 할인모형 $CEVA(K_o)$	$V = IC + \frac{CEVA}{K_O}$	$CEVA$ = 1,679 [320(1−0.2)/1,679 −0.1033] = 82.56	V = 1,679 + 82.56/0.1033 = 1,679 + 799.23 = 2,479
주주의 현금흐름 할인모형 $CFE(K_e)$	$S = \frac{CFE}{K_e}$	주주의 현금흐름 CFE = 배당지급액 210.78	S = 210.78/0.1171 = 1,800
주식의 초과이익 할인모형 $EEVA(K_e)$	$S = E + \frac{EEVA}{K_e}$	$EEVA$ = 1,000 [210.78/1,000 −0.1171] = 93.68	S = 1,000 +93.68/0.1171 = 1,000 + 800 = 1,800

[문제 4] 자본시장 정보변화를 반영한 한국(주)의 계속기업 가치

한국(주)의 기업가치 평가에 있어서 다음과 같이 계속기업 가정 및 준강형 효율적 시장가설 가정을 상정하되, 자기자본비용은 *CAPM* 모형을 활용하여 분석하고, 자기자본 조달비중은 주식의 내재가치를 적용하여 계산한다. 이 경우 한국(주)의 기업가치평가액을 도출하라.

- **회사채 시가 반영, 회사채의 타인자본비용 재계산**
- **준강형 효율적 시장가설 가정, 자기자본비용을 *CAPM* 적용하여 계산**
- **시가총액기준 자금조달비중 계산할 때 주식의 내재가치 적용**

대차대조표(단위: 억원)

	2019년 말		2019년 말
현금	200	매입채무	400
매출채권	500	단기차입금(@5%)	600
재고자산	1,300	유동부채	1,000
유동자산	2,000	장기차입금(@5%)	400
		회사채(@5%)	3,000
기계설비	6,000	고정부채	3,400
		자본금	3,000
		이익잉여금	600
		자본총계	3,600
자산총계	8,000	부채자본총계	8,000

* 2019년 말 현재 자본시장정보;

채권가격 = 액면가 10,000원, 만기 3년, 연말 1회 이자지급 조건의 1좌당 10,277.50원.

주식가격 = 1주당 액면가 5,000원당 10,000원, 당기순이익 전액 배당금으로 지급

준강형 효율적 시장가설에 따라 주식의 자본비용 계산하기 위한 정보관측;

무위험금리 = 4%, 시장수익률 평균 = 12%, 한국(주)의 베타 = 1.0111

손익계산서(단위: 억원)

	2019.1.1 − 12.31
매출액	8,000
매출원가	6,500
판매비와관리비	400
감가상각비	100
영업이익	1,000
지급이자	200
경상이익	800
법인세(@20%)	160
당기순이익	640 = 전액 배당지급(계속기업의 무한대모형 가정)

[풀이]

<u>한국(주) 2019년 말 기준, 계속기업의 무한대모형 가정</u>

대차대조표 재계산(단위: 억원)

	2019년 말		2019년 말	2019년 말 시가기준 채권가격 재계산
현금	200	매입채무	400	400
매출채권	500	단기차입금(@5%)	600	600
재고자산	1,300	유동부채	1,000	1,000
유동자산	2,000	장기차입금(@5%)	400	400
		회사채(@5%)	3,000	3,000 × 1.027750 = 3,083.25
기계설비	6,000	고정부채	3,400	3,483.25

		자본금	3,000	3,000
		이익잉여금	600	600
		자본총계	3,600	3,600
자산총계	8,000	부채자본총계	8,000	8,083.25

손익계산서 재계산(단위: 억원)

	2019.1.1 - 12.31	2019.1.1 - 12.31 시가기준 지급이자 재계산
매출액	8,000	8,000
매출원가	6,500	6,500
판매비와관리비	400	400
감가상각비	100	100
영업이익	1,000	1,000
지급이자	200	600(0.05) + 400(0.05) + 3083.25(0.04) = 173.33
경상이익	800	826.67
법인세(@20%)	160	165.33
당기순이익	640 = 전액 배당지급(계속기업의 무한대모형 가정)	661.34 = 전액 배당지급(계속기업의 무한대모형 가정)

현금흐름 분석

[1] 자금조달; 타인자본 D = 600 + 400 + 3,000(1.027750) = 4,083.25억
자기자본 E = 3,000 + 600 = 3,600억

[2] 투자; 투하자산 = 4,083.25 + 3,600 = 7,683.25

[3] 부가가치창출; 회계적 영업현금흐름 = 1,000 − 165.33 + 100 = 934.67
재무적 영업현금흐름 = 1,000(1 − 0.2) + 100 = 900
절세효과 = 934.67 − 900 = 34.67 = 173.33(0.2)

[4] 부가가치배분; 회계적 잉여현금흐름 CCF = 934.67 − 100 = 834.67
재무적 잉여현금흐름 FCF = 900 − 100 = 800
채권자의 현금흐름 = 지급이자 = 173.33 = 30 + 20 + 123.33
주주의 현금흐름 = 당기순이익 전액배당 = 661.34
회계적 잉여현금흐름 = 173.33 + 661.34 = 834.67

[5] 성장; 내부유보액 = 당기순이익 − 배당금 = 0

자본비용 분석

자기자본비용; $CAPM\ K_e$ = 4 + (1.0111)(8) = 12.089%

주식의 내재가치 S = 661.34/0.12089 = 5470.59

자기자본조달비중 $S/B+S$ = 5,470.59/(4,083.25 + 5,470.59)

= 5,470.59/9,553.84 = 0.5726

타인자본비용; K_d = 지급이자/이자성부채 = 173.33/4083.25 = 4.2449%

타인자본조달비중 $B/B+S$ = 4,083.25/9,553.84 =0.4274

$WACC_{AT}$

세후가중평균자본비용; K_o = 4.2449(1 − 0.2)(0.4274) + 12.089(0.5726)

= 1.4514 + 6.9222 = 8.3736%

$WACC_{BT}$

세전가중평균자본비용; K_{BT} = 4.2449(0.4274) + 12.089(0.5726)

= 1.8143 + 6.9222 = 8.7365%

K_u

무부채기업의 자본비용; $K_u = K_o/[1 \quad T\ B/V]$

= 8.3736/[1 − 0.2(0.4274)] = 9.1563%

계속기업의 기업가치 분석

재무적(잉여현금흐름 할인) 방법 *FCF*모형

기업가치 V = 800/0.083736 = 9`,553.61(9,554억)

재무적(잉여현금흐름 할인) 방법 2. *CEVA*모형

투자수익률 = 세후$ROIC$ = 1,000(1 − 0.2)/7,683.25 = 10.4123%

$CEVA$ = 7,683.25(0.104123 − 0.083736) = 156.6354

기업가치 $V = IC + CEVA/WACC$ = 7,683.25 + 156.6354/0.083736

= 7,683.25 + 1,870.59 = 9,553.84(9,554억)

회계적(잉여현금흐름 할인) 방법 CCF모형

기업가치 $V = 834.67/0.087365 = 9,553.83$(9,554억)

회계적(잉여현금흐름 할인) 방법 2, APV모형

기업가치 $V = 1,000(1-0.2)/0.091563 + 4,083.25(0.20)$

$= 8,737.15 + 816.65 = 9,553.80$(9,554억)

계속기업의 주식가치;

주식의 배당할인모형 CFE모형

$S = 661.34/0.120889 = 5,470.64$

주식의 초과이익 할인방법 $EEVA$모형

$EEVA = 3,600(661.34/3,600 - 0.120889) = 226.14$

$S = 3,600 + 226.14/0.120889 = 3,600 + 1,870.64 = 5,470.64$

[문제 5] 한국(주)의 계속기업 가치; 투자를 자산총계 전액 A로 간주한 경우

한국(주)의 기업가치 평가에 있어서 다음과 같이 계속기업 가정 및 준강형 효율적 시장가설 가정은 동일하게 상정하면서, 투하자산의 계산에 있어서 장부가 자산총계 전액을 투자한 것으로 상정하고 기업가치를 평가하여도 원안 사례와 동일한 기업가치 평가액이 도출되는 것을 보여라.

- **회사채 시가 반영, 회사채의 타인자본비용 재계산**
- **준강형 효율적 시장가설 가정, 자기자본비용을 $CAPM$ 적용하여 계산**
- **시가총액기준 자금조달비중 계산할 때 주식의 내재가치 적용**

대차대조표(단위: 억원)

	2019년 말		2019년 말
현금	200	매입채무	400
매출채권	500	단기차입금(@5%)	600
재고자산	1,300	유동부채	1,000
유동자산	2,000	장기차입금(@5%)	400
		회사채(@5%)	3,000
기계설비	6,000	고정부채	3,400

		자본금	3,000
		이익잉여금	600
		자본총계	3,600
자산총계	8,000	부채자본총계	8,000

* 2019년 말 현재 자본시장정보;

채권가격 = 액면가 10,000원, 만기 3년, 연말 1회 이자지급 조건의 1좌당 10,277.50원

주식가격 = 1주당 액면가 5,000원당 10,000원, 당기순이익 전액 배당금으로 지급

준강형 효율적 시장가설에 따라 주식의 자본비용 계산하기 위한 정보관측;

무위험금리 = 4%, 시장수익률 평균 = 12%, 한국(주)의 베타 = 1.0111

손익계산서(단위: 억원)

	2019.1.1 - 12.31
매출액	8,000
매출원가	6,500
판매비와관리비	400
감가상각비	100
영업이익	1,000
지급이자	200
경상이익	800
법인세(@20%)	160
당기순이익	640 = 전액 배당지급(계속기업의 무한대모형 가정)

[풀이]

한국(주)의 투자를 투하자산 *IC*로 파악하지 않고 자산총액 *A*로 파악한 경우

대차대조표 재계산(단위: 억원)

	2019년 말		2019년 말	2019년 말 시가기준 채권가격 재계산
현금	200	매입채무	400	400
매출채권	500	단기차입금(@5%)	600	600
재고자산	1,300	유동부채	1,000	1,000

유동자산	2,000	장기차입금(@5%)	400	400
		회사채(@5%)	3,000	3,000 × 1.027750 = 3,083.25
기계설비	6,000	고정부채	3,400	3,483.25
		자본금	3,000	3,000
		이익잉여금	600	600
		자본총계	3,600	3,600
자산총계	8,000	부채자본총계	8,000	8,083.25

손익계산서 재계산(단위: 억원)

	2019.1.1 – 12.31	2019.1.1 – 12.31 시가기준 지급이자 재계산
매출액	8,000	8,000
매출원가	6,500	6,500
판매비와관리비	400	400
감가상각비	100	100
영업이익	1,000	1,000
지급이자	200	600(0.05) + 400(0.05) + 3083.25(0.04) = 173.33
경상이익	800	826.67
법인세(@20%)	160	165.33
당기순이익	640 = 전액 배당지급(계속기업의 무한대모형 가정)	661.34 = 전액 배당지급(계속기업의 무한대 모형 가정)

시가기준 지급이자 재계산 후 비이자성부채를 투자에 포함하여 현금흐름 분석

[1] 자금조달; 타인자본 D = 매입채무 400 + 600 + 400 + 3,000(1.027750)

= 4,483.25억

자기자본 E = 3,000 + 600 = 3,600억

[2] 투자; 자산총계 A = 4,483.25 + 3,600 = 8,083.25

[3] 부가가치창출; 회계적 영업현금흐름 = 1,000 − 165.33 + 100 = 934.67

재무적 영업현금흐름 = 1,000(1 − 0.2) + 100 = 900

절세효과 = 934.67 − 900 = 34.67 = 173.33(0.2)

[4] 부가가치배분; 회계적 잉여현금흐름 CCF = 934.67 − 100 = 834.67
재무적 잉여현금흐름 FCF = 900 − 100 = 800
채권자의 현금흐름 = 지급이자 = 173.33 = 30 + 20 + 123.33
주주의 현금흐름 = 당기순이익 전액배당 = 661.34
회계적 잉여현금흐름 = 173.33 + 661.34 = 834.67

[5] 성장; 내부유보액 = 당기순이익 − 배당금 = 0

자본비용 분석

자기자본비용; $CAPM\ K_e$ = 4 + (1.0111)(8) = 12.089%

주식의 내재가치 S = 661.34/0.12089 = 5,470.59

자기자본조달비중 $S/B+S$ = 5,470.59/(400 + 4,083.25 + 5,470.59)
= 5,470.59/9,953.84 = 0.5496

타인자본비용; K_d = 지급이자/이자성부채 = 173.33/4083.25 = 4.2449%

타인자본조달비중 $B/B+S$ = 4,083.25/9,953.84 = 0.4102

비이자성부채 자본비용; K_d = 0%

타인자본조달비중 $B/B+S$ = 400/9953.84 = 0.0402

$WACC_{AT}$

세후가중평균자본비용; K_o = 0(1 − 0.2)(0.0402) + 4.2449(1 − 0.2)(0.4102)
+ 12.089(0.5496)
= 0 + 1.3930 + 6.6441 = 8.0371%

$WACC_{BT}$

세전가중평균자본비용; K_{BT} = 0(0.0402) + 4.2449(0.4102) + 12.089(0.5496)
= 1.7413 + 6.6441 = 8.3854%

K_u

무부채기업의 자본비용; $K_u = K_o/[1 - T\ B/V]$ = 8.0371/[1 − 0.2(0.4504)]
= 8.8328%

계속기업의 기업가치 분석

재무적(잉여현금흐름 할인) 방법 FCF모형

기업가치 $V = 800/0.080371 = 9{,}954$

$\Rightarrow$ 9,954 − 매입채무 400 = 9,554억

재무적(잉여현금흐름 할인) 방법 2, $CEVA$모형

투자수익률 = 세후$ROIC = X(1-T)/A = 1{,}000(1-0.2)/8{,}083.25 = 9.897\%$

$CEVA = A \times ($세후$ROIC - K_o) = 8{,}083.25(0.09897 - 0.080371) = 150.34$

기업가치 $V = A + CEVA/K_o = 8{,}083.25 + 150.34/0.080371$

$= 8{,}083.25 + 1{,}870.59 = 9{,}954$

$\Rightarrow$ 9,954 − 매입채무 400 =9,554억

회계적(잉여현금흐름 할인) 방법 CCF모형

기업가치 $V = 834.67/0.083854 = 9{,}554$

$\Rightarrow$ 9,954−매입채무 400 = 9,554억

회계적(잉여현금흐름 할인) 방법 2, APV모형

기업가치 $V = 1{,}000(1-0.2)/0.088328 + (400 + 4{,}083.25)(0.20)$

$= 9{,}057.15 + 896.65 = 9{,}954$

$\Rightarrow$ 9,954 − 매입채무 400 =9,554억

계속기업의 주식가치;

주식의 배당할인모형 CFE모형

$S = 661.34/0.120889 = 5{,}470.64$

부채총계 $B = 400 + 600 + 400 + 3{,}083.25 = 4{,}483.25$

기업가치 $V = 4{,}483.25 + 5{,}470.64 = 9{,}954$

$\Rightarrow$ 9,954 − 매입채무 400 = 9,554억

주식의 초과이익 할인방법 *EEVA*모형

$EEVA = 3,600(661.34/3,600 - 0.120889) = 226.14$

$S = 3,600 + 226.14/0.120889 = 3,600 + 1,870.64 = 5,470.64$

결론:

투자규모를 투하자산의 크기가 아니라 자산총계로 간주하여 기업가치를 평가하면, 기업가치가 9,954억원으로 계산된다. 이는 비이자성부채의 크기 400억원만큼 기업가치 값이 더 크게 평가된 것이다. 왜냐하면 자금조달에서 비이자성부채는 자본비용이 0인 상태로 조달된 것으로 상정하기 때문이다.

<table>
<tr><th colspan="2"></th><th>투자를 투하자산 IC로 계산한 경우</th><th>투자를 자산총계 A로 계산한 경우</th></tr>
<tr><td colspan="2">시가기준 자금조달</td><td>IC = 이자성부채 4,083.25
+ 자기자본 5,470.59</td><td>A = 비이자성부채 400
+ 이자성부채 4,083.25
+ 자기자본 5,470.59</td></tr>
<tr><td rowspan="2">현금흐름 분석</td><td>FCF</td><td colspan="2">800억 동일</td></tr>
<tr><td>CCF</td><td colspan="2">834.67억 동일</td></tr>
<tr><td rowspan="3">자본비용 분석</td><td>K_o</td><td>8.3736%</td><td>8.0371%</td></tr>
<tr><td>K_{BT}</td><td>8.7365%</td><td>8.3854%</td></tr>
<tr><td>K_u</td><td>9.1563%</td><td>8.8328%</td></tr>
<tr><td colspan="2">계속기업의 기업가치</td><td>9,554억원</td><td>9,954억원
= 9,554 + 매입채무 400</td></tr>
</table>

[문제 6] 한국(주)의 계속기업 가치; 투하자산에서 현금계정을 제외한 경우

한국(주)의 기업가치평가에 있어서 다음과 같이 계속기업 가정 및 준강형 효율적 시장가설 가정은 동일하게 상정하면서, 투하자산의 계산에서 장부가 현금계정액을 제외하고 기업가치를 평가하여도 원안 사례와 동일한 기업가치 평가액이 도출되는 것을 보여라.

- **회사채 시가 반영, 회사채의 타인자본비용 재계산**
- **준강형 효율적 시장가설 가정, 자기자본비용을 *CAPM* 적용하여 계산**
- **시가총액기준 자금조달비중 계산할 때 주식의 내재가치 적용**

대차대조표(단위: 억원)

	2019년 말		2019년 말
현금	200	매입채무	400
매출채권	500	단기차입금(@5%)	600
재고자산	1,300	유동부채	1,000
유동자산	2,000	장기차입금(@5%)	400
		회사채(@5%)	3,000
기계설비	6,000	고정부채	3,400
		자본금	3,000
		이익잉여금	600
		자본총계	3,600
자산총계	8,000	부채자본총계	8,000

* 2019년 말 현재 자본시장정보;
채권가격 = 액면가 10,000원, 만기 3년, 연말 1회 이자지급 조건의 1좌당 10,277.50원
주식가격 = 1주당 액면가 5,000원당 10,000원, 당기순이익 전액 배당금으로 지급
준강형 효율적 시장가설에 따라 주식의 자본비용 계산하기 위한 정보관측;
무위험금리 = 4%, 시장수익률 평균 = 12%, 한국(주)의 베타 = 1.0111

손익계산서(단위: 억원)

	2019.1.1 – 12.31
매출액	8,000
매출원가	6,500
판매비와관리비	400
감가상각비	100
영업이익	1,000
지급이자	200
경상이익	800
법인세(@20%)	160
당기순이익	640 = 전액 배당지급(계속기업의 무한대모형 가정)

[풀이]

한국(주)의 투하자산 IC에서 현금계정을 제외하고 기업가치를 평가하는 경우

대차대조표 재계산(단위: 억원)

	2019년 말		2019년 말	2019년 말 시가기준 채권가격 재계산
현금	200	매입채무	400	400
매출채권	500	단기차입금(@5%)	600	600
재고자산	1,300	유동부채	1,000	1,000
유동자산	2,000	장기차입금(@5%)	400	400
		회사채(@5%)	3,000	3,000 × 1.027750 = 3,083.25
기계설비	6,000	고정부채	3,400	3,483.25
		자본금	3,000	3,000
		이익잉여금	600	600
		자본총계	3,600	3,600
자산총계	8,000	부채자본총계	8,000	8,083.25

손익계산서 재계산(단위: 억원)

	2019.1.1 - 12.31	2019.1.1 - 12.31 시가기준 지급이자 재계산
매출액	8,000	8,000
매출원가	6,500	6,500
판매비와관리비	400	400
감가상각비	100	100
영업이익	1,000	1,000
지급이자	200	600(0.05) + 400(0.05) +3083.25(0.04) = 173.33
경상이익	800	826.67
법인세(@20%)	160	165.33
당기순이익	640 = 전액 배당지급 (계속기업의 무한대모형 가정)	661.34 = 전액 배당지급 (계속기업의 무한대모형 가정)

시가기준 지급이자 재계산 후 투하자산에서 현금계정을 제외하고 현금흐름 분석

[1] 자금조달; 타인자본 D = 600 + 400 + 3,000(1.027750) = 4,083.25억
자기자본 E = 3,000 + 600 = 3,600억

[2] 투자; 투하자산 = (4,083.25 + 3,600) − 현금 200 = 7,483.25

[3] 부가가치창출; 회계적 영업현금흐름 = 1,000 − 165.33 + 100 = 934.67
재무적 영업현금흐름 = 1,000(1 − 0.2) +100 = 900
절세효과 = 934.67 − 900 = 34.67 = 173.33(0.2)

[4] 부가가치배분; 회계적 잉여현금흐름 CCF = 934.67 − 100 = 834.67
재무적 잉여현금흐름 FCF = 900 − 100 = 800
채권자의 현금흐름 = 지급이자 = 173.33 = 30 + 20 + 123.33
주주의 현금흐름 = 당기순이익 전액배당 = 661.34
회계적 잉여현금흐름 = 173.33+661.34 = 834.67

[5] 성장; 내부유보액 = 당기순이익 − 배당금 = 0

자본비용 분석

자기자본비용; $CAPM\ Ke$ = 4 + (1.0111)(8) = 12.089%

주식의 내재가치 S = 661.34/0.12089 = 5,470.59

자기자본조달비중 $S/B+S$ = 5,470.59/(4,083.25 + 5,470.59 − 200)
= 5,470.59/9,353.84 = 0.58485

타인자본비용; K_d = 지급이자/이자성부채 = 173.33/4,083.25 = 4.2449%

타인자본조달비중 $B/B+S$ = 4,083.25/9,353.84 =0.43653

세후가중평균자본비용; K_o = 4.2449(1 − 0.2)(0.43653) + 12.089(0.58485)
= 1.48242+7.07025 =8.5527%

세전가중평균자본비용; K_{BT} = 4.2449(0.43653)+12.089(0.58485)
= 1.85303 + 7.07025 = 8.9233%

무부채기업의 자본비용; Ku = $K_o/[1 - T\ \ B/V]$
= 8.5527/[1 − 0.2(0.43653)] = 9.3708%

계속기업의 기업가치 분석

재무적(잉여현금흐름 할인) 방법 *FCF*모형

기업가치 V = 800/0.085527 = 9,354 ⇒ 9,354 + 현금 200 = 9,554억

재무적(잉여현금흐름 할인) 방법 2, *CEVA*모형

투자수익률 = 세후$ROIC$ = $X(1-T)/IC$ = 1,000(1 − 0.2)/7,483.25 = 10.6905%

$CEVA$ = $IC \times$(세후$ROIC - K_o$) = 7,483.25(0.106905 − 0.085527) = 160

기업가치 V = $IC + CEVA/K_o$ = 7,483.25 + 160/0.085527

= 7,483.25 + 1,870.52 = 9,354

⇒ 9,354 + 현금 200 = 9,554억

회계적(잉여현금흐름 할인) 방법 *CCF*모형

기업가치 V = 834.67/0.089233 = 9,354 ⇒ 9,354 + 현금 200 = 9,554억

회계적(잉여현금흐름 할인) 방법 2, *APV*모형

기업가치 V = 1,000(1 − 0.2)/0.093708 + (4,083.25)(0.20)

= 8,537.15 + 816.65 = 9,354 ⇒ 9,354 + 현금 200 = 9,554억

계속기업의 주식가치;

주식의 배당할인모형 *CFE*모형

S = 661.34/0.120889 = 5,470.64

주식의 초과이익 할인방법 *EEVA*모형

$EEVA$ = 3,600(661.34/3,600 − 0.120889) = 226.14

S = 3,600 + 226.14/0.120889 = 3,600 + 1870.64 = 5,470.64

결론:

기업가치를 평가하면서 투하자산에서 현금계정을 제외하고 평가한 이후 현금을 더해 주는 방식으로 기업가치를 평가해도 동일한 기업가치가 도출된다. 즉 이렇게 평가하여도 기업가치가 원래 사례에서와 마찬가지로 9,954억원으로 계산된다.

현금 장부가액만큼 투하자산에서 차감하고, 자본비용을 계산하여 기업가치를 평가하면 현금 장부가액의 크기 200억원만큼 기업가치 값이 낮게 평가된다. 왜냐하면 자금조달 측면에서 투하자산보다 더 많이 조달된 것으로 상정하기 때문이다(위 풀이에서 자금조달비중이 합이 1.0보다 크게 계산되는 점에 주목할 것). 이 평가액에 평가에서 열외하였던 현금 장부가액을 환원해서 더해주면 원래 사례에서와 마찬가지로 9,954억원으로 계산되는 것을 확인할 수 있다.

		투자를 투하자산 IC로 계산한 경우	투하자산에서 현금계정을 차감하고 평가한 경우
시가기준 자금조달		IC = 이자성부채 4,083.25 + 자기자본 5470.59	IC = 이자성부채 4,083.25 + 자기자본 5,470.59 − 현금 200
현금흐름 분석	FCF	800억 동일	
	CCF	834.67억 동일	
자본비용 분석	K_o	8.3736%	8.5527%
	K_{BT}	8.7365%	8.9233%
	K_u	9.1563%	9.3708%
계속기업의 기업가치		9,554억원	9,354억원 + 현금 200 = 9,554억원

제4부 배당정책과 기업가치 분석

제11장 배당정책과 가치평가원리

- 배당정책의 무관련성과 무한대모형의 *SGE*

주식투자자의 투자수익률 $K_e = \frac{[P(t+1) - P(t)] + d(t)}{P(t)}$ 이고, 이를 가치평가 원리로 표현하면 $P(t) = \frac{d(t) + P(t+1)}{1 + K_e}$ 과 같이 주식가격을 배당할인모형으로 표현할 수 있다. 배당은 주가에 영향을 미치지만, 배당정책은 주가에 영향을 미치지 않는다.

배당정책은 당기순이익을 주주총회에서 배당금 지급과 사내유보 이익으로 배분하는 재무활동 [5번 성장]에 해당하는 의사결정 수단이기 때문이다. 내부유보정책과 함께 배당정책은 기업의 지속가능성장률을 결정한다. 배당할인모형을 성장기업의 무한대모형으로 해석하면 배당정책의 무관련성을 밝힐 수 있다.

무부채기업의 경우, 당기순이익 = 영업이익 = 부가가치창출력을 의미한다.

주주의 요구수익률 = 자기자본비용 K_e = *ROE* 10%, 당기순이익 100억원인 기업의 배당정책 무관련성을 실펴보면, 배당정책은 다음 4가지 시나리오가 가능하다;

[1] 당기순이익 전액을 배당금 지급하는 경우

주주가치 = 기업가치(배당할인모형)

= 100억/0.1 = 1,000억원

[2] 당기순이익 중 90억원은 배당금 지급, 10억원은 내부유보한 경우

지속가능(잠재)성장률 g = *ROE*(1 − *PO*) = 0.1(1 − 90/100) = 0.01

주주가치 = 기업가치(일정률로 성장하는 배당할인모형)

= 90억/(0.1 − 0.01) = 1,000억원

[3] 당기순이익보다 더 많은 110억원을 배당금지급, 부족자금 10억원은 유상증자한 경우

지속가능(잠재)성장률 $g = ROE(1 - PO) = 0.1(1 - 110/100) = -0.01$

주주가치 = 기업가치(일정률로 성장하는 배당할인모형)

= 110억/(0.1−(−0.01)) = 1,000억원

[4] 내년에만 (1회성으로) **당기순이익보다 더 많은 110억원을 배당금 지급하기 위해 부족자금 10억원은 유상증자한 경우**

부족자금 조달에 기여한 신주주는 매년 1억원의 배당을 요구하는 것이다.

주주가치 = 기업가치(배당할인모형)

$= 110/1.1 + 99/(1.1)^2 + 99/(1.1)^3 \cdots = (110 - 99)/1.1 + 99/0.1$

$= 10 + 990 = 1,000$

어느 경우에도 배당정책은 기업가치(주주가치, 1주당 주가)를 변화시키지 않는다.

그렇지만 배당금의 크기는 자기자본비용과 함께 주가를 결정하는 주요 요인이다.

Chapter 11 연습문제

[문제 1] 배당정책 무관련성 예제
법인세가 있는 세상에서 부채비율 DER = 1.0인 부채조달기업인 ABC사의 주주가치와 주주의 부는 배당정책과 무관하게 결정된다는 것을 보이시오.

ABC사의 현재의 발행주식수는 액면가 1만원짜리 보통주 100만주이고, 자본시장에서 관찰된 ABC사의 현재 1주당 주가는 20만원, 자기자본비용은 15%이다.

ABC사의 금년도 말 당기순이익은 200억원이고, 이사회에서 1주당 배당액은 2,000원으로 하는 배당지급안을 마련하여 금년도 주주총회의 승인을 받을 예정이다.

ABC사는 다음 연도의 투자액으로 500억원을 계획하고 있다.

[질문 1] 주가가 형성되는 다음과 같은 논리를 이용하여 다음 연도의 예상주가를 계산할 것.

힌트: $P(t) = \dfrac{d(t) + P(t+1)}{1+r}$

여기서 P: 주가, t: 시점표시, d: 1주당 배당액, r: 자기자본비용을 의미하는 기호임.

$P(0)$ = 200,000 = $[2{,}000 + P(1)]/(1 + 0.15)$

따라서 예상주가 $P(1)$ = 228,000원

[질문 2] ABC사가 계획하고 있는 금년도 배당지급액과 다음 연도 투자액을 충당하기 위하여 필요한 자금소요액을 계산할 것. 그리고 자금소요액에서 당기순이익을 차감한 금액을 외부금융필요액(EFN)으로 정의함. 차감하여 마이너스인 경우는 자사주매입자

금액으로 사용하고, 플러스인 경우는 외부자금조달이 필요한 금액을 의미하는 것임. 이런 논리를 바탕으로 다음 금액을 계산할 것.

ABC사의 자금소요액 = 배당지급액(0.2만×100만주) + 차기투자액(500억)

= 520억원

ABC사의 외부금융필요액 = 520 − 200 = 320억

ABC사의 EFN = 자금소요액 − 당기순이익 = (배당금지급액 + 다음 년도 신규투자액) − (배당금지급액 + 내부유보액) = 다음 년도 신규투자액 − 내부유보액 = 외부금융조달증가액

= 520 − 200 = 320억 = 유상증자액 + 이자성부채증가액으로 추가자금조달 필요함

[질문 3] ABC사의 다음 연도 주식가치를 다음과 같은 공식을 이용하여 계산할 것.

부채조달기업 ABC의 기존 부채비율 DER = 1.0이다. 기존 부채비율을 유지하는 수준에서 외부금융조달액을 유상증자와 이자성부채 발행으로 구분하여 조달할 경우, 다음 연도의 발행주식수 및 주식가치를 계산하면,

외부금융필요액 = 유상증자액×(1 + DER), 320 = 유상증자액(1 + 1), 따라서 유상증자액 = 160억원.

시가발행을 가정한 경우, 신규발행주식수 = 160억/228,000원 = 약 70,175주.

다음 연도 주식가치 $S(1)$ = 다음 연도 1주당 주가×다음 연도 발행주식수 = 228,000원 × (100만주 + 70,175주) = 2,440억원.

다음 연도 주식가치 $S(1)$을 주식가치 평가공식

$$S(0) = \frac{Div(0) - m(1)P(1) + S(1)}{1+r}$$ 에 따라 검산하면,

$S(0)$ = 20만원 × 100만주 = 2000억 = [2000원 × 100만주 − 70.175주 × 22.8만원 + S(1)]/1.15

여기서 $S(1)$ = 2000(1.15) − 20억 + 160억 = 2,440억원이 도출된다.

[질문 4] 1주당 배당액을 현재 2,000원에서 4,000원으로 증가할 경우, 100주를 소유한 주주의 부에 어떤 변화가 있는가를 설명할 것;

힌트: 예상주가 = 상기 가격형성 논리식에 의거하여 계산할 것.

주식가치 = 1주당주가 × 보유주식수, 배당지급액 = 1주당배당금 × 보유주식수,

주주의 부 = (1주당 배당액 + 1주당 주식가치) × 보유주식수를 의미함.

아래에 주어진 계산표에 의거하여 계산을 전개하고 풀이해답을 도출할 것.

계산식	주당 2,000원 배당의 경우	주당 4,000원 배당의 경우
주식가치	22.8만×100주 = 2,280만	22.6만×100주 = 2,260만
금기의 배당지급액	0.2만×100주 = 20만	0.4만×100주 =40만
주주의 부	2,300만원	2,300만원

* **주당 4000원 배당의 경우,**

$P(0)$ = 200,000 = [4000 + $P(1)$]/(1 + 0.15)

따라서 예상주가 $P(1)$ = 226,000원

1주당배당액 2,000원인 경우, 주주의 부는? 2,280 + 20 = 2,300만원

1주당배당액 4,000원인 경우, 주주의 부는? 2,260 + 40 = 2,300만원

주당 배당금이 달라진 경우, 주주의 부의 차이는? 배당지급액 차이에 따른 부의 차이 없음

[문제 2] 다음과 같은 재무활동 정보를 가진 무부채조달 기업에 대해 배당할인모형 및 성장기회가치 평가모형의 기업가치 평가공식을 활용하여 기업의 배당정책과 기업가치와의 부관련성을 설명하라. 기업의 배당정책은 다음과 같은 4가지 시나리오를 비교한다.

첫째, 신규투자자금 전액을 유보이익으로 조달하는 내부금융 전략 시나리오

둘째, 신규투자자금 전액을 유상증자로 조달하는 외부금융 전략 시나리오

셋째, 신규투자자금을 유보이익과 유상증자로 3:2씩 자금조달하는 믹스전략

넷째, 신규투자자금을 유보이익과 유상증자로 2:3씩 자금조달하는 믹스전략

기업 재무활동 정보		
세후영업이익	$X(1)$	100
신규투자액	$\Delta IC(1)$	40
자본비용	r	0.1
신규투자수익률	r^*	0.2
재투자율	k	0.3

[풀이]

1. 내부금융 전략; 신규투자자금 전액을 유보이익으로 조달하는 전략

주어진 투자와 부가가치창출력을 바탕으로, 신규투자자금 전액을 유보이익으로 조달하는 전략을 취하는 기업은 $k = 0.3 = k_R$, $k_E = 0.0$이 되고,

$$g = k \times r^* \frac{1-k_R}{1-k} - k_E \times r \frac{1}{1-k} = 0.3(0.2)(1-0.3)/(1-0.3) - 0 = 0.06.$$

이때 성장기업의 기업가치를 배당할인모형 $V(0) = \dfrac{X(1)(1-k_R)}{r-g}$으로 평가하면

$$V(0) = \frac{100(1-0.3)}{0.1-0.06} = \frac{70}{0.04} = 1{,}750.$$

성장기업의 기업가치를 성장기회가치 평가모형 $V(0) = \dfrac{X(1)(1-k_R-k_E)}{r-kr^*}$으로 평가하면 $V(0) = \dfrac{100(1-0.3-0)}{0.1-0.3(0.2)}$ = 1,750으로 계산되고, 이는 앞의 배당할인모형과 동일한 값이다.

2. 외부금융전략; 신규투자자금 전액을 유상증자로 조달하는 전략

주어진 투자와 부가가치창출력을 바탕으로, 신규투자자금 전액을 유상증자로 조달하는 전략을 취하는 기업은 $k_R = 0.0$, $k_E = 0.3$이 되고,

$$g = k \times r^* \frac{1-k_R}{1-k} - k_E \times r \frac{1}{1-k} = 0.3(0.2)(1-0)/(1-0.3) - 0.3(0.1)/(1-0.3)$$

= 0.0429이므로,

이때 성장기업의 기업가치를 배당할인모형으로 평가하면 $V(0) = \dfrac{X(1)(1-k_R)}{r-g}$

= 100(1 − 0)/(0.10 − 0.0429) = 1,750.

성장기업의 기업가치를 성장기회가치 평가모형 $V(0) = \dfrac{X(1)(1-k_R-k_E)}{r-kr^*}$ 으로 평가하면 $V(0) = \dfrac{100(1-0-0.3)}{0.1-0.3(0.2)}$ = 1,750으로 계산되고, 이는 앞의 배당할인모형과 동일한 값이다.

3. 3:2 믹스전략; 신규투자자금을 유보이익과 유상증자로 3:2씩 자금조달하는 전략

주어진 투자와 부가가치창출력을 바탕으로, 신규투자자금을 유보이익과 유상증자로 3:2씩 조달하는 전략을 취하는 기업은 내부유보율과 유상증자율이 각각 k_R = 0.18, k_E = 0.12가 되고, $g = k \times r^* \dfrac{1-k_R}{1\ \ k} - k_E \times r \dfrac{1}{1\ \ k}$ = 0.3(0.2)(1 − 0.18)/(1 − 0.3) − 0.12(0.1)/(1 − 0.3) = 0.05314이므로,

이때 성장기업의 기업가치를 배당할인모형으로 평가하면

$V(0) = \dfrac{X(1)(1-k_R)}{r-g}$ = 100(1 − 0.18)/(0.10 − 0.05314) = 1,750.

성장기업의 기업가치를 성장기회가치 평가모형 $V(0) = \dfrac{X(1)(1-k_R-k_E)}{r-kr^*}$ 으로 평가하면 $V(0) = \dfrac{100(1-0.18-0.12)}{0.1-0.3(0.2)}$ = 1,750으로 계산되고, 이는 앞의 배당할인모형과 동일한 값이다.

4. 2:3 믹스전략; 신규투자자금을 유보이익과 유상증자로 2:3씩 자금조달하는 전략

주어진 투자와 부가가치창출력을 바탕으로, 신규투자자금을 유보이익과 유상증자로 2:3씩 조달하는 전략을 취하는 기업은 내부유보율과 유상증자율이 각각 k_R = 0.12, k_E = 0.18이 되고, $g = k \times r^* \dfrac{1-k_R}{1-k} - k_E \times r \dfrac{1}{1-k}$ = 0.3(0.2)(1 − 0.12)/(1 − 0.3) − 0.18(0.1)/(1 − 0.3) = 0.04971이므로,

이때 성장기업의 기업가치를 배당할인모형으로 평가하면

$$V(0) = \frac{X(1)(1-k_R)}{r-g} = 100(1-0.12)/(0.10-0.04971) = 1,750.$$

성장기업의 기업가치를 성장기회가치 평가모형 $V(0) = \frac{X(1)(1-k_R-k_E)}{r-kr^*}$ 으로 평가하면 $V(0) = \frac{100(1-0.12-0.18)}{0.1-0.3(0.2)}$ = 1,750으로 계산되고, 이는 앞의 배당할인모형과 동일한 값이다.

즉 신규투자를 위해 자금조달 정책상 배당정책으로 어떤 전략을 취하더라도 기업가치는 동일하게 나타난다는 것을 알 수 있다. 이와 같은 배당정책 무관련성을 나타내는 각 자금조달 정책의 기업가치 평가결과를 정리하면 다음과 같다.

자금조달정책상 전략 시나리오		신규투자자금 전액 내부유보로 조달	신규투자자금 전액 유상증자로 조달	신규투자자금 내부유보 3 : 유상증자 2 비율로 조달	신규투자자금 내부유보 2 : 유상증자 3 비율로 조달
세후영업이익	$X(1)$	100	100	100	100
신규투자액	$\Delta IC(1)$	40	40	40	40
자본비용	r	0.1	0.1	0.1	0.1
신규투자수익률	r^*	0.2	0.2	0.2	0.2
재투자율	k	0.3	0.3	0.3	0.3
유보이익률	k_R	0.3	0	0.18	0.12
유상증자율	k_E	0	0.3	0.12	0.18
기업성장률	g	0.06	0.0429	0.05314	0.04971
기업가치	$V(0)$	1,750	1,750	1,750	1,750

[문제 3] 다음과 같은 재무활동 정보를 가진 부채조달 기업에 대해 배당할인모형 및 성장기회가치 평가모형의 주식가치 평가공식을 활용하여 기업의 자금조달정책과 주식가치와의 관계를 설명하고자 한다. 기업의 배당정책과 무관련성을 설명하라. 기업의 자금조달정책은 다음과 같은 4가지 시나리오를 비교한다.

첫째, 신규투자자금 전액을 유보이익으로 조달하는 내부금융 전략 시나리오
둘째, 신규투자자금 전액을 유상증자로 조달하는 외부금융 전략 시나리오
셋째, 신규투자자금을 유보이익과 유상증자로 3:2씩 자금조달하는 믹스전략
넷째, 신규투자자금을 유보이익과 유상증자로 2:3씩 자금조달하는 믹스전략

기업 재무활동 정보		
당기순이익	$X(1)$	100
신규투자액 중 자기자본	$\Delta IC(1)$	20
부채비율	$DER = l$	0.5
자본비용	r	0.1
신규투자수익률	r^*	0.2
재투자율	k	0.2

1. 내부금융 전략; 신규투자자금 전액을 유보이익으로 조달하는 전략

주어진 투자와 부가가치 창출력을 바탕으로, 신규투자자금 전액을 유보이익으로 조달하는 전략을 취하는 부채조달 기업은 $k = 0.2$, $k_R = 0.2$, $k_E = 0.0$이 되고,

$g = k \times r^* \dfrac{1-k_R(1+l)}{1-k(1+l)} - k_E \times r \dfrac{1}{1-k(1+l)} = 0.2(0.2)[1-0.2(1+0.5)]/[1-0.2(1+0.5)] - 0 = 0.04.$

성장기업의 주식가치를 배당할인모형 $S(0) = \dfrac{X(1)(1-k_R(1+l))}{r-g(1+l)}$으로 평가하면 $S(0) = \dfrac{100[1-0.2(1+0.5)]}{0.1-0.04(1+0.5)} = \dfrac{70}{0.04} = 1,750.$

성장기업의 주식가치를 성장기회가치 평가모형

$S(0) = \dfrac{X(1)[1-(k_R+k_E)(1+l)]}{r-k(1+l)\times r^*}$으로 평가하면

$S(0) = \dfrac{100[1-(0.2+0)(1+0.5)]}{0.1-0.2(0.2)(1+0.5)} = \dfrac{70}{0.04} = 1,750$으로 계산되고,

이는 배당할인모형과 동일한 값이다.

2. 외부금융전략; 신규투자자금 전액을 유상증자로 조달하는 전략

주어진 투자와 부가가치 창출력을 바탕으로, 신규투자자금 전액을 유상증자

로 조달하는 전략을 취하는 부채조달 기업은 $k=0.2$, $k_R=0$, $k_E=0.2$가 되고,
$g\ =\ k\times r^*\frac{1-k_R(1+l)}{1-k(1+l)}\ -\ k_E\times r\frac{1}{1-k(1+l)}\ =0.2(0.2)[1-0(1+0.5)]/[1-0.2(1+0.5)]-0.2(0.1)/[1-0.2(1+0.5)]\ =\ 0.02857$이 된다.

이때 성장기업의 주식가치를 배당할인모형 $S(0)\ =\ \frac{X(1)(1-k_R(1+l))}{r-g(1+l)}$으로 평가하면 $S(0)\ =\ 100[1-0(1+0.5)]/[0.10-0.02857(1+0.5)]\ =\ 1{,}750$.

성장기업의 주식가치를 성장기회가치 평가모형

$S(0)\ =\ \frac{X(1)[1-(k_R+k_E)(1+l)]}{r-k(1+l)\times r^*}$으로 평가하면

$S(0)=\frac{100[1-(0+0.2)(1+0.5)]}{0.1-0.2(0.2)(1+0.5)}\ =\ 1{,}750$으로 계산되고,

이는 배당할인모형과 동일한 값이다.

3. 믹스전략; 신규투자자금을 유보이익과 유상증자로 3:2씩 자금조달하는 전략

주어진 투자와 부가가치 창출력을 바탕으로, 신규투자자금을 유보이익과 유상증자로 각각 3:2씩 조달하는 전략을 취하는 부채조달 기업은 $k\ =\ 0.2$, 내부유보율과 유상증자율이 각각 $k_R\ =\ 0.12$, $k_E\ =\ 0.08$이 되고,
$g\ =k\times r^*\frac{1-k_R(1+l)}{1-k(1+l)}-k_E\times r\frac{1}{1-k(1+l)}\ =0.2(0.2)[1-0.12(1+0.5)]/[1-0.2(1+0.5)]-0.08(0.1)/[1-0.2(1+0.5)]\ =\ 0.03543$이 된다.

이때 성장기업의 주식가치를 배당할인모형 $S(0)\ =\ \frac{X(1)(1-k_R(1+l))}{r-g(1+l)}$으로 평가하면 $S(0)\ =\ 100[1-0.12(1+0.5)]/[0.10-0.03543(1+0.5)]\ =\ 1{,}750$.

성장기업의 주식가치를 성장기회가치 평가모형

$S(0)\ =\ \frac{X(1)[1-(k_R+k_E)(1+l)]}{r-k(1+l)\times r^*}$으로 평가하면

$S(0)\ =\ \frac{100[1-(0.12+0.08)(1+0.5)]}{0.1-0.2(0.2)(1+0.5)}\ =\ 1{,}750$으로 계산되고,

이는 배당할인모형과 동일한 값이다.

4. 믹스전략 2; 신규투자자금을 유보이익과 유상증자로 2:3씩 자금조달하는 전략

주어진 투자와 부가가치 창출력을 바탕으로, 신규투자자금을 유보이익과 유상증자로 각각 2:3씩 조달하는 전략을 취하는 부채조달 기업은 k = 0.2, 내부유보율과 유상증자율이 각각 k_R = 0.08, k_E = 0.12가 되고,

$g = k\times r^*\dfrac{1-k_R(1+l)}{1-k(1+l)} - k_E\times r\dfrac{1}{1-k(1+l)}$ = 0.2(0.2)[1 − 0.08(1 + 0.5)]/[1 − 0.2(1 + 0.5)] − 0.12(0.1)/[1 − 0.2(1 + 0.5)] = 0.033143이 된다.

이때 성장기업의 주식가치를 배당할인모형 $S(0) = \dfrac{X(1)(1-k_R(1+l))}{r-g(1+l)}$으로 평가하면 $S(0)$ = 100[1 − 0.08(1 + 0.5)]/[0.10 − 0.033143(1 + 0.5)] = 1,750.

성장기업의 주식가치를 성장기회가치 평가모형

$S(0) = \dfrac{X(1)[1-(k_R+k_E)(1+l)]}{r-k(1+l)\times r^*}$으로 평가하면

$S(0) = \dfrac{100[1-(0.08+0.12)(1+0.5)]}{0.1-0.2(0.2)(1+0.5)}$ = 1,750으로 계산되고,

이는 배당할인모형과 동일한 값이다.

즉 신규투자를 위해 자금조달 정책상 배당정책으로 어떤 전략을 취하더라도 주식가치는 동일하게 나타난다는 것을 알 수 있다. 이와 같은 배당정책의 무관련성을 나타내는 각 자금조달 정책의 주식가치 평가결과를 정리하면 다음과 같다.

자금조달정책상 전략 시나리오		신규투자자금 전액 내부유보로 조달	신규투자자금 전액 유상증자로 조달	신규투자자금 내부유보, 유상증자 3:2씩 조달	신규투자자금 내부유보, 유상증자 2:3씩 조달
당기순이익	$X(1)$	100	100	100	100
신규투자액 중 자기자본조달액	$\Delta IC(1)$	20	20	20	20
부채비율	$DER=1$	0.5	0.5	0.5	0.5
자본비용	r	0.1	0.1	0.1	0.1
신규투자수익률	r^*	0.2	0.2	0.2	0.2
재투자율	k	0.2	0.2	0.2	0.2
유보이익률	k_R	0.2	0	0.12	0.08
유상증자율	k_E	0	0.2	0.08	0.12

기업성장률	g	0.04	0.02857	0.03543	0.03314
주식가치	$S(0)$	1,750	1,750	1,750	1,750

[문제 4] 현금배당과 자사주매입

우일기업의 대차대조표(단위: 억원)는 다음과 같이 요약된다.

차변		대변	
현금	350	이자성부채	200
		자본금(발행주식수)	200(400만주)
고정자산	1,350	자본잉여금	1,000
		이익잉여금	300
자산총계	1,700	부채자본총계	1,700

[질문1] 우일기업은 주당 2,500원의 현금배당을 지급할 예정이고 내일이 배당락일이다. 배당세에 의한 개인소득세 세금효과를 무시하고 오늘과 내일의 주가를 각각 계산할 것.

[풀이]

오늘의 배당부주가 = 자기자본가치 1,500억/400만주 = 37,500원

내일의 배당락주가 = 37,500 − 2,500 = 35,000원

현금과 이익잉여금이 각각 100억원(= 2,500원×400만주)씩 감소한다.

[질문2] 우일기업이 배당지급을 대신해 자사주를 30억원어치 매입한다고 회사의 자기주식 취득을 발표한다면 이 발표가 자기자본가치에 미치는 영향을 계산할 것.
자사주매입의 세금효과와 정보효과를 무시하고, 자사주매입 후의 발행주식수와 예상주가를 계산할 것.

[풀이]

현금과 자본금이 각각 100억원씩 감소한다.

매입한 주식수 = 100억/37,500원 = 266,666.67주

매입 후 주식수 = 400만 − 26.67주 = 13.33만주

매입 후 주가 = (1,500 − 100)억/373.33만 = 37,500원; 오늘의 배당부주가와 비교해보면 변화가 없다

[질문 3] 배당금지급과 자사주매입 경우, 각각 1주당 주주가치를 비교하여 차이 여부를 설명할 것.

[풀이]

배당금지급의 경우, 배당락주가 35,000 + 현금배당금 2,500 = 37,500원

자사주매입의 경우, 1주당 주가 = 37,500원으로서 차이가 없다.

[문제 5] 주식배당과 주식분할

우일(주)의 자기자본 계정은 다음과 같이 구성되어 있고, 시가총액이 주어져 있다.

자본금(액면가 5,000원)	1,000억원
자본잉여금	200
이익잉여금	300
자기자본합계	1,500
시가총액(주당 주가 = ?)	1,440억원

[질문 1] 우일(주)는 10%의 주식배당을 발표하였다. 주식배당 후 주가를 계산할 것. 주식배당 후 자기자본 계정의 모습에는 어떤 변화가 있는가?

[풀이]

발행주식수 = 1,000억/5,000원 = 2,000만주를 기준으로 10% 주식배당을 실시하므로 신주 200만주를 추가로 발행하는 것이 된다.

신주는 이익잉여금을 재원으로 주당 액면가 5,000원에 발행한다.

주식배당 전 주가 = 1,440억/2,000만주 = 7,200원.

주식배당 후 주가 = 1,440억/2,200만주 = 6,545.45원으로 하락한다.

자본금(액면가 5,000원)	1,000억원 + 100억 = 1,100억
자본잉여금	200
이익잉여금	300 − 100억 = 200억
자기자본합계	1,500
시가총액 (주식배당 후 주당 주가= 6545.45원)	1,440억원

[질문 2] 우일(주)는 4:1 주식분할을 발표하였다. 주식분할 후 주가를 계산할 것. 주식분할 후 자기자본 계정의 모습에는 어떤 변화가 있는가?

[풀이]

주식분할 후 주가 = 7,200/4 = 1,800원으로 하락한다.

왜냐하면 주식분할 후 주가 = 주식분할 전 시가총액/주식분할 후 발행주식수 = 1,440억/(2,000만주×4배)이기 때문이다.

또한 액면가는 5,000원에서 2,500원으로 하락한다.

자본금(액면가 2,500원)	1,000억원
자본잉여금	200
이익잉여금	300
자기자본합계	1,500
시가총액 (주식분할 후 주당 주가 = 1,800원)	1,440억원

[문제 6] 무상증자

다음과 같은 자기자본 계정과목을 가진 상수기업이 자본잉여금을 자본금에 전입하여 20% 무상증자를 실시하였다.

무상증자 실시 전; 자본금(액면가 5,000원)	100억원(발행주식수 20만주)
자본잉여금	20
이익잉여금	30
자기자본합계	150

시가총액(주당 주가= ?원)	300억원

[질문 1] 무상증자 후 자기자본 계정의 변화를 표현하고, 1주당 주가를 계산할 것.

무상증자 실시 후; 자본금(액면가 5,000원)	110억원 (발행주식수 200×1.1 = 220만주)
자본잉여금	10
이익잉여금	30
자기자본합계	150
시가총액(주당 주가 = ?원)	300억원

무상증자 실시 전 주가 = 권리부주가 = 300억/200만주 = 1.5만원

무상증자 실시 후 주가 = 권리락주가 = 300억/220만주 = 13,636원

[질문 2] 상수기업의 주식 100주를 보유하고 있는 주주의 부에는 어떤 변화가 있는가?

무상증자 실시 전 주주의 가치 = 1.5만원×100주 = 150만원

무상증지 실시 후 주주의 가치 = 1.3636만원×(100주×1.1) = 150만원

즉 기업가치(시가총액)에 변화가 없으므로, 주주의 부에도 변화가 없다

[문제 7] 유상증자

천강기업은 유상증자를 다음과 같이 유상증자를 실시할 계획을 하고 있다.

[질문 1] 주주선공모방식(기존주주에게 우선적으로 신주를 배정하고, 실권주가 발생하여야 일반투자자에게서 청약을 받는 방식)으로 기존주주를 대상으로 10%의 유상증자를 실시할 계획이다. 현재 주가는 2만원이고, 신주발행가격은 1.5만원이다.
권리부주가, 권리락주가, 신주인수권 가치를 계산할 것.

힌트: 권리부주가 + 신주발행가격 × 증자비율 = 권리락주가 × (1 + 증자비율)

신주인수권의 가치 = 권리부주가 − 권리락주가

[풀이]

주식 1주를 가진 주주는 1.5만원×10% = 1,500원을 납입하면 신주 0.1주를 받는다.

즉 기존주주는 2만원 + 1,500원을 투자하여 주식 1.1주를 보유하게 된다.

유상증자 권리부주가 + 신주발행가격×증자비율 = 권리락주가×(1 + 증자비율) 공식에 의하면,

권리락가격 = (2만 + 0.15만원)/(1 + 0.1) = 19,545.45원

따라서 신주인수권 가치 = 20,000 − 19,545.45 = 454.55원이다.

[질문 2] 주식 5주를 보유한 주주의 부는 어떻게 변화하는가?

[풀이]

유상증자 실시 전; 주주의 가치 = 기존보유주식가치 + 신주 배정받을 가격
= 2만원×5주 + 5주×10%×1.5만원
= 107,500원

유상증자 실시 후: 주주의 가치 = 19,545.45만원×(5주×1.10)
= 107,500원

따라서 신주인수권을 행사한 주주는 주주의 부가 변화하지 않는다.

제 12 장 성장기업의 가치평가모형

현대재무학의 분석체계

투자타당성분석	**현금흐름분석**	채권가격
계속기업 가치평가	**시간가치분석**	주식가격
성장기업 가치평가	**자본비용분석**	시장효율성 가설

계속기업과 성장기업의 재무적 특성 비교

재무적 특성	계속기업	성장기업
사업수명	무한한 사업수명기간	무한한 사업수명기간
투자활동	기초투자 IC_0 이외에 추가투자 없음. 감가상각비 Dep만 보충투자함.	추가투자 있음 $\Delta IC > 0$ 감가상각비 Dep를 반드시 보충투자.
부가가치 창출활동	기초투자 IC_0는 동일한 생산력 X_1 창출력을 유지함, 영원히 유지.	추가투자는 부가가치창출력의 증가를 초래함.
자금조달 활동	추가 자금조달액 없음.	추가투자액 = 추가자금조달액 = $RE(1+DER)$
부가가치 배분활동	당기순이익 전액을 배당금으로 지급. 배당성향 PO = 1	추가자금조달의 기반은 내부유보액 RE, 배당성향 $PO < 1$. 기존부채비율 유지하는 수준의 추가이자성부채 조달액 $= RE \times DER$. 추가자금조달액 = $RE(1+DER)$
성장활동	$g = ROE(1-PO) = 0$	$g = ROE(1-PO) > 0$

성장기업의 가치평가모형 비교; *FCFg, CCFg, APVg, CEVAg, AIP/VGO*모형 및 *CFEg, EEVAg* 등가공식

성장기업의 무한대모형 가정; 투자의 부가가치 창출력 일정, 신규투자증가 일정률 g 성장

무한대모형	가치평가 공식	현금흐름	자본비용
"재무적" 잉여현금흐름 할인모형 *FCFg*	$V = \frac{FCF_1}{K_O - g}$	재무적 잉여현금흐름 $FCF = X(1-T)$ = "재무적" 영업현금흐름 − 투자증가액	$K_O = K_d(1-T)\frac{B}{B+S} + K_e\frac{S}{B+S}$
"회계적" 잉여현금흐름 할인모형 *CCFg*	$V = \frac{CCF_1}{K_{BT} - g}$	회계적 잉여현금흐름 CCF = I/S상 영업이익 − 법인세 = "회계적" 영업현금흐름 − 투자증가액	$K_{BT} = K_d\frac{B}{B+S} + K_e\frac{S}{B+S}$
조정현금흐름 할인모형 *APVg*	$V = \frac{FCF_1}{K_U - g} + B_0T + \frac{B_0 gT}{K_U - g}$	부채조달 기업가치 = 무부채 기업가치 + 절세효과가치(기초부채 및 부채증가액 구분)	$K_O = K_U(1 - T\frac{B}{B+S})$ $K_U = \frac{K_d(1-T)B + K_eS}{B(1-T)+S}$
경제적 부가가치 할인모형 *CEVAg*	$V = IC_0 + \frac{CEVA_1}{K_O - g}$	economic value added $CEVA_1 = IC_0 \times$(세후$ROIC_1 - K_O$)	
성장기회가치 평가모형 *AIP/VGO*	$V_o = \frac{X_1(1-T)}{K_O} + \Delta IC\frac{(r^* - K_o)}{K_o}\frac{1}{(K_o - g)}$	신규투자수익률 r^* 신규투자증가율 g	$K_O = K_d(1-T)\frac{B}{B+S} + K_e\frac{S}{B+S}$
주주의 현금흐름 할인모형 *CFEg*	$S = \frac{CFE_1}{K_e - g}$	주주의 현금흐름 CFE = 당기순이익 − 내부유보 = 배당지급액	Sharpe(1964)의 $K_e = CAPM(SML)$; 혹은 배당 할인모형
주식의 초과이익 할인모형 *EEVAg*	$S = E_0 + \frac{EEVA_1}{K_e - g}$	*RI* 혹은 *EE* $EEVA = E_0 \times (ROE_1 - K_e)$	

Chapter 12 연습문제

[문제 1] (주)홍익의 재무제표로부터 현금흐름, 자본비용 및 기업가치를 분석하라.

대차대조표 및 손익계산서(단위: 억원)

재무제표	계정과목	2019년도	재무정보 계산
대차 대조표 2019년도 말 현재	현금	200	
	외상매출금	200	
	재고자산	300	
	유동자산계	700	*운전자금 투자*
	총고정자산	1,800	
	감가상각누계액	500	
	순고정자산	1,300	*시설자금 투자*
	자산총계	2,000	
	외상매입금	50	비이자성부채
	미지급금	150	→ *순운전자금*
	단기차입금(5%)	100	이자성부채
	유동부채계	300	
	장기차입금(5%)	400	이자성부채
	회사채(5%)	500	이자성부채
	고정부채계	900	*타인자본 조달*
	자본금 (액면가 5,000원)	400	주가 15,000원
	이익잉여금	400	
	자기자본계	800	*자기자본 조달*
	부채및자본총계	2,000	

손익계산서 2019.1.1 – 12.31	매출액	2,000	
	매출원가	1,500	= 생산코스트
	매출총이익	**500**	
	판매비와관리비	300	= 판매코스트
	(감가상각비 포함)	(100)	= 500–400
	영업이익	**200**	*부가가치 창출*
	이자	50	= 100(0.05) + 400 (0.05) + 500(0.05)
	경상이익	**150**	
	법인세(T = 20%)	30	
	당기순이익	**120**	
	배당금	96	*배당성향 80% 가정*
	내부유보액	24	→ *유보이익 계산* = 120 – 96

[풀이]

<u>(주)홍익 2019년 말 기준, 성장기업의 무한대모형 가정</u>

- **성장기업 가정 1**(현금흐름)**: 매년 감가상각비만 보충투자 이외에 추가로 신규투자 실시**
- **성장기업 가정 2**(자본시장)**: 강형 효율적 시장 가설이 성립하고, 향후 미래 배당지급액 에 관한 완벽한 정보가 주어짐. 배당성향 80%**

현금흐름 분석

[1] 자금조달; 타인자본 D = 100 + 400 + 500 = 1,000

자기자본 E = 400 + 400 = 800

[2] 투자; 투하자산 = 1,000 + 800 = 700 – (50 + 150) + 1,300 = 1,800

성장기업 가정 하의 투자증가액 계산;

투하자산 증가액 = 순운전자금 증가액 + 시설자금 증가액에 해당함

= 투하자산 × 성장률 = 1,800(0.03) = 54 혹은

= 내부유보액 × (1 + DER) = 24(1 + 1,000/800) = 54

여기서 성장률 = $ROE(1 - PO)$ = 120/800(1 – 0.80) = 3%

[3] 부가가치창출; 회계적 영업현금흐름 = 200 − 30 + 100 = 270
회계적 잉여현금흐름 CCF = 270 − (54 + 100) = 116
재무적 영업현금흐름 = 200(1 − 0.2) + 100 = 260
재무적 잉여현금흐름 FCF = 260 − (54 + 100) = 106
절세효과 = 116 − 106 = 10 = 지급이자 × 법인세율
= 50(0.20) = 10

자본비용 분석

타인자본비용; K_d = 지급이자/이자성부채 = 50/1,000 = 5%

타인자본조달비중 $B/B+S$ = 1,000/(1,000 + 400억/5,000원×1.5만원) = 0.4545

자기자본비용; K_e = 금기말배당금/주가 + 배당성장률
= 96억/800만주/1.5만원 + 3% = 11%

자기자본조달비중 $S/B+S$ = 1,200/(1,000 + 400억/5,000원×1.5만원) = 0.5455

$WACC_{AT}$

세후가중평균자본비용; K_o = 5(1 − 0.2)(0.4545) + 11(0.5455)
= 1.818 + 6 = 7.818%

$WACC_{BT}$

세전가중평균자본비용; K_{BT} = 5(0.4545) + 11(0.5455) = 2.2725 + 6 = 8.2725%

무부채조달기업의 자본비용; $K_u = K_o/[1 - T\ B/(B+S)]$
= 7.818/[1 − (0.2)(0.4545)] = 8.6%

성장기업의 기업가치 분석[1)]

재무적(잉여현금흐름 할인) 방법 FCF모형

기업가치 V = 106/(0.07818 − 0.03) = 2,200

1) 소수점 계산은 유효숫자 4자리에서 반올림하였으므로 계산오차가 있다는 점에 주의해야 함.

재무적(잉여현금흐름 할인) 방법 2, *CEVA*모형

투자수익률 = 세후$ROIC$ = 200(1 − 0.2)/1,800 = 8.89%

$CEVA$ = 1,800(0.08889 − 0.07818) = 19.276

기업가치 $V = IC + CEVA/(WACC_{AT} - g)$

$= 1{,}800 + 19.276/(0.07818 - 0.03) = 2{,}200$

재무적(잉여현금흐름 할인) 방법 3, *AIP/VGO*모형

$V(AIP) = X_1(1-T)/K_O = 200(0.80)/0.07818 = 2{,}046.5$

$V(VGO)$ = [투자증가액 × (세후$ROIC - K_o)/K_o]/(K_o - g)$

$= [54(160/1{,}800 - 0.07818)/(0.07818)]/(0.07818 - 0.03) = 153.5$

따라서 $V = V(AIP) + V(VGO) = 2{,}200$

회계적(잉여현금흐름 할인) 방법 *CCF*모형

기업가치 $V = 116/(0.082725 - 0.03) = 2{,}200$

회계적(잉여현금흐름 할인) 방법 2, *APV*모형

기업가치 $V = [106 + 0.086(1{,}000)(0.20)]/(0.086 - 0.03)$

$= 123.2/(0.086 - 0.03) = 2{,}200$

주주의 현금흐름 할인방법 *CFE*모형

S = 배당금/$(K_e - g)$ = 96/(0.11 − 0.03) = 1,200

주식의 초과이익 할인방법 *EEVA*모형

$EEVA = 800(120/800 - 0.11) = 32$

$S = 800 + 32/(0.11 - 0.03) = 1{,}200$

성장기업의 기업가치		현금흐름	현금흐름 계산식	자본비용	성장률
FCF; V =	2,200	106.00	$= X(1-T) - IC\ g$ $= 200(1-0.2) - 1{,}800(0.03)$	7.82%	3.00%
CCF; V =	2,200	116.00	$= FCF + I\ T$ $= 106 + 50(0.20)$	8.27%	3.00%
APV; V =	2,200	116.00	$= 106 + 10$ 각각 평가	8.60%	3.00%
$CEVA$; V =	2,200	19.27	$CEVA = X(1-T) - K_o\ IC$ $= 200(1-0.2) - (0.0782)1{,}800$	7.82%	3.00%
CFE; S =	1,200	96.00	= 당기순이익×배당성향 = 120×80%	11.00%	3.00%
$EEVA$; S =	1,200	32.00	$EEVA = NI - K_e\ E$ $= 120 - (0.11)(800)$	11.00%	3.00%
AIP/VGO	2,200				
$V(AIP)$=	2,046.51	160.00	$V(AIP) = X(1-T)/Ko$ $= 200(1-0.8)/0.0782$	7.82%	0.00%
$V(VGO)$=	153.48	7.39	$V(VGO) = IC\ g$(세후$ROIC - K_o$)/ $(K_o)/(K_o - g) = 54(0.0889$ $- 0.0782)/0.0782/(0.0782 - 0.03)$	7.82%	3.00%

[문제 2] 현금흐름에 관한 다음과 같은 성상기업 가정 및 자본시장에 관한 강형 효율적 시장가설을 가정하고, 성장기업의 가치평가모형을 바탕으로 상수(주)의 기업가치를 평가하라.

상수(주) 대차대조표(단위: 억원)

	2018년 말	2019년 말		2018년 말	2019년 말
현금	2,270	2,000	매입채무	870	1,400
매출채권	2,500	3,000	미지급금	1,450	600
재고자산	3,550	2,000	단기차입금(10%)	1,100	1,000
유동자산	8,320	7,000	유동부채	3,420	3,000
			장기차입금(@8%)	5,200	5,000
			회사채(@10%)	2,000	2,000

순고정자산	12,100	13,000	고정부채	7,200	7,000
			부채총계	10,620	10,000
			자본금*	5,000	5,000
			자본잉여금	1,000	1,000
			이익잉여금	3,800	4,000
			자본총계	9,800	10,000
자산총계	20,420	20,000	부채자본총계	20,420	20,000

* 상수(주)의 주식시장 정보: 주식액면가 5,000원. 2019년 말 현재, 주가는 6,000원

상수(주)의 손익계산서(단위: 억원)

	2019.1.1 - 12.31
매출액	29,000
매출원가	24,000
판매비와관리비	1,300
감가상각비	1,000
영업이익 X	2,700
지급이자	700
경상이익	2,000
법인세(@T = 20%)	400
당기순이익	1,600
배당금	1,400
내부유보액	200

[풀이]

상수(주) 2019년 말 기준, 성장기업의 무한대모형 가정

- 성장기업 가정 1(현금흐름): **매년 감가상각비만 보충투자 이외에 추가로 신규투자 실시**
- 성장기업 가정 2(자본시장): **강형 효율적 시장 가설이 성립하고, 향후 미래 배당지급액이나 배당성향은 현재 배당정책이 계속될 것으로 가정함** (내부유보액 = 이익잉여금 증가액)

현금흐름 분석

[1] 자금조달; 타인자본 $D = 1,000 + 5,000 + 2,000 = 8,000$

자기자본 $E = 5,000 + 1,000 + 4,000 = 10,000$

[2] 투자; 투하자산 = $(7,000 - 2,000) + 13,000 = 18,000$

성장기업 가정 하의 투자증가액 계산;

투하자산 증가액 = 순운전자금 증가액 + 시설자금 증가액에 해당함

= 투하자산 × 성장률 =18,000(0.02) = 360

= 내부유보액 × $(1 + DER)$ = 200(1 + 8,000/10,000) = 360

여기서 성장률 = $ROE(1 - PO)$ = (1,600/10,000)(1 − 1,400/1,600)

= 16%(0.125) = 2%

[3] 부가가치창출; 회계적 영업현금흐름 = 2,700 − 400 + 1,000 = 3,300

회계직 잉여현금흐름 CCF = 33,00 − (360 + 1,000) = 1,940

재무적 영업현금흐름 = 2,700(1 − 0.20) + 1,000 = 3,160

재무적 잉여현금흐름 FCF = 3,160 − (360 + 1,000) = 1,800

절세효과 = 지급이자 × 법인세율 = 700(0.20) = 140

= 1,940 − 1,800

자본비용 분석

타인자본비용; K_d = 지급이자/이자성부채 = 700/8,000 = 8.75%

타인자본조달비중 $B/B+S$ = 8,000/(8,000 + 5,000억/5,000원 × 0.6만) = 0.5714

자기자본비용; K_e = 금기말배당금/주가 + 배당성장률

= 1,400/6,000 + 2% = 25.33%

자기자본조달비중 $S/B+S$ = 6,000/(8,000 + 5,000억/5,000원 × 0.6만) = 0.4286

$WACC_{AT}$

세후가중평균자본비용; K_o = 8.75(1 − 0.20)(0.5714) + 25.33(0.4286)

= 4 + 10.86 = 14.86%

$WACC_{BT}$

세전가중평균자본비용; K_{BT} = 8.75(0.5714) + 25.33(0.4286)

= 5 + 10.86 = 15.86%

무부채조달기업의 자본비용; $K_u = K_o/[1-(T)\ B/(B+S)]$

$= 14.86/[1-(0.20)(0.5714)] = 16.77\%$

성장기업의 기업가치 분석[2)]

재무적(잉여현금흐름 할인) 방법 *FCF*모형

기업가치 $V = FCF/(K_o - g) = 1{,}800/(0.1486 - 0.02) = 14{,}000$억

재무적(잉여현금흐름 할인) 방법 2, *CEVA*모형

투자수익률 = 세후$ROIC = 2{,}700(1-0.20)/18{,}000 = 0.12$

$CEVA = IC \times ($세후$ROIC - K_o) = 18{,}000(0.12 - 0.1486) = -514.80$

기업가치 $V = IC + CEVA/(K_o - g) = 18{,}000 + (-514.80)/(0.1486 - 0.02)$

$= 14{,}000$억

재무적(잉여현금흐름 할인) 방법 3, *AIP/VGO*모형

$V(AIP) = X_1(1-T)/K_O = 2{,}160/0.1486 = 14{,}535.67$

$V(VGO) = [$투자증가액$\times($세후$ROIC - K_o)/K_o]/(K_o - g)$

$= [360(0.12 - 0.1486)/0.1486]/(0.1486 - 0.02) = -538.77$

따라서 $V = V(AIP) + V(VGO) = 14{,}535.67 - 538.77 = 14{,}000$억

회계적(잉여현금흐름 할인) 방법 *CCF*모형

기업가치 $V = CCF/(K_{BT} - g) = 1{,}940/(0.1586 - 0.02) = 14{,}000$억

회계적(잉여현금흐름 할인) 방법 2, *APV*모형

기업가치 $V = [FCF + K_u\ B\ T]/(K_u - g)$

$= [1{,}800 + 0.1677(8{,}000)(0.20)]/(0.1677 - 0.02) = 14{,}000$억

2) 소수점 계산은 유효숫자 4자리에서 반올림하였으므로 계산오차가 있다는 점에 주의해야 함.

주주의 현금흐름 할인방법 CFE모형

S = 배당금/$(K_e - g)$ = 1,400억/(0.2533 − 0.02) = 6,000억

주식의 초과이익 할인방법 EEVA모형

$EEVA = E \times (ROE - K_e)$ = 10,000(1,600/10,000 − 0.2533) = −933

$S = E + EEVA/(K_e - g)$ = 10,000 + (−933)/(0.2533 − 0.02) = 6,000억

성장기업의 기업가치		현금흐름	현금흐름 계산식	자본비용	성장률
FCF; V =	14,000	1,800.00	$= X(1-T) - IC\ g$ = 2,700(1 − 0.20) − 18,000(0.02)	14.86%	2.00%
CCF; V =	14,000	1,940.00	$= FCF + I\ T$ = 1,800 + 700(0.20)	15.86%	2.00%
APV; V =	14,000	1,940.00	= 1,800 + 140 각각 평가	16.77%	2.00%
$CEVA$; V =	14,000	−514.29	$CEVA = X(1-T) - K_o\ IC$ = 2,160 − (0.1486)18,000	14.86%	2.00%
CFE; S =	6,000	1,400.00	= 배당지급액	25.33%	2.00%
$EEVA$; S =	6,000	−933.33	$EEVA = NI - K_e\ E$ = 1,600 − (0.2533)10,000	25.33%	2.00%
AIP/VGO	14,000				
$V(AIP)$=	14,538.46	2,160.00	$V(AIP) = X(1-T)/K_o$ = 2,700(1 − 0.20)/0.1486	14.86%	0.00%
$V(VGO)$=	−538.46	−69.23	$V(VGO) = IC\ g$(세후$ROIC - K_o$)/ $(K_o)/(K_o - g)$ = 18,000(0.02)(0.12 − 0.1486)/ (0.1486)/(0.1486 − 0.02)	14.86%	2.00%

[문제 3] 성장기업의 가치평가모형을 바탕으로 천강(주)의 기업가치를 평가하라.

천강(주) 대차대조표(단위: 억원)

	2018년 말	2019년 말		2018년 말	2019년 말
현금	250	200	매입채무	100	150
매출채권	250	500	미지급금	100	150
재고자산	500	300	은행차입금(@10%)	200	300
유동자산	1,000	1,000	유동부채	400	600
			회사채(@5%)	300	400
순고정자산	500	1,000	고정부채	300	400
			자본금	600	600
			이익잉여금	200	400
			자본총계	800	1,000
자산총계	1,500	2,000	부채자본총계	1,500	2,000

* 2019년 말 현재 자본시장정보: 천강(주)의 채권가격 = 액면가 10,000원당 9,475.15원 천강(주)의 주식가격 = 액면가 5,000원당 15,000원. 내부유보 = 이익잉여금증가액

천강(주) 손익계산서(단위: 억원)

	2019.1.1 - 12.31
매출액	2,200
매출원가	1,800
판매비와관리비	55
감가상각비	25
영업이익	320
지급이자	50
법인세(@20%)	54
당기순이익	216

1. 천강(주)의 투자에 대한 자금조달 및 자본비용 분석

직간접금융시장으로부터 관찰한 다음과 같은 자금조달 원천별 시장정보를 바탕으로 조달원천별 자본비용 및 가중평균자본비용(*WACC*)을 계산하시오.

- 은행차입; 단기차입금 300억원, 액면금리 10%, 만기 1년, 연말 1회 이자지급
- 회사채 발행; 현재 채권가격 9,475.15원. 액면가 10,000원, 액면금리 5%, 만기 3년, 연말 1회 이자지급
- 주식 발행; 현재 주식가격 15,000원. 자본금 600억원, 보통주 1주당 액면가 5,000원

각 자금조달원별 시가총액 계산

자금조달원	시가총액 측정방법	자금조달 비중(단위: 소수점 4자리)
은행차입	D = B 계산 = 300	0.1210
회사채발행	B = 채권가격×채권발행수 = 9,475.15원×(400억/10,000원) = 379	0.1529
주식발행	S = 주식가격×주식발행수 = 15,000원×(600억/5,000원) = 1,800	0.7261
시가총액 합계	2,479	1.0

각 자금조달원별 자본비용 계산

자금조달원	자본비용 측정방법	세전 자본비용(단위: 소수점 4자리)
은행차입	10,000 = 1,000[연금현가; 1년, K_d] +10,000[현가; 1년, K_d] → K_d 계산	10%
회사채발행	9,475.15 = 500[연금현가; 3년, K_d] +10,000[현가; 3년, K_d] → K_d 계산	7%
주식발행	일정률로 성장하는 배당 할인모형 → K_e 계산	(손익계산서 재계산 이후 계산 가능) 20.60%

세후$WACC$ = K_o 값을 계산하시오.

$$K_o = 10(1-0.2)(0.1210) + 7(1-0.2)(0.1529) + 20.60(0.7261)$$
$$= 0.9680 + 0.8562 + 14.9577 = 16.7819\%$$

세전$WACC$ = K_{BT} 값을 계산하시오.

K_{BT} = 10(0.1210) + 7(0.1529) + 20.60(0.7261) = 1.2100 + 1.0703 + 14.9577
= 17.2380%

무부채기업의 자본비용 K_u 값을 계산하시오.

K_u = 16.7819/[1 − 0.2(0.1210 + 0.1529)] = 17.7545%

2. 천강(주)의 시가기준 재무제표 재작성

대차대조표 재계산(단위: 억원)

	2019년 말		2019년 말	2019년 말 시가기준 채권가격 재계산
현금	200	매입채무	150	150
매출채권	500	미지급금	150	150
재고자산	300	단기차입금(@10%)	300	300
유동자산	1,000	유동부채	600	600
		회사채(@5%)	400	400 × 0.947515 = 379
기계설비	1,000	고정부채	400	379
		자본금	600	600
		이익잉여금	400	400
		자본총계	1,000	1,000
자산총계	2,000	부채자본총계	2,000	1,979

손익계산서 재계산(단위: 억원)

	2019.1.1 − 12.31	시가기준 지급이자 재계산
매출액	2,200	2,200
매출원가	1,800	1,800
판매비와관리비	55	55
감가상각비	25	25
영업이익	320	320
지급이자	50	300(0.10) + 379(0.07) = 56.53
경상이익	270	263.47
법인세(@20%)	54	52.69
당기순이익	216	210.78

내부유보액	400 − 200 = 200	400 − 200 = 200
배당금	216 − 200 = 16	210.78 − 200 = 10.78 *배당금 재계산 후 자기자본비용 계산

* 일정률로 성장하는 배당할인모형 적용

시가기준 ROE = 210.78/1,000 = 0.21078

시가기준 PO = 10.78/210.78 = 0.05114

잠재성장률 g = (0.21078)(1 − 0.05114) = 20%

따라서 자기자본비용 K_e = 10.78/1,800 + 0.20 = 0.2060

3. 천강(주)의 2019년 말 기준 현금흐름 분석; 시가기준 재무제표로부터 계산

이자성부채(D) = 유동부채 중 이자성부채 + 고정부채 = 300 + 379 = 679

자기자본(E) = 600 + 400 = 1,000

투하자산(IC) = 단기차입금 300 + 회사채 379 + 자본총계 1,000 = 1,679

(대차등식의 원리에 의해 계산함)

2020년도 투하자산증가액을 계산할 것.

투하자산증가액 = 1,679(0.20) = 335.80

2019년도 배당정책이 계속된다면 잠재성장률은 얼마인가?

잠재성장률 = 335.80/1,679 = (0.21078)(1 − 0.05114) = 20%

투하자산증가액 = 내부유보액 × (1 + DER) 관계가 성립하는지를 계산으로 보일 것.

투하자산증가액 = 200 × (1 + 679/1,000) = 335.80억원

회계적 영업현금흐름 = I/S상 영업이익 − 법인세 + 감가상각비

= 320 − 52.69 + 25 = 292.31

회계적 잉여현금흐름 CCF = 292.31 − (335.80 + 25) = −68.49

재무적 영업현금흐름 = 영업이익(1 − 법인세율) + 감가상각비
= 320(1 − 0.2) + 25 = 281

재무적 잉여현금흐름 FCF = 281 −(335.80 + 25) = −79.80

회계적 잉여현금흐름과 재무적 잉여현금흐름과의 차이
= −68.79 − (−79.80) = 11.31
절세효과 = 56.53(0.20) = 11.31
회계적 잉여현금흐름 = 재무적 잉여현금흐름 + 절세효과
= −79.80 + 11.31 = −68.49

4. 성장기업의 기업가치 분석

재무적(잉여현금흐름 할인) 방법 *FCFg*모형

$FCFg$ 모형; $V = \dfrac{FCF_1}{K_O - g}$

차년도 $FCF(1) = FCF - IC \times g$ = −79.80

기업가치 $V(g)$ = −79.80/(0.167819 − 0.20) = 2,479억

회계적(잉여현금흐름 할인) 방법 *CCFg*모형

$CCFg$모형; $V = \dfrac{CCF_1}{K_{BT} - g}$

차년도 $CCF(1) = CCF - IC \times g$ = −68.49

기업가치 $V(g)$ = −69.49/(0.172380 − 0.20) = 2,479억

회계적(잉여현금흐름 할인) 방법 2 *APVg*모형

$APVg$모형; $V = \dfrac{FCF_1}{K_U - g} + B_0 T + \dfrac{B_0 Tg}{K_U - g}$

기업가치 $V(g)$ = −79.80/(0.177545 − 0.20) + 679(0.20)
+ [679(0.20)(0.20)]/(0.177545 − 0.20)
= 3,553.8 + 135.8 − 1,209.5 = 2,479억

재무적(잉여현금흐름 할인) 방법 2 *CEVAg*모형

$CEVAg$모형; $V = IC + \dfrac{IC \times [ROIC_1 - K_O]}{K_O - g}$

경제적 부가가치 $CEVAg = [320(1-0.2)/1{,}679 - 0.167819] \times 1{,}679 = -25.77$

기업가치 $V(g) = 1{,}679 + (-25.77)/(0.167819 - 0.20) = 2{,}479$억

재무적(잉여현금흐름 할인) 방법 3 *AIP/VGO*모형

AIP/VGO모형;

$$V = IC + IC \times \frac{[ROIC_1 - K_O]}{K_O} + \Delta IC \times \frac{[ROIC_1 - K_O]}{K_O} \times \frac{1}{K_O - g}$$

기업가치 $V(g)$

$= 1{,}679 + 1{,}679[320(1-0.2)/1{,}679 - 0.167819]/0.167819$

$+ 335.80[320(1-0.2)/1{,}679 - 0.167819]/0.167819[1/(0.167819 - 0.20)]$

$= 1{,}679 - 153.55 + 954.27 = 2{,}479$억

AIP/VGO모형; $V = \dfrac{X_1(1-T)}{K_O} + \Delta IC \times \dfrac{[ROIC_1 - K_O]}{K_O} \times \dfrac{1}{K_O - g}$

기업가치 $V(g)$

$= 320(1-0.2)/0.167819$

$+ 335.80[320(1-0.2)/1{,}679 - 0.167819]/0.167819[1/(0.167819 - 0.20)]$

$= 1{,}525.45 + 954.27 = 2{,}479$억원

제5부
재무 전략과 재무 분석

제 13 장 인수합병 및 기업분할 전략

1. 기업가치 평가의 일반적 절차와 모형의 선택

기업가치의 극대화라는 기업의 목표를 이루려면 우선 기업가치를 제대로 평가할 수 있어야 한다. 기업가치 평가절차는 크게 세 분야로 구분할 수 있다.

제1분야; 기업의 현금흐름 분석

제2분야; 기업의 자본비용 분석

제3분야; 기업가치 평가모형의 분석

2. FCF확장모형에 의거한 기업가치 V

= 예측기간 FCF가치 + 잔여기간 FCF가치의 할인가치

= $PV(FCF) + PV(TV)$

FCF확장모형(예측기간 N)의 기업가치

$$V = \sum_{t=1}^{N} \frac{FCF_t}{(1+K_O)^t} + \frac{FCF_{N+1}}{K_O - g} \times \frac{1}{(1+K_O)^N}$$

3. 2단계 FCF성장모형의 기업가치 V

= 예측기간 FCF가치 + 잔여기간 FCF가치의 할인가치

= $PV(FCF) + PV(TV)$

$$V = \frac{X_0(1-T)(1-k)(1+g)}{K_O - g}[1-(\frac{1+g}{1+K_O})^N] + \frac{X_0(1-T_s)(1-k_s)(1+g)^N(1+g_s)}{K_{Os} - g_s}(\frac{1}{1+K_O})^N$$

$$= \frac{X_0(1-T)(1-k)(1+g)}{K_O - g}[1-(\frac{1+g}{1+K_O})^N] + \frac{X_0(1-T_s)(1-k_s)(1+g_s)}{K_{Os} - g_s}(\frac{1+g}{1+K_O})^N$$

Chapter 13 연습문제

[문제 1] 본장 [예제 13-2] 인수 후 합병회사의 시너지효과에 대한 민감도 분석

A. 인수회사 대흥(주)의 재무정보;

대흥(주) 대차대조표(단위: 억원)

	2018년 말	2019년 말		2018년 말	2019년 말
현금	250	200	매입채무	100	50
매출채권	250	500	미지급금	100	50
재고자산	500	300	은행차입(@5%)	200	400
유동자산	1,000	1,000	유동부채	400	500
			회사채(@5%)	300	500
고정자산	1,000	1,450	고정부채	300	500
감가누계액	400	450	자본금	600	600
순고정자산	600	1,000	이익잉여금	300	400
			자본총계	900	1,000
자산총계	1,600	2,000	부채자본총계	1,600	2,000

* 인수회사 대흥(주)의 2019년 말 현재 자본시장정보;

채권가격 = 액면가 10,000원, 만기 3년, 연말 1회 이자지급 조건, 1좌당 10,000원에 거래

주식가격 = 액면가 5,000원, 1주당 15,000원. 배당성향은 2019년도 실적대로 지속될 것임

대흥(주) 손익계산서(단위: 억원)

	2019.1.1 - 12.31	계산식
매출액	2,200	
매출원가	1,700	
판매비와관리비	100	
감가상각비	50	= 450 - 400
영업이익	350	= 매출액 - 매출원가 - 판매비와관리비 - 감가상각비
지급이자	45	= 400(0.05)+500(0.05)
법인세(@20%)	61	= (영업이익 - 지급이자) × (법인세율)
당기순이익	244	= 영업이익 - 지급이자 - 법인세
배당금	144	= 당기순이익 - 내부유보액
내부유보액	100	= 400 - 300

B. 피인수회사 한국(주)의 재무정보;

대차대조표(단위: 억원)

	2018년 말	2019년 말		2018년 말	2019년 말
현금	100	200	매입채무	128	400
매출채권	400	500	단기차입금(@5%)	400	600
재고자산	1,200	1,300	유동부채	528	1,000
유동자산	1,700	2,000	장기차입금(@5%)	500	400
			회사채(@5%)	3,000	3,000
기계설비	5,800	6,000	고정부채	3,500	3,400
			자본금	3,000	3,000
			이익잉여금	472	600
			자본총계	3,472	3,600
자산총계	7,500	8,000	부채자본총계	7,500	8,000

* 피인수회사 한국(주)의 2019년 말 현재 자본시장정보;

채권가격 = 액면가 10,000원에 거래

주식가격 = 액면가 5,000원, 1주당 10,000원. 배당성향 80%로 배당금 지급

손익계산서(단위: 억원)

	2019.1.1 – 12.31
매출액	8,000
매출원가	6,500
판매비와관리비	400
감가상각비	100
영업이익	1,000
지급이자	200
경상이익	800
법인세(법인세율@20%)	160
당기순이익	640
배당금(배당성향@80%)	512
내부유보액	128

[질문 1] 인수 후 두 기업의 합병을 염두에 두고, 다음과 같은 시너지 원천에 대한 가정을 하였다. 이를 근거로 인수합병 후의 시너지효과의 변화에 대한 민감도 분석을 하라.

- 합병회사의 규모의 경제에 의한 비용절감액 가정; 합병 첫 해부터 매년 200억원
- 합병회사의 범위의 경제에 의한 투하자산 대비 세후 영업이익률 증가: 2%p
- 합병회사의 자본비용은 인수회사의 자본비용과 동일한 값일 것으로 가정한다.
- 합병회사의 (예측기간 이후) 잔여기간 중 신규투자수익률이 인수회사의 자본비용과 동일한 값일 것으로 가정한다.
- 합병회사의 (예측기간 이후) 잔여기간 중 재투자비율이 인수회사의 재투자비율과 동일한 값일 것으로 가정한다.

1. 합병회사의 예측기간 및 잔여기간별 FCF예측

- 합병회사의 잠재성장률과 재투자비율이 FCF 예상에 이용된다;

  합병회사의 예상세후$ROIC$ = $(350 + 1,000)(1 - 0.20)/(1,900 + 7,600) + 2\% = 13.37\%$

합병회사의 예측기간 잠재성장률 = 13.37% × (재투자비율 유지 가정 67.86%) = 9.07%

합병회사의 잔여기간 잠재성장률 = 인수회사 자본비용 13.33%(0.6786) = 9.05%

기간	세후영업이익 $X(1-T)$	재투자비율	투하자산증가액	재무적 잉여현금흐름 FCF
예측기간 $t=1$	1,352.47(*주1)	67.86%	917.79	434.68
$t=2$	1,475.14	동일	1,001.03	474.11
$t=3$	1,608.93	동일	1,091.82	517.11
$t=4$	1,754.86	동일	1,190.85	564.01
$t=5$	1,914.03	동일	1,298.86	615.16
잔여기간	2,087.25(*주2)	동일 가정	1,416.41	670.84

*주1: t = 1년도 $X(1-T)$ = (350 + 1,000 + 200)(1 − 0.20)(1 + 0.0907) = 1,352.47
*주2: 잔여기간 중 성장률 g = 자본비용 13.33% × 재투자비율 0.6786 = 9.05%

2. 합병회사의 기업가치평가; 합병회사의 자본비용 = 인수회사 자본비용 13.33% 가정

예측기간FCF 가치 = 예측기간 t = 1에서 t = 5까지의 FCF할인 후 합계 =

= 383.55 + 369.14 + 355.26 + 341.91 + 329.05 = 1,788.91

잔여기간FCF 가치[1] = 670.84/(0.1333 − 0.0905) = 15,673.83

잔여기간FCF 가치의 현재가치 = 15,673.83/$(1.1333)^5$ = 8,384

FCF확장모형에 의거한 합병회사의 기업가치 = 10,173

인수 전 각 기업의 기업가치 합계액(2,970 + 10,356 = 13,326억원)과 비교하면, 인수 후 합병기업의 시너지효과는 마이너스이고, −3,153억원에 달하는 것으로 평가된다.

---

1) 잔여기간FCF 가치(terminal value) = 670.84/(0.1333 − 0.0905) = 2,087.25/0.1333
잔여기간 중 성장기회가치 = 0이라고 가정하였기 때문에 투하자산증가액이 있다하더라도(표면적으로는 성장하는 것으로 보이지만) 신규투자가 자본비용을 능가하여 창출하는 부가가치가 0이 된다.

[질문 2] 시너지 원천에 대한 가정을 다음과 같이 변경하였다면 [예제 13-2] 인수합병의 시너지 효과가 어떻게 변화하는가를 분석하라.

인수 후 두 기업이 합병할 때, 다음과 같이 시너지 원천에 대한 가정을 변경한다.

- 합병회사의 규모의 경제에 의한 비용절감액 가정; 합병 첫 해부터 매년 200억원
- 합병회사의 범위의 경제에 의한 투하자산 대비 세후 영업이익률 증가: 2%p
- 합병회사의 자본비용은 피인수회사의 자본비용과 동일한 값일 것으로 가정한다.
- 합병회사의 (예측기간 이후) 잔여기간 중 신규투자수익률이 피인수회사의 자본비용과 동일한 값일 것으로 가정한다.
- 합병회사의 (예측기간 이후) 잔여기간 중 재투자비율이 인수회사의 재투자비율과 동일한 값일 것으로 가정한다.

1. 합병회사의 예측기간 및 잔여기간별 *FCF* 예측

- 합병회사의 잠재성장률과 재투자비율이 *FCF* 예상에 이용된다;

  합병회사의 예상세후$ROIC$ = (350 + 1,000)(1 − 0.20)/(1,900 + 7,600) + 2% = 13.37%

  합병회사의 예측기간 잠재성장률 = 13.37% × (재투자비율 유지 가정 67.86%) = 9.07%

  합병회사의 잔여기간 잠재성장률 = 피인수회사 자본비용 8.85%(0.6786) = 6.00%

기간	세후영업이익 $X(1-T)$	재투자비율	투하자산증가액	재무적 잉여현금흐름 *FCF*
예측기간 $t=1$	1,352.47(*주1)	67.86%	917.79	434.68
$t=2$	1,475.14	동일	1,001.03	474.11
$t=3$	1,608.93	동일	1,091.82	517.11
$t=4$	1,754.86	동일	1,190.85	564.01

$t=5$	1,914.03	동일	1,298.86	615.16
잔여기간	2,028.87(*주2)	동일 가정	1,376.79	652.08

*주1: t = 1년도 $X(1-T)$ = $(350+1{,}000+200)(1-0.20)(1+0.0907)$ = 1,352.47
*주2: 잔여기간 중 성장률 g = 자본비용 8.85% × 재투자비율 0.6786 = 6.00%

2. 합병회사의 기업가치평가; 합병회사의 자본비용 = 피인수회사 자본비용 8.85% 가정

예측기간*FCF* 가치 = 예측기간 t = 1에서 t = 5까지의 *FCF*할인 후 합계

$$= 399.34 + 400.15 + 400.96 + 401.77 + 402.57 = 2{,}004.79$$

잔여기간*FCF* 가치[2] = 652.08/(0.0885 − 0.060) = 22,880

잔여기간*FCF* 가치의 현재가치 = $22{,}880/(1.0885)^5$ = 14,973.17

*FCF*확장모형에 의거한 합병회사의 기업가치 = 16,978억원

인수 전 각 기업의 기업가치 합계액(2,970 + 10,356 = 13,326억원)과 비교하면, 인수 후 합병기업의 시너지효과는 +3,652억원에 달하는 것으로 평가된다.

[문제 2] 인수합병의 시너지효과 분석[3]

A. 인수회사 P&G 관련 정보

1. 인수 전(t = 0) 재무정보;

투하자산 IC = 38,119m

부채조달비율 = 10%

매출액 R = 56,741m

영업이익 X = 10,927m

법인세율 T = 35%

---

2) 잔여기간*FCF* 가치(terminal value) = 652.08/(0.0885−0.060) = 2028.87/0.0885
잔여기간 중 성장기회가치 = 0이라고 가정하였기 때문에 투하자산증가액이 있다하더라도(표면적으로는 성장하는 것으로 보이지만) 신규투자가 자본비용을 능가하여 창출하는 부가가치가 0이 된다.

3) Damodaran(2006), On Valuation, P&G의 Gillette 인수(2004) 사례의 시너지효과 분석에서 예제를 인용하고, 본서의 분석절차인 현금흐름 분석, 자본비용 분석, 기업가치평가의 등가성모형을 적용하여 풀이방법을 제시한다.

재투자비율(세후영업이익 대비) $k = 40\%$ 가정

따라서 잠재성장률 g = 세후$ROIC \times k = [10,927(1-0.35)/38,119] \times 0.4$
$= 7.45\%$

(예측기간 향후 5년간 지속 가정, 5년 경과 후 잔여기간 동안에는 연율 4.25%로 성장률이 둔화될 것이고, 영구히 지속할 것으로 가정. 잔여기간 중 투자증가액에 대한 초과이익은 없을 것으로 가정함. 즉 신규투자수익률이 기업의 자본비용과 동일한 값일 것으로 가정함)

2. 자본시장정보;

타인자본비용 $K_d = 5\%$

자기자본비용 $K_e = 4.25 + 0.8(4) = 7.45\%$

베타 = 0.8

무위험이자율 = 4.25%

시장위험프리미엄 = 4%

따라서 세후$WACC = 5(1-0.35)(0.1) + 7.45(0.9) = 7.03\%$

3. *FCF*확장모형에 의거한 P&G 기업가치 분석

예측기간 및 잔여기간별 *FCF*예측

기간	세후영업이익 $X(1-T)$	재투자비율	투하자산증가액	재무적 잉여현금흐름 *FCF*
예측기간 $t=1$	7,632(*주1)	40% 가정	3,053	4,579
$t=2$	8,200	동일	3,280	4,920
$t=3$	8,812	동일	3,525	5,287
$t=4$	9,469	동일	3,788	5,681
$t=5$	10,174	동일	4,070	6,105
잔여기간	10,607(*주2)	60.46%(*주3)	6,413	4,194

*주1: t = 1년도 $X(1-T)$ = t = 0년도 $X(1-T)(1+g) = 10,927(1-0.35)(1+0.0745) = 7,632$
*주2: 잔여기간 중 성장률 4.25% 가정
*주3: 잔여기간 재투자비율 = 잔여기간g/세후$ROIC$ = 잔여기간g/세후$WACC$ = 4.25/7.03 = 60.46%

예측기간FCF 가치 = 예측기간 $t = 1$에서 $t = 5$까지의 FCF할인 후 합계

= 4,278 + 4,295 + 4,312 + 4,329 + 4,346 = 21,560

잔여기간FCF 가치의 현재가치 = $4{,}194/(0.0703-0.0425)/(1+0.0703)^5$

= 107,412

FCF확장모형에 의거한 $P\&G$ 기업가치 = 128,973m

B. 피인수회사 Gillette 관련 정보

1. 인수 전($t = 0$) 재무정보;

투하자산 IC = 10,580m

부채(조달)비율 D/IC = 10%

매출액 R = 10,477m

영업이익 X = 2,645m

법인세율 T = 35%

재투자비율(세후영업이익 대비) k = 50% 가정

따라서 잠재성장율 g = 세후$ROIC \times k$ = $[2{,}645(1-0.35)/10{,}580] \times 0.5$

= 8.125%

(예측기간 향후 5년간 지속 가정, 5년 경과 후 잔여기간 동안에는 연율 4.25%로 성장률 이 둔화될 것이고, 영구히 지속할 것으로 가정. 잔여기간 중 투자증가액에 대한 초과이익은 없을 것으로 가정함. 즉 신규투자수익률이 기업의 자본비용과 동일한 값일 것으로 가정함)

2. 자본시장정보;

타인자본비용 K_d = 5%

자기자본비용 K_e = 4.25 + 0.9(4) = 7.85%

베타 = 0.9

무위험이자율 = 4.25%

시장위험프리미엄 = 4%

따라서 세후$WACC$ = 5(1 − 0.35)(0.1) + 7.85(0.9) = 7.39%

3. *FCF*확장모형에 의거한 Gillette 기업가치 분석

예측기간 및 잔여기간별 *FCF*예측

기간	세후영업이익 $X(1-T)$	재투자비율	투하자산증가액	재무적 잉여현금흐름 *FCF*
예측기간 $t=1$	1,859(*주1)	50% 가정	929	930
$t=2$	2,010	동일	1,005	1,005
$t=3$	2,173	동일	1,086	1,087
$t=4$	2,350	동일	1,175	1,175
$t=5$	2,541	동일	1,270	1,271
잔여기간	2,649(*주2)	57.51%(*주3)	1,523	1,125

*주1: t = 1년도 $X(1-T)$ = t = 0년도 $X(1-T)(1+g)$ = 2,645(1 − 0.35)(1 + 0.08125) = 1,859
*주2: 잔여기간 중 성장률 4.25% 가정
*주3: 잔여기간 재투자비율 = 잔여기간g/세후$ROIC$ = 잔여기간g/세후$WACC$ = 4.25/7.39 = 57.51%

예측기간*FCF* 가치 = 예측기간 t = 1에서 t = 5까지의 *FCF*할인 후 합계
= 866 + 872 + 878 + 883 + 890 = 4,389

잔여기간*FCF* 가치의 현재가치 = $1,125/(0.0739-0.0425)/(1+0.0739)^5$
= 250,843

*FCF*확장모형에 의거한 Gillette 기업가치 = 29,473m

C. 시너지 효과 분석

1. 인수 후 두 기업의 합병을 염두에 두고, 다음과 같은 시너지 원천에 대한 가정을 하였다. 합병 후 신규투자수익률이 기업의 자본비용과 동일한 값일 것으로 가정한다. 이를 근거로 인수합병 후의 시너지 효과를 분석해 보자.

- 합병회사의 규모의 경제에 의한 비용절감액 가정; 200m
- 합병회사의 범위의 경제에 의한 세후(투하자산 대비)영업이익률 증가: 1%p
- 따라서 합병회사의 잠재성장률이 다음과 같이 변화할 것으로 예상된다;

  합병회사의 예상세후*ROIC* = (10,927 + 2,645)(1 − 0.35)/(38,119 + 10,580) + 1% = 19.11%

  합병회사의 예측기간 잠재성장률 = 19.11%(재투자비율 가정 41.95%)

= 8.02%

합병회사의 잔여기간 재투자비율 = g 4.25/$WACC$ 7.10 =59.86%

2. 자본시장 정보;

합병회사의 베타 예상치 = 0.8186

따라서 합병회사의 자기자본비용 = 4.25 + 4(0.8186) = 7.52%

그러므로 합병회사의 세후가중평균자본비용 = 5(1 − 0.35)(0.1) + 7.52(0.9)

= 7.10%

[질문 3] 합병기업의 기업가치 분석

예측기간 및 잔여기간별 FCF예측

기간	세후영업이익 $X(1-T)$	재투자비율	투하자산증가액	재무적 잉여현금흐름 FCF
예측기간 $t=1$	9,670(*주1)	41.95% 가정	4,056	5,614
$t=2$	10,445	동일	4,382	6,063
$t=3$	11,283	동일	4,733	6,550
$t=4$	12,188	동일	5,113	7,075
$t=5$	13,165	동일	5,523	7,642
잔여기간	13,725(*주2)	59.86%(*주3)	8,216	5,509

*주1: t = 1년도 $X(1-T)$ = (10,927 + 2,645 + 200)(1 + 0.0802)(1 − 0.35) = 9,670
*주2: 잔여기간 중 성장률 4.25% 가정
*주3: 잔여기간 재투자비율 = 잔여기간g/세후$ROIC$ = 잔여기간g/세후$WACC$ = 4.25/7.10 = 59.86%

예측기간FCF 가치 = 예측기간 t = 1에서 t = 5까지의 FCF할인 후 합계

= 5,242 + 5,286 + 5,332 + 5,377 + 5,423 = 26,660

잔여기간FCF 가치4)의 현재가치 = 5,509/(0.071 − 0.0425)/(1 + 0.071)^5

= 137,177

FCF확장모형에 의거한 합병기업의 기업가치 = 163,837m

인수 전 각 기업의 기업가치 합계액(128,973 + 29,473 =158,446m)과 비교하면, 인수 후 합병기업의 시너지효과는 5,391m에 달하는 것으로 평가된다.

---

4) 잔여기간FCF 가치(terminal value) = 5,509/(0.071 − 0.0425) = 137.25/0.071
잔여기간 중 성장기회가치 = 0이라고 가정하였기 때문에 투하자산증가액이 있다하더라도(표면적으로는 성장하는 것으로 보이지만) 신규투자가 자본비용을 능가하여 창출하는 부가가치가 0이 된다.

[문제 3] 인수합병의 시너지 효과 분석[5)]

단계 1: 인수회사 P&G 관련 정보는 다음과 같이 주어졌다.

1. **인수 전(t = 0) 재무정보;**

   투하자산 IC = 38,119m

   부채조달비율 = 10%

   매출액 R = 56,741m

   영업이익 X = 10,927m

   법인세율 T = 35%

   재투자비율(세후영업이익 대비) k = 40% 가정

따라서 잠재성장률 g = 세후$ROIC \times k$ = [10,927(1 − 0.35)/38,119] × 0.4

= 7.45%

(예측기간 향후 5년간 지속 가정, 5년 경과 후 잔여기간 동안에는 연율 4.25%로 성장률이 둔화될 것이고, 영구히 지속할 것으로 가정. 잔여기간 중 투자증가액에 대한 초과이익은 없을 것으로 가정함. 즉 신규투자수익률이 기업의 자본비용과 동일한 값일 것으로 가정함)

2. **자본시장정보;**

   타인자본비용 Kd = 5%

   자기자본비용 Ke = 4.25 + 0.8(4) = 7.45%

   베타 = 0.8

   무위험이자율 = 4.25%

   시장위험프리미엄 = 4%

따라서 세후$WACC$ = 5(1 − 0.35)(0.1) + 7.45(0.9) = 7.03%

(예측기간 K_o = 잔여기간 세후$WACC$ K_{os}와 동일한 값으로 가정함)

5) Damodaran(2006), On Valuation, P&G의 Gillette 인수(2004) 사례를 바탕으로 2단계 FCF성장모형을 적용하여 풀이하는 방법을 저자가 개발하였음.

[질문 1] 2단계 *FCF*성장모형에 의거하여 P&G의 기업가치를 평가하라.

$$V = \frac{X_0(1-T)(1-k)(1+g)}{K_O-g}[1-(\frac{1+g}{1+K_O})^N] + \frac{X_0(1-T_s)(1-k_s)(1+g)^N(1+g_s)}{K_{Os}-g_s}(\frac{1}{1+K_O})^N$$

$$= \frac{X_0(1-T)(1-k)(1+g)}{K_O-g}[1-(\frac{1+g}{1+K_O})^N] + \frac{X_0(1-T_s)(1-k_s)(1+g_s)}{K_{Os}-g_s}(\frac{1+g}{1+K_O})^N$$

= 예측기간 *FCF*가치 + 잔여기간 *FCF*가치의 할인가치

여기서, $X_o(1-T)$ = 세후영업이익 = 10,927(1 − 0.35) = 7,102.55

k = 세후영업이익 대비 재투자비율 = 0.40

g = 예측기간의 예상성장률 = 세후$ROIC \times k$

= [7102.55/38119] × 0.40 = 7.45%

K_o = 세후가중평균자본비용으로 계산한 기업의 자본비용 = 7.03%

N = 예측기간 = 5년

잔여기간의 법인세율 T_s = 예측기간과 동일한 값 T 35%로 가정

잔여기간의 예상성장률 g_s = 4.25%로 가정

잔여기간의 재투자비율 k_s ; 4.25 = 7.03(k_s), 따라서 k_s = 0.6046

따라서 예측기간 *FCF*가치 $= \frac{X_0(1-T)(1-k)(1+g)}{K_O-g}[1-(\frac{1+g}{1+K_O})^N]$

= 10,927(1 − 0.35)(1 − 0.40)(1 + 0.0745)[1 − (1.0745/1.0703)^5]/(0.0703 − 0.0745)

= 4,579(−0.0198)/(−0.0042) = 21,587

그리고 잔여기간 *FCF*가치의 할인가치

$= \frac{X_0(1-T_s)(1-k_s)(1+g_s)}{K_{Os}-g_s}(\frac{1+g}{1+K_O})^N$

= 10,927(1 − 0.35)(1 − 0.6046)(1 + 0.0425)[(1.07453/1.0703)^5]/
(0.0703−0.0425)

= 2,927.7(1.0198)/0.0278 = 107,398

그러므로 P&G의 기업가치 = 128,973m으로 계산된다.

이 문제를 *FCF*확장모형으로 계산하여 풀이한 값과 일치한다.

단계 2: 피인수회사 Gillette 관련 정보는 다음과 같다.

1. 인수 전(t = 0) 재무정보;

투하자산 IC = 10,580m

부채(조달)비율 D/IC = 10%

매출액 R = 10,477m

영업이익 X = 2,645m

법인세율 T = 35%

재투자비율(세후영업이익 대비) k = 50% 가정

따라서 잠재성장률 g = 세후$ROIC \times k$ = [2,645(1 − 0.35)/10,580] × 0.5 = 8.125%

(예측기간 향후 5년간 지속 가정, 5년 경과 후 잔여기간 동안에는 연율 4.25%로 성장률 이 둔화될 것이고, 영구히 지속할 것으로 가정. 잔여기간 중 투자증가액에 대한 초과이익은 없을 것으로 가정함. 즉 신규투자수익률이 기업의 자본비용과 동일한 값일 것으로 가정함)

2. 자본시장정보;

타인자본비용 K_d = 5%

자기자본비용 K_e = 4.25 + 0.9(4) = 7.85%

베타 = 0.9

무위험이자율 = 4.25%

시장위험프리미엄 = 4%

따라서 세후$WACC$ = 5(1 − 0.35)(0.1) + 7.85(0.9) = 7.39%

[질문 2] 2단계 FCF성장모형에 의거하여 Gillette의 기업가치를 평가하라.

$$V = \frac{X_0(1-T)(1-k)(1+g)}{K_O-g}[1-(\frac{1+g}{1+K_O})^N] + \frac{X_0(1-T_s)(1-k_s)(1+g)^N(1+g_s)}{K_{Os}-g_s}(\frac{1}{1+K_O})$$

$$= \frac{X_0(1-T)(1-k)(1+g)}{K_O-g}[1-(\frac{1+g}{1+K_O})^N] + \frac{X_0(1-T_s)(1-k_s)(1+g_s)}{K_{Os}-g_s}(\frac{1+g}{1+K_O})^N$$

= 예측기간 FCF가치 + 잔여기간 FCF가치의 할인가치

여기서, $X_o(1-T)$ = 세후영업이익 = 2,645(1 − 0.35) = 1,719.25

k = 세후영업이익 대비 재투자비율 = 0.50

g = 예측기간의 예상성장률 = 세후$ROIC \times k$

= [1,719.25/10,580]×0.50 = 8.125%

K_o = 세후가중평균자본비용으로 계산한 기업의 자본비용 = 7.39%

N = 예측기간 = 5년

잔여기간의 법인세율 T_s = 예측기간과 동일한 값 T 35%로 가정

잔여기간의 예상성장률 g_s = 4.25%로 가정

잔여기간의 재투자비율 k_s ; 4.25 = 7.39(k_s), 따라서 k_s = 0.5751

따라서 예측기간 FCF가치 = $\frac{X_0(1-T)(1-k)(1+g)}{K_O - g}[1-(\frac{1+g}{1+K_O})^N]$

= 2,645(1−0.35)(1−0.50)(1+0.08125)[1−(1.08125/1.0739)^5]/(0.0739−0.08125)

= 929.5(−0.0347)/(−0.00735) = 4,388

그리고 잔여기간 FCF가치의 할인가치

$$= \frac{X_0(1-T_s)(1-k_s)(1+g_s)}{K_{Os} - g_s}(\frac{1+g}{1+K_O})^N$$

= 2,645(1 − 0.35)(1 − 0.5751)(1 + 0.0425)[(1.08125/1.0739)^5]/(0.0739 − 0.0425)

= 761.56 (1.0347)/0.0314 = 25,095

그러므로 Gillette의 기업가치 = 29,473m으로 계산된다.

이 문제를 FCF확장모형으로 계산하여 풀이한 값과 일치한다.

단계 3: 시너지 효과 분석

1. 인수 후 두 기업의 합병을 염두에 두고, 다음과 같은 시너지 원천에 대한 가정을 하였다. 합병 후 신규투자수익률이 기업의 자본비용과 동일한 값일 것으로 가정한다. 이를 근거로 인수합병 후의 시너지 효과를 분석해 보자.

- 합병회사의 규모의 경제에 의한 비용절감액 가정; 200m
- 합병회사의 범위의 경제에 의한 세후(투하자산 대비)영업이익률 증가: 1%p

– 따라서 합병회사의 잠재성장률이 다음과 같이 변화할 것으로 예상된다;

합병회사의 예상세후$ROIC$ = (10,927 + 2,645)(1 – 0.35)/(38,119 + 10,580) + 1% = 19.11%

합병회사의 예측기간 잠재성장률 = 19.11%(재투자비율 가정 41.95%) = 8.02%

합병회사의 잔여기간 재투자비율 = g 4.25/$WACC$ 7.10 = 59.86%

2. 자본시장 정보;

합병회사의 베타 예상치 = 0.8186

따라서 합병회사의 자기자본비용 = 4.25 + 4(0.8186) = 7.52%

그러므로 합병회사의 세후가중평균자본비용 = 5(1 – 0.35)(0.1) + 7.52(0.9) = 7.10%

[질문 3] 2단계 FCF성장모형에 의거하여 합병회사의 가치를 평가하라.

$$V = \frac{X_0(1-T)(1-k)(1+g)}{K_O-g}\left[1-\left(\frac{1+g}{1+K_O}\right)^N\right] + \frac{X_0(1-T_s)(1-k_s)(1+g)^N(1+g_s)}{K_{Os}-g_s}\left(\frac{1}{1+K_O}\right.$$

$$= \frac{X_0(1-T)(1-k)(1+g)}{K_O-g}\left[1-\left(\frac{1+g}{1+K_O}\right)^N\right] + \frac{X_0(1-T_s)(1-k_s)(1+g_s)}{K_{Os}-g_s}\left(\frac{1+g}{1+K_O}\right)^N$$

= 예측기간 FCF가치 + 잔여기간 FCF가치의 할인가치

여기서, X_o = 합병 후 예상영업이익 = 10,927 + 2,645 + 200 = 13,772

합병 후 예상세후$ROIC$ = (10,927 + 2,645)(1 – 0.35)/(38,119 + 10,580) + 1% = 19.11%

k = 세후영업이익 대비 재투자비율 = 0.4195

g = 예측기간의 예상성장률 = 세후$ROIC \times k$ = 0.1911(0.4195) = 8.02%

K_o = 세후가중평균자본비용으로 계산한 기업의 자본비용 = 7.10%

N = 예측기간 = 5년

잔여기간의 법인세율 T_s = 예측기간과 동일한 값 T 35%로 가정

잔여기간의 예상성장률 g_s = 4.25%로 가정

잔여기간의 재투자비율 k_s; 4.25 = 7.10(k_s), 따라서 k_s = 0.5986

따라서 예측기간 FCF가치 $= \frac{X_0(1-T)(1-k)(1+g)}{K_O - g}[1-(\frac{1+g}{1+K_O})^N]$

$= 13,772(1-0.35)(1-0.4195)(1+0.0802)[1-(1.0802/1.0710)^5]/$

$(0.0710-0.0802)$

$= 9,670(1-0.4195)(-0.0437)/(-0.0092) = 26,664$

그리고 잔여기간 FCF가치의 할인가치

$= \frac{X_0(1-T_s)(1-k_s)(1+g_s)}{K_{Os} - g_s}(\frac{1+g}{1+K_O})^N$

$= 13,772(1-0.35)(1-0.5986)(1+0.0425)[(1.0802/1.0710)^5]/$

$(0.0710-0.0425)$

$= 9,332(1-0.5986)(1.0437)/(0.0285) = 137,178$

그러므로 합병회사의 기업가치 = 163,842m으로 계산된다.

FCF확장모형으로 계산하여 풀이한 값과 일치한다(반올림 오차 주의).

[문제 4] 합병사례 분석

A사는 그동안의 성장세가 둔화되면서 재투자기회가 줄고, 소유부동산 매각에 의한 현금보유가 늘고 있다. A사는 잉여현금을 어떻게 사용할 것인가를 검토한 결과 다음과 같은 대안이 정리되었다; 주식재매입, 부채상환, 배당증가, 기업인수.

A사는 동종 경쟁회사인 Z사를 기업인수 대상기업으로 선정하였다. 인수 후에 Z사는 흡수합병하고 A사의 독립사업부로 운용할 계획이다.

A사가 Z사를 인수할 경우, Z사로부터의 현금흐름 증가액에 관한 정보는 다음과 같다.

연도	2005	2006	2007	2008
매출액 증가	40	60	75	85
매출원가 증가	20	30	37.5	42.5
감가상각비 증가	4	4.5	5	5.5
판관비용 증가	3	4	5	6
지급이자 증가	2	3	3	4
Z사 투자 증가	0	5	4	3

주; 1. 단위: 억원
2. Z사 투자증가 효과: 예측기간 이후 2009년부터 Z사의 성장률 연 5% 유지함.
3. 인수 전 Z사의 시가기준부채비율 66.67%, 부채차입이자율 12%, 법인세율 30%, 베타 1.2, 무위험이자율 10%, 시장수익률 16%. 현재 주가 1.5만원, 발행주식수 50만주
4. 인수 후 A사의 시가기준부채비율은 100% 목표. 법인세율 40% 예상함.

[질문 1] 현금흐름 분석; 인수 후 증분 잉여현금흐름을 추정하라.

연도	2005	2006	2007	2008
매출액 증가	40	60	75	85
매출원가 증가	20	30	37.5	42.5
감가상각비 증가	4	4.5	5	5.5
판관비용 증가	3	4	5	6
영업이익	13	21.5	27.5	31
세후영업이익	7.8	12.9	16.5	18.6
+ 감가상각비	4	4.5	5	5.5
"재무적" 영업현금흐름	11.8	17.4	21.5	24.1
− Z사 투자 증가	0	5	4	3
− 감가상각 투자	4	4.5	5	5.5
잉여현금흐름	7.8	7.9	12.5	15.6

[질문 2] 자본비용 분석; A사의 Z사 인수 타당성을 평가하는 데 적절한 요구수익률인 $WACC_{AT}$ 계산하라.

1. Z사의 자기자본비용 추정; *CAPM*모형 및 베타 벤치마킹 기법 이용

Z사의 무부채조달 상태의 베타 $b(U) = 1.2/[1 + (1 - 0.3)(0.6667)] = 0.82$

Z사의 목표부채비율 상태의 베타 $b(L) = 0.82 \times [1 + (1 - 0.4)(1)] = 1.31$

Z사의 자기자본비용 $K_e = 10 + 1.31 \times (16 - 10) = 17.86\%$

2. Z사의 가중평균자본비용 추정;

$K_o = 12(1 - 0.4) \times 1/2 + 17.86 \times 1/2 = 3.60 + 8.93 = 12.53\%$

[질문 3] 기업가치 분석; Z사의 인수가치(내재가치)를 *FCF*확장모형을 적용하여 계산하라.

잉여현금흐름 할인법 적용; Z사의 감가상각비는 부가가치창출력 유지를 위해 재투자 가정.

1. 일정성장 영구연금의 현재가치 모형을 이용하여 잔여가치 TV 먼저 계산

$TV = 15.6(1+0.05)/(0.1253-0.05) = 16.38/0.0753 = 217.53$억원

예측기간 4차년도 말 가치이므로 4년 할인하여 현재가치 $PV(TV)$ 계산

$PV(TV) = 217.53/(1.1253)^4 = 135.66$

2. 예측기간 2005-2008년도 잉여현금흐름의 할인가치 $PV(FV)$를 추가 계산

$$PV(FV) = 7.8/1.1253 + 7.9/1.1253^2 + 12.5/1.1253^3 + 15.6/1.1253^4$$
$$= 6.93 + 6.24 + 8.77 + 9.73 = 31.67$$

3. 인수가치(기업의 내재가치) = $PV(TV) + PV(FV)$ = 167.33억원

[질문 4] Z사의 시가총액과 내재가치, 부채잔액을 고려하여 인수프리미엄 및 주당 인수가격 계산하리.

1. Z사 인수 전 시가총액 = 1.5만원×50만주 = 75억원
   Z사 인수 전 부채총액 = 75억×2/3 = 50억원
2. 인수프리미엄 = 167.33억 − (75억 + 50억) = 42.33억원
3. 주당 인수가격 = (167.33 − 50)/50만 = 23,466원

[문제 5] 기업가치 사례분석

H사의 현금흐름에 관한 정보는 다음과 같다.

연도	2004	2005	2006	2007
매출액	9,085	10,145	11,415	12,725
매출원가	8,230	9,020	9,760	10,460
감가상각비	360	390	395	410
판관비용	595	655	750	845
영업이익	−100	80	510	1,010
고정자산 투자증가		690	800	860

주; 1. 단위: 억원

2. H사의 부채비율(*DER*) 175%, 부채차입이자율 5%, 법인세율 30%
3. 베타 1.0, 무위험이자율 4%, 시장수익률 10%
4. 현재 발행주식수 7,500만주, 주가 8만원으로 주식시장에서 관찰됨.

[질문 1] 현금흐름 분석; 예측기간 3년간의 잉여현금흐름을 추정하라.

연도	2004	2005	2006	2007
매출액	9,085	10,145	11,415	12,725
매출원가	8,230	9,020	9,760	10,460
감가상각비	360	390	395	410
판관비용	595	655	750	845
영업이익	−100	80	510	1,010
세후영업이익		56	357	707
+ 감가상각비		390	395	410
"재무적" 영업현금흐름		446	752	1117
− 투자 증가(감가상각 포함)		690	800	860
잉여현금흐름		−244	−48	257

* 상기 잉여현금흐름 계산방식은 "재무적" 영업현금흐름으로부터 도출한 *FCF*방식임.

* 감가상각비 처리방식에 관한 [보론] 자료 참조.

[질문 2] 자본비용 분석; H사의 세후 가중평균자본비용 $WACC_{AT}$ 계산하라.

1. H사의 자기자본비용 추정; *CAPM*모형 이용
   H사의 자기자본비용 $K_e = 4 + 1.0 \times (10 - 4) = 10\%$

2. Z사의 가중평균자본비용 추정;
   $K_o = 5(1 - 0.3) \times 1.75/2.75 + 10 \times 1/2.75 = 1.78 + 3.64 = 5.87\%$

[질문 3] H사의 내재가치를 *FCF*확장모형에 의거하여 계산하라.

잉여현금흐름 할인법 적용; H사 감가상각비는 부가가치창출력 유지를 위해 재투자됨.

1. **영구연금의 현재가치 공식을 이용하여 잔여가치 *TV* 먼저 계산;**
   잔여기간 2008년 이후 $TV = 257/0.0587 = 4,378.19$억원
   예측기간 3차년도 말 가치이므로, 3년 할인하여 현재가치 $PV(TV)$ 계산
   $PV(TV) = 4,378.19/1.0587^3 = 3,689.57$억원

2. **예측기간 2005-2007년도 잉여현금흐름의 할인가치 *PV*(*FV*)를 추가 계산**
   $PV(FV) = -244/1.0587 - 48/1.0587^2 + 257/1.0587^3$
   $= -56.71$

3. **H기업의 내재가치**
   $= PV(TV) + PV(FV) = 3,632.86$억원

[보론 13-1] 정액법 감가상각 처리방식과 시설자금증가액 계산방식

기말순고정자산 − 기초순고정자산 + 당기감가상각비
= 기말총고정자산 − 기초총고정자산

1. "재무적" 영업현금흐름 = 영업이익$(1 - T)$ + 감가상각비
2. 계속기업 가정; 부가가치 창출력의 유지를 위한 감가상각비 재투자
3. "재무적" 잉여현금흐름 = 재무적 영업현금흐름 − (순운전자금증가액 + 시설자금증가액)
4. 시설자금증가액 = 기말순고정자산 − 기초순고정자산 + 감가상각비
5. 감가상각비에 대한 가정; 정액법, 감가상각누계액을 차감한 순고정자산 표기

(예) 기말총고정자산 1000억, 다음 년도 신규투자 1,000억원 추가,
정액법 적용 상각기간 5년, 상각 후 잔존가액 100억원

연도	2005	2006	2007	2008	2009	2010
기말총고정자산1	1000					
감가상각비	180	180	180	180	180	
감가상각누계액	180	360	540	720	900	
기말순고정자산1	820	640	460	280	100	
기말총고정자산2		1000				
감가상각비		180	180	180	180	180
감가상각누계액		180	360	540	720	900
기말순고정자산2		820	640	460	280	100
기말총고정자산	1000	2000	2000	2000	2000	2000
감가상각비	180	360	360	360	360	180
감가상각누계액	180	640	900	1260	1620	1800
기말순고정자산	820	1460	1100	740	380	200

* **2006년도 시설자금증가액;**

계산방식1: 1,460 − 820 + 360 = 1,000

계산방식2: 2,000 − 1,000 = 1,000

* **2007년도 시설자금증가액**

계산방식1: 1,100 − 1,460 + 360 = 0

계산방식2: 2,000 − 2,000 = 0

* **결론; 방식2에는 당기감가상각비가 포함되어 계산된 것임.**

기말순고정자산 − 기초순고정자산 + 당기감가상각비

= 기말총고정자산 − 기초총고정자산

1. "재무적" 영업현금흐름 = 영업이익$(1-T)$ + 감가상각비
2. 계속기업 가정; 부가가치 창출력의 유시를 위한 감가싱각비 재투지
3. "재무적" 잉여현금흐름 = 재무적 영업현금흐름 − (순운전자금증가액 + 시설자금증가액)
4. 시설자금증가액 = 기말순고정자산 − 기초순고정자산 + 감가상각비
5. 감가상각비에 대한 가정; 정액법, 감가상각누계액을 차감한 순고정자산 표기

[보론 13-2] 정율법 감가상각 처리방식과 시설자금증가액 계산방식

기말순고정자산 - 기초순고정자산 + 당기감가상각비
= 기말총고정자산 - 기초총고정자산

1. "재무적" 영업현금흐름 = 영업이익(1 − T) + 감가상각비
2. 계속기업 가정; 부가가치 창출력의 유지를 위한 감가상각비 재투자
3. "재무적" 잉여현금흐름 = 재무적 영업현금흐름 - (순운전자금증가액 + 시설자금증가액)
4. 시설자금증가액 = 기말순고정자산 − 기초순고정자산 + 감가상각비
5. 감가상각비에 대한 가정; 정액법, 감가상각누계액을 차감한 순고정자산 표기

(예) 기말총고정자산 1,000억, 다음 년도 신규투자 1,000억원 추가,
정율법 적용 상각기간 5년, 상각 후 잔존가액 100억원

$$* \text{ 정율법 감가상각률} = 1 - (\text{잔존가액} / \text{취득원가})^{\frac{1}{\text{상각기간}}}$$

$$= 1 - (100 / 1{,}000)^{\frac{1}{5}} = 0.369043$$

연도	2005	2006	2007	2008	2009	2010
기말총고정자산1	1000					
감가상각비	369	233	147	93	58	
감가상각누계액	369	602	749	842	900	
기말순고정자산1	631	398	251	158	100	
기말총고정자산2		1000				
감가상각비		369	233	147	93	58
감가상각누계액		369	602	749	842	900
기말순고정자산2		631	398	251	158	100
기말총고정자산	1000	2000	2000	2000	2000	2000

감가상각비	369	602	380	240	151	58
감가상각누계액	369	971	1351	1591	1742	1800
기말순고정자산	631	1029	649	409	258	200

* **2006년도 시설자금증가액;**

계산방식1: 1,029 − 631 + 602 = 1,000

계산방식2: 2,000 − 1,000 = 1,000

* **2007년도 시설자금증가액**

계산방식1: 649 − 1,029 + 380 = 0

계산방식2: 2,000 − 2,000 = 0

* **2008년도 시설자금증가액**

계산방식1: 409 − 649 + 240 = 0

계산방식2: 2,000 − 2,000 = 0

* **2009년도 시설자금증가액**

계산방식1: 258 − 409 + 151 = 0

계산방식2: 2,000 − 2,000 = 0

* **2010년도 시설자금증가액**

계산방식1: 200 − 258 + 58 = 0

계산방식2: 2,000 − 2,000 = 0

제 14 장 공모가 및 목표주가 분석

1. 신규상장 공모가 분석: 기업가치 평가모형의 선택과 일반적 절차

기업공개 하는 신규상장 종목의 공모가를 산정하려면 우선 기업가치를 제대로 평가할 수 있어야 한다. 기업가치 평가절차는 크게 세 분야로 구분할 수 있다.

제1분야; 기업의 현금흐름 분석

제2분야; 기업의 자본비용 분석

제3분야; 기업가치 평가모형의 분석;

(기업가치 – 기초부채총액)/발행주식수 = 공모가

***FCF*확장모형에 의거한 기업가치 *V*(예측기간*N*)**

= 예측기간 *FCF*가치 + 잔여기간 *FCF*가치의 할인가치

= $PV(FCF) + PV(TV)$

$$V = \sum_{t=1}^{N} \frac{FCF_t}{(1+K_O)^t} + \frac{FCF_N(1+g)}{K_O - g} \times \frac{1}{(1+K_O)^N}$$

여기서, $FCF_t = X_t(1-T) - \Delta IC_t$, $\Delta IC_t = X_t(1-T) \times k$

***CEVA*확장모형에 의거한 기업가치 *V*(예측기간*N*)**

= t = 0시점 투하자산 + 예측기간 *CEVA*가치 + 잔여기간 *CEVA*가치의 할인가치

= $ICo + PV(CEVA) + PV(TV; CEVA)$

$$V_0 = IC_0 + \sum_{t=1}^{N} \frac{CEVA_t}{(1+K_o)^t} + \frac{CEVA_N(1+g)}{K_o - g} \frac{1}{(1+K_o)^N}$$

여기서, $CEVA_t = [\text{세후} ROIC_t - K_o] \times IC_{t-1}$

2. 유통주식 목표주가 분석: 주식가치 평가모형의 선택과 일반적 절차

현재 주가의 적정성을 평가할 수 있으려면 주당 주식가치를 제대로 평가할 수 있어야 한다. 주식가치 평가모형을 이용한 주식가치 평가절차도 크게 세 분야로 구분할 수 있다.

제1분야; 자기자본의 현금흐름 분석

제2분야; 자기자본의 자본비용 분석

제3분야; 주식가치 평가모형의 분석;

주식가치/발행주식수 = 목표주가

EEVA확장모형에 의거한 주식가치 S(예측기간N)

= t = 0시점 자기자본 + 예측기간 *EEVA*가치 + 잔여기간 *EEVA*가치의 할인가치

= $bo + PV(ee) + PV(TV;\ ee)$

$$P_0 = b_0 + \sum_{t=1}^{N} \frac{ee_t}{(1+K_e)^t} + \frac{ee_N(1+g)}{K_e - g}\frac{1}{(1+K_e)^N}$$

여기서, 1주당 $EEVA_t = e_t - Ke \times b_{t-1} = ee_t$

Chapter 14 연습문제

[문제 1] 신규상장 공모가 산정상 *FCF*모형과 *CEVA*모형의 등가식 사례(equivalence of *FCF-CEVA* valuation model); 비상장회사인 상수(주)를 신규상장할 계획이다. 다음에 주어진 재무제표와 현금흐름에 관한 성장기업 가정 및 자본시장에 관한 준강형 효율적 시장가설을 가정하고, 계속기업의 가치평가모형, *FCF*모형과 *CEVA*모형을 바탕으로 상수(주)의 주당 내재가치를 평가하라.

상수(주) 대차대조표(단위: 억원)

	2018년 말	2019년 말		2018년 말	2019년 말
현금	2,270	2,000	매입채무	870	1,400
매출채권	2,500	3,000	미지급금	1,450	600
재고자산	3,550	2,000	단기차입금(10%)	1,100	1,000
유동자산	8,320	7,000	유동부채	3,420	3,000
			장기차입금(@8%)	5,200	5,000
			회사채*(@10%)	2,000	2,000
순고정자산	12,100	13,000	고정부채	7,200	7,000
			부채총계	10,620	10,000
			자본금**	5,000	5,000
			자본잉여금	1,000	1,000
			이익잉여금	3,800	4,000
			자본총계	9,800	10,000
자산총계	20,420	20,000	부채자본총계	20,420	20,000

* 채권시장 정보; 회사채 액면가 10,000원. 2019년 말 현재, 채권가격 10,000원

* 주식시장 정보; 주식액면가 5,000원. 2019년 말 현재, 무위험금리 4%, 시장수익률 9%, 주식베타 1.20으로 추정됨.

상수(주)의 손익계산서(단위: 억원)

	2019.1.1 – 12.31
매출액	29,000
매출원가	24,000
판매비와관리비	1,300
감가상각비	1,000
영업이익 X	2,700
지급이자	700
경상이익	2,000
법인세(@T = 20%)	400
당기순이익	1,600
배당금	1,400
내부유보액	200

상수(주) 2019년 말 기준, 성장기업의 무한대모형 가정 하의 현금흐름 분석

- 성장기업 가정 1(현금흐름): 매년 감가상각비를 보충투자하여 부가가치 창출력 유지하고, 신규투자를 증가함.
- 성장기업 가정 2(자본시장): 준강형 효율적 시장가설이 성립하고, 자기자본 비용은 *CAPM*모형에 의거하여 추정함.

현금흐름 분석

[1] 자금조달; 타인자본 D = 1,000 + 5,000 + 2,000 = 8,000
자기자본 E = 5,000 + 1,000 + 4,000 = 10,000

[2] 투자; 순운전자금 = 7,000 − 600 − 1,400 = 5,000
시설자금 = 순고정자산 = 13,000
투하자산 = 5,000 + 13,000 = 18,000

[3] 부가가치창출; 회계적 영업현금흐름 = 2,700 − 400 + 1,000 = 3,300
재무적 영업현금흐름 = 2,700(1 − 0.20) + 1,000 = 3,160

[4] 성장; 내부유보액 = 당기순이익 − 배당금 = 1,600 − 1,400 = 200

투하자산 증가액 = 유보이익$(1 + DER)$ = 200(1 + 0.80) = 360

잠재성장률 = 360/18,000 = 2%

[5] 부가가치배분; 회계적 잉여현금흐름 CCF = 3,300 − (1,000 + 360) = 1,940

재무적 잉여현금흐름 FCF = 3,160 − (1,000 + 360) = 1,800

자본비용 분석

자기자본비용; K_e = 4 + (9 − 4)(1.20) = 10%

주식의 내재가치 S =1,400/(0.10 − 0.02) = 17,500

자기자본조달비중 $S/B + S$ = 17,500/(8,000 + 17,500) = 0.6863

타인자본비용; K_d = 지급이자/이자성부채 = 700/8,000 = 8.75%

타인자본조달비중 $B/B + S$ = 8,000/(8,000 + 17,500) = 0.3137

$WACC_{AT}$

세후가중평균자본비용; K_o = 8.75(1 − 0.2)(0.3137) + 10(0.6863) = 2.196 + 6.863 = 9.059%

계속기업의 기업가치 분석

재무적(잉여현금흐름 할인) **방법 FCF모형**

기업가치 $V = FCF/(K_o - g)$ = 1,800/(0.09059 − 0.02) = 25,500

재무적(잉여현금흐름 할인) **방법 2, $CEVA$모형**

투자수익률 = 세후$ROIC$ = 2,700(1 − 0.20)/18,000 = 12%

$CEVA$ = 18,000(0.12 − 0.0.09059) = 529.38

기업가치 $V = IC + CEVA/(K_o - g)$ = 18,000 + (529.38)/0.09059 − 0.02)

= 18,000 + 7,500 = 25,500

위에 주어진 재무정보와 자본시장정보를 분석하여 예측기간과 잔여기간의 재무정보와 자본시장정보로 구분하여 정리하면 다음과 같다.

기간	예측기간 향후 5년간	잔여기간 5년 이후 무한대
1. 현금흐름 분석 정보		
$t=0$ 시점 세전영업이익 X	2,700억원	
법인세율 T	20%	20%
재투자비율 k(세후영업이익 대비)	360/2,700(1 − 0.20) = 16.67%	16.67%
세후$ROIC$	2,700(1 − 0.20)/18,000 = 12%	12%
예상성장률	g = 12%(0.1667) = 2%	g_s = 2%
$t=0$ 시점 부채잔액	8,000억원	
$t=0$ 시점 발행주식수	10,000만주	
2. 자본비용 분석 정보		
시장위험도(베타)	1.20	1.20
시장위험프리미엄	5.00%	5.00%
무위험이자율	4.00%	4.00%
자기자본 자본비용	4 + 5(1.20) = 10%	4 + 5(1.20) = 10%
이자성부채 자본비용	8.75%	8.75%
내재가치기준 부채조달비중	31.37%	31.37%
기업의 자본비용(세후$WACC$)	K_o = 9.059%	K_{os} = 9.059%

[질문 1] 기업가치 분석; 재무적 잉여현금현금흐름(FCF) 모형에 의거하여 기업가치를 추정하라.

시점	t = 0	1	2	3	4	5
$X(1-T)$	2,160	2,203.20	2,247.26	2,292.21	2,338.05	2,384.81
−투하자산증가액		367.27	374.62	382.11	389.75	397.55
= FCF		1,835.93	1,872.64	1,910.10	1,948.30	1,987.26
FCF할인가치		1,683.43	1,574.46	1,472.56	1,377.24	1,288.09
FCF할인가치의 합	7,395.78					
잔여가치 TV						28,715.26 (*주1)
잔여가치의 현가	18,612.52					
FCF확장모형: 기업가치	26,010 (*주2)					

*주1: t = 5년도 말 잔여기간 FCF가치(TV) 계산절차
t = 5년도 말 잔여기간 FCF가치 = 1,987.26(1 + 0.02)/(0.09059 − 0.02) = 28,715.26

*주2: 상주(주)의 투자성과가 t = 1 시점부터 성장하기 시작한 것으로 가정하고 기업가치를 추정하였으므로 25,500(1 + 0.02) = 26,010으로 추정되는 점을 확인할 수 있음

[질문 2] 기업가치 분석: 경제적 부가가치(*CEVA*) 모형에 의거하여 기업가치를 추정하라.

시점	t = 0	1	2	3	4	5	6
$X(1-T)$	2,160	2,203.20	2,247.26	2,292.21	2,338.05	2,384.81	2,432.51 (*주2)
투하자산	18,000	18,360	18,727.20	19,101.74	19,483.78	19,873.45	20,270.92 (*주3)
− 자본비용 금액		1,663.23	1,686.50	1,730.43	1,765.04	1,800.34	1,836.34
CEVA		539.97 (*주1)	558.76	561.78	573.01	584.47	596.17
CEVA 할인가치		495.12	469.79	433.09	405.06	378.84	
CEVA 할인가치 합계	2,181.90						
잔여기간 *CEVA* 가치의 현재가치	5,474.18 (*주4)						잔여기간 *CEVA* 가치 8,445.53
투하자산	18,360						
CEVA 확장모형 기업가치	26,010						

*주1: t = 1년도 경제적 부가가치 계산절차
　　$CEVA\_1$ = 세후영업이익 2,203.20 − 자본비용 1,663.23
*주2: 잔여기간 초기 t = 6년도 세후영업이익 및 투하자산 계산절차
　　예측기간 말 t = 5년도 세후영업이익 = 2384.81(1 + 0.02)
*주3: 잔여기간 초기 t = 6년도 투하자산 계산절차
　　잔여기간 초기 t = 6년도 투하자산 = 19,873.45(1 + 0.02)
*주4: 잔여기간 동안 투하자산의 *CEVA*가치 및 현재가치 계산절차
　　잔여기간 동안 투하자산의 *CEVA*가치 TV = 596.17/(0.09059 − 0.02) = 8,445.53
　　t = 0 시점에서의 현재가치 PV(TV) = 8,445.53/(1.09059)^5 = 5,474.18

[질문 3] 기업가치 분석; 2단계 *FCF*성장모형에 의거하여 기업가치를 추정하라.

$$\text{기업가치 } V = \text{예측기간 FCF가치} + \text{잔여기간 } FCF\text{가치의 할인가치}$$
$$= PV(FCF) + PV(TV)$$

$$V = \frac{X_0(1-T)(1-k)(1+g)}{K_O - g}\left[1-\left(\frac{1+g}{1+K_O}\right)^N\right] + \frac{X_0(1-T_s)(1-k_s)(1+g)^N(1+g_s)}{K_{Os}-g_s}\left(\frac{1}{1+K_O}\right)^N$$

$$= \frac{X_0(1-T)(1-k)(1+g)}{K_O - g}\left[1-\left(\frac{1+g}{1+K_O}\right)^N\right] + \frac{X_0(1-T_s)(1-k_s)(1+g_s)}{K_{Os}-g_s}\left(\frac{1+g}{1+K_O}\right)^N$$

$$PV(FCF) = 2{,}700(1-0.20)(1-0.1667)(1+0.02)/(0.09059-0.02) \times [1-((1+0.02)/(1+0.09059))^5] = 7{,}394.16$$

$$PV(TV) = 2{,}700(1-0.20)(1-0.1667)(1+0.02)/(0.009059-0.02) \times [(1+0.02)/(1+0.09059)^5] = 18{,}614.14$$

$$V = 26{,}010$$

[질문 4] 공모가 분석[1)]

*FCF*확장모형, *CEVA*확장모형 및 2단계 *FCF*성장모형 모두 t = 1 시점부터 현금흐름이 성장하기 시작한다고 상정하고 예제풀이를 하였다. *FCFg*모형은 기본적으로 t = 2 시점부터 현금흐름이 성장한다고 가정하고 모형이 도출된 것이다. 따라서 t = 0 시점 기준, 상수(주)에 대한 모형의 내재가치는 26,010/(1 + 0.02) = 25,500억원이 된다.

---

1) 본 예제의 풀이목적은 두 가지이다. 첫째 풀이목적은 이론적으로 도출된 성장기업의 무한대모형인 *FCF*모형, *CEVA*모형, 2단계 *FCF*성장모형을 확장모형으로 변형시킴으로써 실무적 활용도를 높일 수 있는 방법을 제시하는 데 있다. *FCF*계열 모형을 응용하기 위해 필요한 현금흐름 및 자본비용 관련 정보를 정리하였다. 둘째 목적은 더 실용적이다. 본 예제에서는 확장모형으로 변형하면서도 예측기간과 잔여기간의 필수정보를 전적으로 동일하게 가정하였다. 이렇게 동일한 정보를 상정하는 가정이 바로 이론모형의 상태이다. 그러나 필수정보를 잘 정리하고 실제적으로 수집, 분석할 수 있는 터전이 마련되었기 때문에 확장모형을 응용하는데 유연하게 대처할 수 있을 것이다. 다음 예제에서는 실무 응용분야를 넓혀서 예측기간과 잔여기간의 필수정보를 동일하지 않게 상정하는 예제를 소개하였다.

	계산결과	계산근거
상수(주)의 내재기업가치	25,500억원	*FCF*확장모형, *CEVA*확장모형 및 2단계 *FCF*성장모형의 등가성 확인; 26,010/(1 + 0.02) = 25,500억원
(−) 부채잔액	8,000억원	t = 0 시점의 장부가 부채
(=) 주식의 내재가치	17,500억원	
발행주식수	1억주	
1주당 내재가치	17,500원	예상 공모가 = 17,500원으로 예상됨

[문제 2] 신규상장 공모가 산정상 *FCF*모형과 *CEVA*모형의 등가식 사례(equivalence of *FCF-CEVA* valuation model)2)

다음과 같이 예측기간과 잔여기간의 재무정보와 자본시장정보가 각각 달리 추정된 T사의 공모가를 산정하라.

	예측기간	잔여기간
기간	향후 5년간	5년 이후 무한대
현금흐름 분석 정보		
$t = 0$ 시점 세전영업이익 X	231.80m	
법인세율 T	25.47%	33%
재투자비율(세후영업이익 대비)	28.54%	51.93%
세후*ROIC*	19.25%	6.57%
예상성장률	g = 5.49% = 0.2854(19.25)	g_s = 3.41% = 0.5193(6.57)
$t = 0$ 시점 부채잔액	224.37m	
$t = 0$ 시점 발행주식수	보통주 35m	
자본비용 분석 정보		
시장위험도(베타)	0.93	1.00
시장위험프리미엄	4.46%	4.00%
무위험이자율	3.41%	3.41%
자기자본 자본비용	7.56% = 3.41 + 0.93(4.46)	7.41% = 3.41 + 1(4.00)
이자성부채 자본비용	4.17%	3.91%
시가총액기준 부채조달비중	17.60%	17.60%

2) Damodaran(2006), On Valuation, Titan Cement 사례분석에서 예제를 인용하고, 본서의 분석절차인 현금흐름 분석, 자본비용 분석, 기업가치평가의 등가성 모형을 적용하여 풀이방법을 제시한다.

기업의 자본비용(세후$WACC$)	K_o = 6.78% = 4.17(1 − 0.2547)(0.1760) + 7.56(0.8240)	K_{os} = 6.57% = 3.91(1 − 0.33)(0.1760) + 7.41(0.8240)

1. 기업가치 분석; 재무적 잉여현금현금흐름(FCF) 분석

시점	t = 0	1	2	3	4	5
$X(1-T)$	172.76	182.25	192.25	202.80	213.94	225.68
− 투하자산증가액		52.01	54.87	57.88	61.06	64.41
= FCF		130.24	137.38	144.92	152.88	161.27
FCF할인가치		121.97	120.49	119.03	117.60	116.17
FCF할인가치의 합	595.26					
잔여가치 TV						3,191.45 (*주1)
잔여가치의 현가	2,299.00					
FCF확장모형: 기업가치	2,894.26					

*주1: t = 5년도 말 잔여기간 FCF가치 계산절차
t = 5년도 세전영업이익 = 225.68/(1 − 0.2547) = 302.80
t = 6년도 세후영업이익 = 302.80(1 + 0.0341)(1 − 0.33) = 209.80
t = 6년도 투하자산증가액을 차감한 세후영업이익 = 208.80(1 − 0.5193) = 100.85
t = 5년도 말 잔여기간 FCF가치 = 100.85/(0.0657 − 0.0341) = 3,191.45

2. 기업가치 분석; 경제적 부가가치($CEVA$) 분석

시점	t = 0	1	2	3	4	5	6
$X(1\quad T)$	172.76	182.25	192.25	202.80	213.94	225.68	209.80 (*주1)
투하자산	897.46	946.73	998.70	1,053.51	1,111.38	1,172.36	1,236.72 (*주2)
− 자본비용 금액		64.19	67.71	71.43	75.35	79.49	
$CEVA$		118.06	124.54	131.37	138.59	146.19	
$CEVA$할인가치		110.56	109.23	107.90	106.60	105.31	
합	539.60						
투하자산	946.73						
잔여기간 $CEVA$ 가치의 현재가치	1,409.45 (*주3)						

*CEVA*확장모형 기업가치	2,895.78						

*주1: 잔여기간 초기 t = 6년도 세후영업이익 계산절차
*주2: 예측기간 말 t = 5년도 세전영업이익 = 225.68/(1 − 0.2547) = 302.80
잔여기간 초기 t = 6년도 세후영업이익 = 302.80(1 + 0.0341)(1 − 0.33) = 209.80
*주3: 잔여기간 초기 t = 6년도 투하자산, *CEVA*가치 및 현재가치 계산절차
잔여기간 초기 t = 6년도 투하자산 = 1,172.36(1 + 0.0549) = 1,236.72
잔여기간 초기 t = 6년도 *CEVA* = 209.80 − 1,236.72(0.0657) = 128.55
잔여기간 동안 투하자산의 *CEVA*가치 = 128.55/(0.0657 − 0) = 1,956.58
t = 0 시점에서의 현재가치 = 1,956.58/(1.0678)^5 = 1,409.45

3. 기업가치 분석; 2단계 *FCF*성장모형

$$\text{기업가치 } V = \text{예측기간 } FCF\text{가치} + \text{잔여기간 } FCF\text{가치의 할인가치}$$
$$= PV(FCF) + PV(TV)$$

$$V = \frac{X_0(1-T)(1-k)(1+g)}{K_O - g}\left[1-\left(\frac{1+g}{1+K_O}\right)^N\right] + \frac{X_0(1-T_s)(1-k_s)(1+g)^N(1+g_s)}{K_{Os}-g_s}\left(\frac{1}{1+K_O}\right)^N$$

$$= \frac{X_0(1-T)(1-k)(1+g)}{K_O - g}\left[1-\left(\frac{1+g}{1+K_O}\right)^N\right] + \frac{X_0(1-T_s)(1-k_s)(1+g_s)}{K_{Os}-g_s}\left(\frac{1+g}{1+K_O}\right)^N$$

$PV(FCF)$ = 231.80(1 − 0.2547)(1 − 0.2854)(1 + 0.0547)/(0.0678 − 0.0549)
× [1 − ((1 + 0.0549)/(1 + 0.0678))^5] = 595.41
$PV(TV)$ = 231.80(1 − 0.3300)(1 − 0.5193)(1 + 0.0341)/(0.0657 − 0.0341)
× [((1 + 0.0549)/(1 + 0.0678))^5] = 2,302.44
V = 595.41 + 2,302.44 = 2,897.85

4. 공모가 분석

기업의 내재가치 − 부채잔액
= 주식의 내재가치 = 2,897.85 − 224.37 = 2,673.48m

주식의 내재가치/발행주식수
= 1주당 내재가치
= 1주당 예상공모가 = 2,673.48m/35m = 76.39

[문제 3] *CEVA*모형과 주식가치 분석(목표주가)
2007.4.27일자 M증권의 "Y제철 기업분석" 리포트 참조하여, *CEVA*확장모형을 적용하기 위한 Y제철의 재무정보 및 자본시장정보를 정리하면 다음과 같다.

Y제철의 2006년 말 재무제표에서 현금흐름 분석을 위하여 투하자산 *IC*, 이자성부채 *D*, 자기자본 *E*, 영업이익 *X*를 아래 표와 같이 도출하였다.

Y제철주식회사의 2006년 말 자본총계는 21조7,900억원, 발행주식수는 8,720만 수이다. 2006년 말 현재 주가는 40만원에 거래되고 있다.

동사의 자기자본비용은 2006년 말 현재 무위험이자율 5%, 시장프리미엄 5%, 베타 0.8을 바탕으로 추정하고, 향후 동일한 K_e가 지속될 것으로 가정한다.

동사의 타인자본비용은 시장실세금리 5%를 적용한다.

예상 목표 부채조달비율은 2007년 장부가기준 부채비율을 사용하는 것으로 가정한다.

법인세율은 25%를 적용한다.

애널리스트의 예상정보(단위: 억원)

계정과목	2006 실제	2007 예상	2008 예상	2009 예상
IC	258,432	258,722	280,025	299,472
D	40,515	20,729	8,371	985
E	217,917	237,993	271,654	298,488
$D/D+E$	0.16	0.08	0.03	0.003
X	41,184	48,373	48,339	50,401

*계산 순서

1. 애널리스트의 투자, 자금조달, 영업이익 등 예상정보를 이용하여 재무적 영업현금흐름을 계산한다.

2. 목표 부채조달비중을 이용하여 K_o를 추정한다.
3. $CEVA_t$ = [세후 $ROIC_t$ − K_o] × IC_{t-1} 공식을 이용하여 계산한다.
4. 잔여기간(예측기간 3년 이후)에는 3년차 말 $CEVA$와 동일한 금액이 영원히 창출되는 것으로 가정한다.

[1] 자본비용 분석; 목표부채조달비율 가정을 바탕으로 한 K_o 추정

K_d = 5%

K_e = 5 + 5 × 0.8 = 9%

K_o = 5(1 − 0.25) × 0.08 + 9 × 0.92 = 0.30 + 8.28 = 8.58%

[2] 현금흐름 분석; 애널리스트의 예상을 바탕으로 2007년도 이후 $CEVA$ 추정

[a] $CEVA\_2007$ = (48,373(1 − 0.25)/258,432 − 0.0858) × 258,432 = 14,106

[b] $CEVA\_2008$ = (48,339(1 − 0.25)/258,722 − 0.0858) × 258,722 = 14,056

[c] $CEVA\_2009$ = (50,401(1 − 0.25)/280,025 − 0.0858) × 280,025 = 13,775

[3] 애널리스트의 예상을 바탕으로 2006년도 말 현재 주가 40만원이 저평가 혹은 고평가 되었는지 여부, 즉 현재 주가의 적정성을 검토하라.

*$CEVA$모형; 잔여기간 $CEVA$의 성장이 없는 것으로 가정, $g = 0$

$$V_0 = IC_0 + \frac{CEVA_1}{1+K_o} + \frac{CEVA_2}{(1+K_o)^2} + \frac{CEVA_3}{(1+K_o)^3} + \frac{CEVA_3(1+g)}{K_o - g}\frac{1}{(1+K_o)^3}$$

* $CEVA$모형에 의거한 기업가치의 내재가치 $V - D$ = 주식의 내재가치 S
  S/발행주식수 = 1주당 주식가치의 내재가치 = 목표주가 계산방식

V_o = 258,432 + 14,106/1.0858 + 14,056/$(1.0858)^2$ + 13,775/$(1.0858)^3$ + (13,775/0.0858)/$(1.0858)^3$

= 258,432 + 35,674 + 125,413 = 419,519억원

주식내재가치 = 419,519 − 40,515 = 379,004억

1주당 주식내재가치 = 379,004억/8,720만주 = 434,638원(약 43.5만원)

[4] M증권사 철강담당 애널리스트는 목표주가를 50만원으로 발표하였다.

이 목표주가가 달성되기 위해 현재 예상이익 이외에 2009년 이후에 반영되어야 할 초과이익의 성장률을 계산하라. 예상 *GDP*성장률 4%와 비교하여 실현가능성에 대해 해석하라.

**CEVA*모형; 잔여기간 동안 일정률로 성장하는 경우의 모형식으로부터 g 값을 역산할 것

괴리도 t = 0시점; (8,720만주×50만원 + 40,515억) − (258,432억 + 35,674억)
= 182,409

괴리도 t = 3시점; $182{,}409(1.0858)^3 = 233{,}505$

괴리도 t = 3시점 금액 = $PV(TV)$이어야 하므로

$233{,}505 = 13{,}775(1+g)/(0.0858-g)$

$233{,}505(0.0858) - 13{,}775 = g(233{,}505 + 13{,}775)$

따라서 $g = 2.53\% <$ 예상 *GDP*성장률 4%

[문제 4] *EEVA*모형과 주식가치 분석(목표주가)

2007.4.27일자 M증권의 "Y제철 기업분석" 리포트 참조하여, *EEV*A확장모형을 적용하기 위한 Y제철의 재무정보 및 자본시장정보를 정리하면 다음과 같다.

Y제철주식회사의 2006년 말 자본총계는 21조7,900억원, 발행주식수는 8,720만주이다. 그리고 동사의 자기자본은 순증관계(*CSR*)를 따른다고 가정한다.

2006년 말 현재 주가는 40만원이다.

2007, 2008, 2009년도 말에 예상되는 *EPS*는 각각 41,600원, 42,700원, 44,500원이다. 예상 *BPS*도 아래와 같이 추정된다.

동사의 자기자본비용은 2006년 말 현재 무위험이자율 5%, 시장프리미엄 5%, 베타 0.8을 바탕으로 추정하고, 향후 동일한 K_e가 지속될 것으로 가정한다.

[1] 애널리스트의 예상을 바탕으로 2007년도 이후 *DPS*(*d*) 및 *EEVA*(*ee*)를 추정할 것.

추정방법	2006 실적	2007 예상	2008 예상	2009 예상
$EPS(e)$ 예상		41,600	42,700	44,500
$DPS(d)$ 계산		[1]	[2]	[3]
$BPS(b)$ 예상	247,300	270,000	308,600	339,400
$EEVA(ee)$ 계산		[a]	[b]	[c]

*계산식; Clean Surplus Relation

1주당 $BPS(b)$, $EPS(e)$, $DPS(d)$ 간의 관계식 $b_t = b_{t-1} + e_t - d_t$ 이용하여 $DPS(d)$를 계산하라.

[1] $DPS\_2007 = 247,300 + 41,600 - 270,000 = 18,900$

[2] $DPS\_2008 = 270,000 + 42,700 - 308,600 = 4,100$

[3] $DPS\_2009 = 308,600 + 44,500 - 339,400 = 13,700$

*계산식: 아래 ee공식을 이용하여 1주당 $EEVA$를 추정하라.

1주당 $EEVA(ee)$; $ee_t = (ROE_t - K_e) \times b_{t-1} = e_t - K_e \times b_{t-1}$

[a] $ee\_2007 = (41,600/247,300 - 0.09) \times 247,300 = 19,343$

[b] $ee\_2008 = (42,700/270,000 - 0.09) \times 270,000 = 18,400$

[c] $ee\_2009 = (44,500/308,600 - 0.09) \times 308,600 = 16,726$

[2] 애널리스트의 예상을 바탕으로 2006년도 말 현재 주가 40만원의 적정성을 검토하라.

*$EEVA$모형; 잔여기간 중 $EPS(e)$의 성장이 없는 것으로 가정, $g = 0$

$$P_0 = b_0 + \frac{ee_1}{1+K_e} + \frac{ee_2}{(1+K_e)^2} + \frac{ee_3}{(1+K_e)^3} + \frac{ee_3(1+g)}{K_e - g}\frac{1}{(1+K_e)^3}$$

$$\begin{aligned} P_o &= 247,300 + 19,343/(1+0.09) + 18,400/(1+0.09)^2 + 16,726/(1-0.09)^3 \\ &\quad + (16,726/0.09)/(1+0.09)^3 \\ &= 247,300 + 46,350 + 143,505 = 437,155\text{원} \end{aligned}$$

[3] M증권사 철강담당 애널리스트의 목표주가는 50만원으로 발표되었다. 이 목표주가가 달성되기 위해 현재 예상이익 이외에 2009년 이후에 반영되

어야 할 초과이익의 성장률을 계산하라. 예상 *GDP*성장률 4%와 비교하여 실현가능성에 대해 해석하라.

*잔여기간 동안 *ee*가 일정률로 성장하는 *EEVA*모형으로부터 g 값을 역산할 것

괴리도 t = 0시점; 500,000 − (247,300 + 46,350) = 206,350

괴리도 t = 3시점; $205,350 \times (1+0.09)^3 = 267,230$

괴리도 t = 3시점 금액 = $PV(TV)$이어야 하므로

$267,230 = 16,726(1+g)/(0.09-g)$를 풀면

$267,230 \times 0.09 - 16,726 = g(267,230 + 16,726)$

따라서 g = 2.48% 〈 예상 *GDP*성장률 4%

[문제 5] *EEVA*보형과 주식가치 분석(목표주가)

2006.4.20일자 W증권의 "X전자 기업분석" 리포트 참조하여 *EEVA*모형 적용을 위한 재무정보와 자본시장정보를 다음과 같이 정리하였다.

X전자주식회사의 2005년 말 자본총계는 6조1,600억원, 발행주식수는 1억6천만주이다. 그리고 동사는 배당을 하지 않고, 당기순이익 전액을 내부유보, 재투자한다고 가정한다. 2005년 말 현재 주가는 81,600원이다. 2006, 2007, 2008년도 말에 예상되는 *EPS*는 각각 7,000, 12,825, 13,130원이다.

동사의 자기자본비용은 2005년 말 현재 무위험이자율 4.5%, 위험프리미엄 6%, 베타 1.15를 바탕으로 추정하고, 무위험이자율이 매년 0.25%씩 상승할 것이라는 전망을 감안한다.

[1] X전자의 연도별 예상 자기자본비용

2005년 $K_e = 4.5 + 6 \times 1.15 = 11.4\%$

2006년 $K_e = 4.75 + 6 \times 1.15 = 11.65\%$

2007년 $K_e = 5 + 6 \times 1.15 = 11.9\%$

2008년 $K_e = 5.25 + 6 \times 1.15 = 12.15\%$

[2] 애널리스트의 예상을 바탕으로 2005년도 이후 $BPS(b)$, $EEVA(ee)$를 추정하라.

	2005 실적	2006 예상	2007 예상	2008 예상
$EPS(e)$		7,000	12,825	13,130
$DPS(d)$		0	0	0
$BPS(b)$	[1] 38,500	[2]	[3]	[4]
$EEVA(ee)$		[a] 2,515	[b] 7,410.5	[c] 6,043.5

*계산식: 1주당 $BPS(b)$, $EPS(e)$, $DPS(d)$ 간의 관계식인 CSR 이용

$b_t = b_{t-1} + e_t - d_t$

[1] BPS_2005 = 61,600억/1.6억 = 38,500원

[2] BPS_2006 = 38,500 + 7,000 = 45,500원

[3] BPS_2007 = 45,500 + 12,825 = 58,325원

[4] BPS_2008 = 58,325 + 13,130 = 71,455원

*계산식: 애널리스트의 예상을 바탕으로 2005년도 이후 1주당 $EEVA(ee)$ 추정

$EEVA(ee)$; $ee_t = (ROE_t - K_e) \times b_{t-1} = e_t - K_e \times b_{t-1}$

[a] ee_2006 = (7,000/38,500 − 0.1165) × 38,500 = 2,515원/1주당

[b] ee_2007 = (12,825/45,500 − 0.119) × 45,500 = 7,410.5원

[c] ee_2008 = (13,130/58,325 − 0.1215) × 58,325 = 6,043.5원

[3] 애널리스트의 예상을 바탕으로 2005년도 말 현재 주가의 적정성을 검토하라.

*$EEVA$모형; 예측기간 이후 EPS의 성장이 없는 것으로 가정, $g = 0$

$$P_0 = b_0 + \frac{ee_1}{1+K_e} + \frac{ee_2}{(1+K_e)^2} + \frac{ee_3}{(1+K_e)^3} + \frac{ee_3(1+g)}{K_e - g}\frac{1}{(1+K_e)^3}$$

$$P_o = 38,500 + \frac{2,515}{1.1165} + \frac{7,410.5}{(1.1165)(1.119)} + \frac{6,043.5}{(1.1165)(1.119)(1.1215)}$$

$$+ \frac{6,043.5}{0.1215} \times \frac{1}{(1.1165)(1.119)(1.1215)}$$

= 38,500 + 2,252.6 + 5,931.4 + 4,313.2 + 35,500 = 50,997.2 + 35,500

= 86,497.2원 〉 2005년도 말 주가 81,600원

[4] W증권사 전자담당 애널리스트의 목표주가는 102,000원으로 발표되었다.

이 목표주가가 달성되기 위해 현재 예상이익 이외에 2009년도 이후에 반영되어야 할 초과이익의 성장률을 계산하고, 예상 *GDP*성장률 4.5%와 비교하여 적정성 여부를 검토하라.

*잔여기간 중 일정률로 성장하는 경우의 *EEVA*모형 적용하여 g 값을 역산

$$P_0 = b_0 + \frac{ee_1}{1+K_e} + \frac{ee_2}{(1+K_e)^2} + \frac{ee_3}{(1+K_e)^3} + \frac{ee_3(1+g)}{K_e - g}\frac{1}{(1+K_e)^3}$$

$$102{,}000 = 38{,}500 + \frac{2{,}515}{1.1165} + \frac{7{,}410.5}{(1.1165)(1.119)} + \frac{6{,}043.5}{(1.1165)(1.119)(1.1215)}$$

$$+ \frac{6{,}043.5(1+g)}{0.1215 - g}\frac{1}{(1.1165)(1.119)(1.1215)}$$

그러므로 g = 3.46% 〈 *GDP*성장률 예상 4.5%

제 15 장 프로젝트 파이낸스 사업의 투자타당성 분석

기업금융과 사업금융의 차이 비교

차이점	기업금융	사업금융
사업수명	무한대 가정	유한한 사업기간 가정
부채상환재원 소구권	제한 없음. 따라서 회사자산 혹은 회사신용을 바탕으로 담보제공, 지급보증 등의 신용보강이 관행적으로 이루어짐.	제한이 있거나 금지됨. 따라서 개별사업 혹은 개별 투자안의 고유한 현금흐름만이 원리금 상환의 근거가 됨.
절세효과	무한히 지속	유한한 사업기간만 적용
응용분야	– 계속기업의 자금조달 – 성장기업의 자금조달	– 유한한 사업수명을 가진 투자안의 투자타당성분석 – 프로젝트 파이낸스(*PF*) – 사모펀드(*PEF*) – 헤지펀드

사업금융의 자본비용 및 사업가치 평가모형

사업금융의 경우, 자본비용 모형	사업가치 평가모형; 등가성
(1) 무부채조달사업의 자본비용; 불변값 Ku	$APV(Ku)$모형
(2) 부채조달사업의 세후 자본비용; 시간가변적 Ko	$FCF(Ko)$모형
(3) 부채조달사업의 세전 자본비용; 시간가변적 K_{BT}	$CCF(K_{BT})$모형
(4) 부채조달사업의 자기자본 자본비용; 시간가변적 Ke	$CFE(Ke)$모형

(1) APV모형; 유한한 사업수명을 가진 사업의 사업가치

$$V_0(APV) = \sum_{t=1}^{n}\frac{X(1-T)+Dep}{(1+K_U)^t} + \sum_{t=1}^{n}\frac{BK_dT}{(1+K_d)^t}$$
$$= \frac{X(1-T)+Dep}{K_U}\left[1-\frac{1}{(1+K_U)^n}\right] + BT\left[1-\frac{1}{(1+K_d)^n}\right]$$

(2) 유한한 사업수명을 가진 부채조달사업의 시간가변적 세후 자본비용

$$K_O(t=n) = K_U\left[1-T\frac{B}{B+S_t}\left(1+\frac{\frac{K_d}{K_U}-1}{(1+K_d)^n}\right)\right]$$

…

$$K_O(t=1) = K_U\left[1-T\frac{B}{B+S_t}\left(1+\frac{\frac{K_d}{K_U}-1}{(1+K_d)^1}\right)\right]$$

여기서 $(t = n)$은 유한한 사업수명 중 시간이 흐름에 따라 줄어들면서 남아있는 사업수명 기간을 의미함.

FCF모형; 유한한 사업수명을 가진 사업의 사업가치

$$V_0(FCF) = \sum_{t=1}^{n}\frac{X(1-T)+Dep}{\Pi_{t=1}^{n}(1+K_O(t))} = \sum_{t=1}^{n}\frac{FCF_t}{\Pi_{t=1}^{n}(1+K_O(t))}$$

(3) 유한한 사업수명을 가진 부채조달사업의 시간가변적 세전 자본비용

$$K_{BT}(t=n) = K_U + (K_d - K_U)\,T\frac{B}{B+S_t}\left(1-\frac{1}{(1+K_d)^n}\right)$$

…

$$K_{BT}(t=1) = K_U + (K_d - K_U)\,T\frac{B}{B+S_t}\left(1-\frac{1}{(1+K_d)^1}\right)$$

CCF모형; 유한한 사업수명을 가진 사업의 사업가치

$$V_0(CCF) = \sum_{t=1}^{n}\frac{X(1-T)+Dep+BK_dT}{\Pi_{t=1}^{n}(1+K_{BT}(t))} = \sum_{t=1}^{n}\frac{CCF_t}{\Pi_{t=1}^{n}(1+K_{BT}(t))}$$

(4) 유한한 사업수명을 가진 부채조달사업의 시간가변적 자기자본의 자본비용

$$K_e(t=n) = K_U + (K_U - K_d)[1 - T + \frac{T}{(1+K_d)^n}]\frac{B}{S_n}$$

…

$$K_e(t=1) = K_U + (K_U - K_d)[1 - T + \frac{T}{(1+K_d)^1}]\frac{B}{S_1}$$

CFE모형; 유한한 사업수명을 가진 사업의 주식가치

$$S_0(CFE) = \sum_{t=1}^{n}\frac{(X-I)(1-T)+Dep}{\Pi_{t=1}^{n}(1+K_e(t))} = \sum_{t=1}^{n}\frac{CFE_t}{\Pi_{t=1}^{n}(1+K_e(t))}$$

사업금융(유한한 사업수명을 가진 부채조달사업)의 투자타당성분석 기법

투자타당성 분석	전통적 기법	새로운 기법
*NPV*분석	불변값 *Ko* 가정 필요	시간가변적 사업의 자본비용
*IRR*분석	불변값 *Ko* 가정 필요	불변값 *Ku* 적용

(1) 새로운 *NPV*기법

NPV_APV모형; $NPV = V_0(APV) - IC_0 > 0$

NPV_FCF모형: $NPV = V_0(FCF) - IC_0 > 0$

NPV_CCF모형: $NPV = V_0(CCF) - IC_0 > 0$

NPV_CFE모형: $NPV = [S_0(CFE) + B_0] - IC_0 > 0$

(2) 새로운 *IRR*기법

사업기간 중 일정한 값을 갖는 *Ku*를 투자거부율(cutoff rate)로 상정하고 다음과 같은 *NPV* 기준을 적용하여 *IRR*기법을 적용하여 투자타당성 분석을 시행한다.

$$NPV\ rule: \quad V_0(APV) = V_U(t=n) + V_{TS}(t=n) > IC_0$$

$$V_U(t=n) > IC_0 - V_{TS}(t=n)$$

여기서 $V_U(t=n)$ 및 $V_{TS}(t=n)$은 사업수명 기간(1기에서 n기까지)의 무부채조달사업의 현금흐름(*UCF*)과 절세액을 *APV*모형에 의거해 각각 평가한 가치이며, IC_0는 기초투자액을 의미함.

1단계: 투자안의 자금조달정책에 기초하여 유한한 사업기간 중의 절세가치 $V_{TS}(t=n)$을 $t = 0$ 시점에서 계산한다.

2단계: 초기투자액에서 유한한 사업기간 중의 절세가치 $V_{TS}(t=n)$을 차감한 $IC_0 - V_{TS}(t=n)$을 계산한다. 이 값을 다음 단계인 시행착오법 적용 단계에서 사용할 투자채택 최소값(혹은 투자포기 기준값)으로 상정한다.

3단계: 무부채조달사업의 현금흐름(UCF)을 사업기간 중 일정한 할인율 r을 적용하여 $V_U(r,t=n)$을 탐색적으로 계산하는 시행착오법을 적용하여 $V_U(r,t=n) = IC_0 + V_{TS}(t=n)$이 성립하는 할인율 r을 계산한다.

4단계: 3단계의 시행착오법 적용단계에서 도출한 할인율 r을 투자거부율 Ku와 비교하고, $IRR\ rule:\ r > K_U$를 적용하여 투자안의 투자타당성 여부를 판단한다.

현대재무학의 분석체계; 응용분야 확장

투자타당성분석; 유한한 사업수명의 투자안, 유한한 사업수명의 사업금융 *PF*사업의 투자안	현금흐름분석	채권가격
계속기업 가치평가	시간가치분석	주식가격
성장기업 가치평가	자본비용분석	시장효율성 가설

Chapter 15 연습문제

[문제 1] *PF*사업의 투자타당성 분석; *NPV* 및 *IRR*기법

사업수명이 4년인 *PF*사업 투자안을 시행하기 위해 *SPC*를 설립하였다. 기초투자액은 1,000억 원이고, 사업기간 중 감가상각비는 매년 50억 원이 발생하고, 재무적영업현금흐름(*OCF*)으로 측정한 연도별 투자성과는 각각 200억, 300억, 400억, 540억 원으로 예상된다. 사업종료년도 말에 운전자금 및 시설자금의 회수액은 없다. *SPC*회사의 무부채조달 사업에서 기대되는 투자수익율 Ku = 16%이다. *SPC*가 *PF*사업에 소요되는 투자자금을 조달하기 위해 부채의 자본비용 Kd = 8%로 400억 원을 조달하는 자본구조정책을 실행하려고 한다. 법인세율은 40%이다. *PF*사업 투자안의 투자타당성을 분석하라.

[질문 1] *APV*모형에 의거하여 *NPV*분석을 시행하라.
매기 말 기준, 투자안의 현금흐름을 추정하라.

매기 말 시점	t = 0	1	2	3	4
영업이익 X	0	250	416.67	583.33	816.67
감가상각비 Dep	0	50	50	50	50
재무적영업현금흐름(OCF) $=X(1-T)+Dep$	0	200	300	400	540
운전자금증가액	0	0	0	0	0
시설자금증가액	−1,000	0	0	0	0
재무적잉여현금흐름(FCF)		200	300	400	540
절세액(TS)		12.80	12.80	12.80	12.80
회계적잉여현금흐름(CCF)		212.80	312.80	412.80	552.80

* 재무적잉여현금흐름 $FCF = X(1-T) + Dep$ − 운전자금증가액 − 시설자금증가액
* 회계적잉여현금흐름 CCF = 재무적잉여현금흐름 + 절세액

*APV*모형에 의거해 매기 초 기준, 투자안의 사업가치를 계산하라.

t = 1기 초,

$$V(t=4) = V_U + V_{TS} = \frac{200}{1.16} + \frac{300}{(1.16)^2} + \frac{400}{(1.16)^3} + \frac{540}{(1.16)^4} + \sum_{t=1}^{4} \frac{400(0.08)(0.4)}{(1.08)^t}$$

$$= 172.41 + 222.95 + 256.26 + 298.24 + 12.8(3.3121)$$

$$= 949.86 + 42.40 = 992.26$$

t = 2기 초,

$$V(t=3) = V_U + V_{TS} = \frac{300}{(1.16)^1} + \frac{400}{(1.16)^2} + \frac{540}{(1.16)^3} + \sum_{t=1}^{3} \frac{400(0.08)(0.4)}{(1.08)^t}$$

$$= 258.62 + 297.27 + 345.96 + 12.8(2.5771)$$

$$= 901.84 + 32.99 = 934.83$$

t = 3기 초,

$$V(t=2) = V_U + V_{TS} = \frac{400}{(1.16)^1} + \frac{540}{(1.16)^2} + \sum_{t=1}^{2} \frac{400(0.08)(0.4)}{(1.08)^t}$$

$$= 344.83 + 401.31 + 12.8(1.7833) = 746.14 + 22.83 = 768.97$$

t = 4기 초,

$$V(t=1) = V_U + V_{TS} = \frac{540}{(1.16)^1} + \frac{400(0.08)(0.4)}{(1.08)^1}$$

$$= 465.52 + 12.8(0.9259) = 465.52 + 11.85 = 477.37$$

여기서 (t = n)은 사업수명에 따라 시간가변적인 성격을 갖는다는 것을 의미하고, 또한 유한한 사업수명 중 시간이 흐름에 따라 줄어들면서 남아있는 사업수명 기간을 의미한다.

[질문 2] *FCF*모형에 의거하여 *NPV*분석을 시행하라.
투자안의 매기 초 부채비율 및 부채조달비중을 추정하라.

	t = 1	2	3	4
매기 초 무부채조달 가정, 투자안의 가치	949.86	901.84	746.14	465.52
매기 초 절세액의 가치	42.40	32.99	22.83	11.85
매기 초 부채조달 경우, 투자안의 가치 *V*	992.26	934.83	768.97	477.37

매기 초 부채가치 B	400	400	400	400
매기 초 주식가치 S	592.26	534.83	368.97	77.37
부채비율 B/S	0.6754	0.7479	1.0841	5.1700
부채조달비중 $B/(B+S)=B/V$	0.4031	0.4279	0.5202	0.8379

매기 초 기준, 투자안의 시간가변적 세후가중평균자본비용 $Ko(t = n)$을 추정하라.

$$K_O(t=4) = K_U[1 - T\frac{B}{B+S}(1+\frac{\frac{K_d}{K_U}-1}{(1+K_d)^4})]$$

$$= 0.16[1-(0.4)(0.4031)(1+\frac{\frac{0.08}{0.16}-1}{(1+0.08)^4})] = 14.37\%$$

$$K_O(t=3) = K_U[1 - T\frac{B}{B+S}(1+\frac{\frac{K_d}{K_U}-1}{(1+K_d)^3})]$$

$$= 0.16[1-(0.4)(0.4279)(1+\frac{\frac{0.08}{0.16}-1}{(1+0.08)^3})] = 14.35\%$$

$$K_O(t=2) = K_U[1 - T\frac{B}{B+S}(1+\frac{\frac{K_d}{K_U}-1}{(1+K_d)^2})]$$

$$= 0.16[1-(0.4)(0.5202)(1+\frac{\frac{0.08}{0.16}-1}{(1+0.08)^2})] = 14.10\%$$

$$K_O(t=1) = K_U[1 - T\frac{B}{B+S}(1+\frac{\frac{K_d}{K_U}-1}{(1+K_d)^1})]$$

$$= 0.16[1-(0.4)(0.8379)(1+\frac{\frac{0.08}{0.16}-1}{(1+0.08)^1})] = 13.12\%$$

FCF모형에 의거한 투자안의 사업가치를 추정하라.

시점 t	재무적잉여현금흐름	할인요소	현재가치
1	200	1/(1.1437)	174.87
2	300	1/(1.1437)(1.1435)	229.39
3	400	1/(1.1437)(1.1435)(1.1410)	268.07
4	540	1/(1.1437)(1.1435)(1.1410)(1.1312)	319.92
$V(FCF)$ =			992.25

[질문 3] CCF모형에 의거하여 NPV분석을 시행하라.

매기 말 기준. 투자안의 회계적잉여현금흐름을 추정하라.

매기 말 시점	t = 1	2	3	4
영업이익 X	250	416.67	583.33	816.67
감가상각비	50	50	50	50
지급이자	−32	−32	−32	−32
세금(@T = 40%)	−87.2	−153.87	−220.53	−313.87
운전자금증가액	0	0	0	0
시설자금증가액	0	0	0	0
회계적잉여현금흐름(CCF)	212.8	312.8	412.8	552.8

* 회계적잉여현금흐름 CCF = $(X + Dep)$ − 세금$(X - I)T$ − 운전자금증가액 − 시설자금증가액
= 재무적잉여현금흐름 + 절세액

매기 초 기준, 투자안의 시간가변적 세전가중평균자본비용 $K_{BT}(t=n)$을 추정하라.

$$K_{BT}(t=4) = K_U + (K_d - K_U)\,T\frac{B}{V}\left(1-\frac{1}{(1+K_d)^4}\right) = 15.66\%$$

$$= 0.16 + (0.08 - 0.16)(0.4)(0.4031)\left(1-\frac{1}{(1+0.08)^4}\right)$$

$$K_{BT}(t=3) = K_U + (K_d - K_U)\,T\frac{B}{V}\left(1-\frac{1}{(1+K_d)^3}\right) = 15.72\%$$

$$= 0.16 + (0.08 - 0.16)(0.4)(0.4279)\left(1-\frac{1}{(1+0.08)^3}\right)$$

$$K_{BT}(t=2) = K_U + (K_d - K_U)\,T\frac{B}{V}\left(1-\frac{1}{(1+K_d)^2}\right) = 15.76\%$$

$$= 0.16 + (0.08 - 0.16)(0.4)(0.5201)\left(1 - \frac{1}{(1+0.08)^2}\right)$$

$$K_{BT}(t=1) = K_U + (K_d - K_U)\,T\frac{B}{V}\left(1 - \frac{1}{(1+K_d)^1}\right) = 15.80\%$$

$$= 0.16 + (0.08 - 0.16)(0.4)(0.8379)\left(1 - \frac{1}{(1+0.08)^1}\right)$$

CCF모형에 의거한 투자안의 사업가치를 추정하라.

시점 t	회계적잉여현금흐름	할인요소	현재가치
1	212.8	1/(1.1566)	183.99
2	312.8	1/(1.1566)(1.1572)	233.72
3	412.8	1/(1.1566)(1.1572)(1.1576)	266.43
4	552.8	1/(1.1566)(1.1572)(1.1576)(1.1580)	308.11
$V(CCF)$ =			992.25

[질문 4] 유한한 사업수명을 가진 PF사업 투자안의 특성을 고려한 자본비용모형을 적용하여, $APV(Ku)$, $FCF(Ko)$, $CCF(K_{BT})$모형에 의거한 PF사업 투자안의 사업가치를 바탕으로 NPV분석 결과를 서술하라.

$APV(Ku)$, $FCF(Ko)$, $CCF(K_{BT})$모형에 의거한 PF사업 투자안의 사업가치는 등가성을 보였고, 모두 투자타당성이 없는 것으로 판단할 수 있는 $NPV < 0$의 결과가 일관되게 나타났다.

[질문 5] CFE모형에 의거하여 NPV분석을 시행하라.

매기 말 기준, 주주의 현금흐름을 추정하라.

매기 말 시점	t = 1	2	3	4
재무적잉여현금흐름	200	300	400	540
절세액	12.8	12.8	12.8	12.8
회계적잉여현금흐름	212.8	312.8	412.8	552.8
− 지급이자	−32	−32	−32	−32
+ 차입증가 − 원금상환	0	0	0	−400
주주의 현금흐름	180.8	280.8	380.8	120.8

* 사업기간 중 주주의 현금흐름 = 회계적잉여현금흐름 − 채권자의 현금흐름 = $(X + Dep) - (X-I)T$ − 운전자금증가액 − 시설자금증가액 − I = $(X - I)(1 - T) + Dep$ − 운전자금증가액 − 시설자금증가액
* 사업종료년도 t = 4 주주의 현금흐름 = $(X - I)(1 - T) + Dep$ − 운전자금증가액 − 시설자금증가액 − 원금상환 400 = 120.80

매기 초 기준, 시간가변적 자기자본비용 $Ke(t = n)$을 추정하라.

힌트: $K_e(t=n) = K_U + (K_U - K_d)(1 - T + \frac{T}{(1+K_d)^n})\frac{B}{S}$

$$K_e(t=4) = 0.16 + (0.16 - 0.08)(1 - 0.4 + \frac{0.4}{(1.08)^4})(0.6754) = 20.83\%$$

$$K_e(t=3) = 0.16 + (0.16 - 0.08)(1 - 0.4 + \frac{0.4}{(1.08)^3})(0.7479) = 21.49\%$$

$$K_e(t=2) = 0.16 + (0.16 - 0.08)(1 - 0.4 + \frac{0.4}{(1.08)^2})(1.0841) = 24.18\%$$

$$K_e(t=1) = 0.16 + (0.16 - 0.08)(1 - 0.4 + \frac{0.4}{1.08})(5.1700) = 56.13\%$$

주주의 현금흐름으로부터 주식가치를 추정하라.

시점 t	주주의 현금흐름	할인요소	현재가치
1	180.8	1/(1.2083)	149.63
2	280.8	1/(1.2083)(1.2149)	191.29
3	380.8	1/(1.2083)(1.2149)(1.2418)	208.90
4	120.8	1/(1.2083)(1.2149)(1.2418)(1.5613)	42.44
$S(CFE)$ =			592.26

$CFE(Ke)$모형을 적용해 계산한 주식가치가 $APV(Ku)$, $FCF(Ko)$, $CCF(K_{BT})$모형에 의거해 계산한 결과와 등가성을 보이는가?

한편 주식가치를 기준으로 판단한 PF사업 투자안의 투자타당성에 대한 판단은 어떠한가?

유한한 사업수명을 가진 투자안의 특성을 고려한 시간가변적 자기자본모형을 적용하여 분석한 결과, $CFE(Ke)$모형은 주식가치에 대해 $APV(Ku)$, $FCF(Ko)$, $CCF(K_{BT})$모형과 등가성을 보였고, 투자타당성이 없는 것으로 판단할 수 있는 $NPV < 0$의 결과가 일관되게 나타났다.

[질문 6] 위의 [질문 2]에서 계산한 각 기별 자금조달비중과 [질문 5]에서 추정한 시간가변적 자기자본비용을 적용하여 시간가변적 세후가중평균자본비용(WACC_AT 방식 적용)을 계산하라. 그리고 [질문 2]에서 계산한 *PF*사업 투자안의 자본비용 Ko(t = n)과 일치하는가를 확인할 것.

힌트: 시간가변적 세후 가중평균자본비용(WACC_AT) 방식에 의거한 $Ko(t = n)$모형

$$K_O(t=n) = K_d(1-T)\frac{B}{B+S} + K_e(t=n)\frac{S}{B+S}$$

$$K_O(t=4) = K_d(1-T)\frac{B}{B+S} + K_e(t=4)\frac{S}{B+S} = 14.37\%$$
$$= 0.08(1-0.4)(0.4031)+0.2083(0.5969) = 0.0193+0.1243$$

$$K_O(t=3) = K_d(1-T)\frac{B}{B+S} + K_e(t=3)\frac{S}{B+S} = 14.35\%$$
$$= 0.08(1-0.4)(0.4279) + 0.2149(0.5721)$$
$$= 0.0205 + 0.1229$$

$$K_O(t=2) = K_d(1-T)\frac{B}{B+S} + K_e(t=2)\frac{S}{B+S} = 14.10\%$$
$$= 0.08(1-0.4)(0.5202) + 0.2418(0.4798)$$
$$= 0.0250 + 0.1160$$

$$K_O(t=1) = K_d(1-T)\frac{B}{B+S} + K_e(t=1)\frac{S}{B+S} = 13.12\%$$
$$= 0.08(1-0.4)(0.8379) + 0.5613(0.1621)$$
$$= 0.0402 + 0.0910$$

시간가변적 자기자본비용을 대입하여 계산한 투자안의 가중평균자본비용은 시간가변적 투자안의 자본비용과 등가성을 보였다.

[질문 7] 위의 [질문 2]에서 계산한 각 기별 자금조달비중과 [질문 5]에서 추정한 시간가변적 자기자본비용을 적용하여 시간가변적세전 가중평균자본비용(WACC_BT 방식 적용)을 계산하라. 그리고 [질문 2]에서 계산한 *PF*사업 투자안의 자본비용 $K_{BT}(t=n)$과 일치하는가를 확인할 것.

힌트: 세전 가중평균자본비용(WACC_BT) 방식에 의거한 $K_{BT}(t=n)$모형

$$K_{BT}(t=n) \;=K_d \frac{B}{B+S}+K_e(t=n)\frac{S}{B+S}$$

$$K_{BT}(t=4) \;=K_d \frac{B}{B+S}+K_e(t=4)\frac{S}{B+S} \;=0.08(0.4031)+0.2083(0.5969)$$
$$=15.66\%$$

$$K_{BT}(t=3) \;=K_d \frac{B}{B+S}+K_e(t=3)\frac{S}{B+S} \;=0.08(0.4279)+0.2149(0.5721)$$
$$=15.72\%$$

$$K_{BT}(t=2) \;=K_d \frac{B}{B+S}+K_e(t=2)\frac{S}{B+S} \;=0.08(0.5202)+0.2418(0.5877)$$
$$=15.76\%$$

$$K_{BT}(t=1) \;=K_d \frac{B}{B+S}+K_e(t=1)\frac{S}{B+S} \;=0.08(0.8379)+0.5613(0.1621)$$
$$=15.80\%$$

시간가변적 자기자본비용을 대입하여 계산한 투자안의 가중평균자본비용은 시간가변적 투자안의 자본비용과 등가성을 보였다.

[질문 8] 유한한 사업수명을 가진 *PF*사업 투자안에 대해 *IRR*기법을 적용하여 내부수익율을 계산하고, 무부채조달사업의 자본비용 *Ku*를 투자거부율로 적용하여 *PF*사업의 투자타당성 여부를 판단하라.

1단계: *APV*모형에 의거한 *PF*사업 투자안의 사업가치(n = 4, Ku = 16%)

*APV*모형에 의거한 1기 초 기준, 투자안의 사업가치

$$V(APV) = V_U + PV(TS) = \frac{200}{1.16}+\frac{300}{(1.16)^2}+\frac{400}{(1.16)^3}+\frac{540}{(1.16)^4}+\sum_{t=1}^{4}\frac{400(0.08)(0.4)}{(1.08)^t}$$

$$= 172.41 + 222.95 + 256.26 + 298.24 + 12.8(3.3121)$$

$$= 949.86 + 42.40 = 992.26$$

2단계: 시행착오법 탐색 상 투자안의 채택 최소값(투자포기 기준값)

$IC_0 - V_{TS}$ =1000 − 42.40 = 957.60

3단계: 할인율 r%를 시행착오법의 각 탐색단계에 적용해 $V_U(r,t=n)$ 계산

r = 15% 적용, $V_U(15\%,t=4) =$ 972.51

r = 16% 적용, $V_U(16\%,t=4) =$ 949.86

4단계: $IRR\ rule:\ r > K_U$ 적용

r = 15%와 16% 사이에서 보간법 적용하여 NPV = 0가 되는 IRR인 r을 계산하면 r = 15.66%로 계산되고, 이 값은 Ku = 16%보다 작은 값으로서, IRR기법은 투자타당성이 없다는 분석결과를 도출한다. 이 결과는 새로운 NPV기법을 적용하여 분석한 결과와 일관된 것이다.

[문제 2] SPC의 투자타당성 분석

PF사업은 사업수명은 4년인 민자발전소 건설 투자안이다. SPC는 이 사업에 기초투자액으로서 시설자금 520억 원, 운전자금 30억 원을 투자하고, 사업기간 중 매기 초에 운전자금으로 각각 10억, 20억, 10억 원을 추가 투자할 계획이다. 사업기간 중 감가상각비는 매년 50억 원이고, 연도별 영업이익은 각각 150억, 200억, 230억, 190억 원으로 추정된다. 사업종료년도 말 시설자금의 회수액은 없는 것으로 가정한다. SPC가 무부채조달할 경우의 자본비용 Ku =10%이다. 이 회사가 자본구조정책을 변경하여 사업초기부터 부채의 자본비용 Kd =8%로 150억 원을 조달하려고 한다. 법인세율은 40%이다. PF사업의 투자타당성을 분석하라.

[질문 1] APV모형에 의거하여 NPV분석을 시행하라.
매기 말 기준, 투자안의 현금흐름을 추정하라.

매기 말 시점	t = 0	1	2	3	4
영업이익 X	0	150	200	230	190
감가상각비 Dep	0	50	50	50	50
재무적영업현금흐름(OCF) $= X(1-T) + Dep$	0	140	170	188	164
운전자금증가액	−30	−10	−20	−10	+70
시설자금증가액	−520	0	0	0	0
재무적잉여현금흐름(FCF)		130	150	178	234
절세액(TS)		4.8	4.8	4.8	4.8
회계적잉여현금흐름(CCF)		134.8	154.8	182.8	238.8

* 재무적잉여현금흐름 $FCF = X(1-T) + Dep$ − 운전자금증가액 − 시설자금증가액
* 회계적잉여현금흐름 CCF = 재무적잉여현금흐름 + 절세액

APV모형에 의거해 매기 초 기준으로 투자안의 사업가치를 계산하라.

1기 초,

$$V(t=4) = V_U + V_{TS} = \frac{130}{1.10} + \frac{150}{(1.10)^2} + \frac{178}{(1.10)^3} + \frac{234}{(1.10)^4} + \sum_{t=1}^{4} \frac{150(0.08)(0.4)}{(1.08)^t}$$

$$= 118.18 + 123.97 + 133.73 + 159.83 + 4.8(3.3121)$$

$$= 535.71 + 15.89 = 551.60$$

2기 초,

$$V(t=3) = V_U + V_{TS} = \frac{150}{(1.10)^1} + \frac{178}{(1.10)^2} + \frac{234}{(1.10)^3} + \sum_{t=1}^{3} \frac{150(0.08)(0.4)}{(1.08)^t}$$

$$= 136.36 + 147.11 + 175.81 + 4.8(2.5771) = 459.28 + 12.37$$

$$=471.65$$

3기 초,

$$V(t=2) = V_U + V_{TS} = \frac{178}{(1.10)^1} + \frac{234}{(1.10)^2} + \sum_{t=1}^{2} \frac{150(0.08)(0.4)}{(1.08)^t}$$

$$= 161.82 + 193.39 + 4.8(1.7833) = 355.21 + 8.56 = 363.77$$

4기 초,

$$V(t=1) = V_U + V_{TS} = \frac{234}{(1.10)^1} + \frac{150(0.08)(0.4)}{(1.08)^1}$$

$$= 212.73 + 4.44 = 217.17$$

여기서 $(t = n)$은 사업수명에 따라 시간가변적인 성격을 갖는다는 것을 의미하고, 또한 유한한 사업수명 중 시간이 흐름에 따라 줄어들면서 남아있는 사업수명 기간을 의미한다.

따라서 $t = 0$ 시점에서 평가한 투자안의 사업가치 551.60 〉 550 이므로, 즉 NPV 〉 0이므로 PF사업이 투자타당성이 있는 것으로 판단한다.

[질문 2] *FCF*모형에 의거하여 *NPV*분석을 시행하라.
투자안의 매기 초 부채비율 및 부채조달비중을 추정하라.

	$t=1$	2	3	4
매기 초 무부채조달 가정, 투자안의 가치	535.71	459.28	355.21	212.73
매기 초 절세액의 가치	15.89	12.37	8.56	4.44
매기 초 부채조달 경우, 투자안의 가치 V	**551.60**	**471.65**	**363.77**	**217.17**
매기 초 부채가치 B	150	150	150	150
매기 초 주식가치 S	**401.60**	**321.65**	**213.77**	**67.17**
부채비율 B/S	0.3735	0.4663	0.7017	2.2331
부채조달비중 $B/(B+S)$	0.2719	0.3180	0.4123	0.6907

매기 초 기준, 시간가변적 투자안의 세후가중평균자본비용 $Ko(t=n)$을 추정하라.

$$K_O(t=4) = K_U[1 - T\frac{B}{B+S}(1+\frac{\frac{K_d}{K_U}-1}{(1+K_d)^4})]$$
$$= 0.10[1-(0.4)(0.2719)(1+\frac{\frac{0.08}{0.10}-1}{(1+0.08)^4})] = 9.07\%$$

$$K_O(t=3) = K_U[1 - T\frac{B}{B+S}(1+\frac{\frac{K_d}{K_U}-1}{(1+K_d)^3})]$$
$$= 0.10[1-(0.4)(0.3180)(1+\frac{\frac{0.08}{0.10}-1}{(1+0.08)^3})] = 8.93\%$$

$$K_O(t=2) = K_U[1 - T\frac{B}{B+S}(1+\frac{\frac{K_d}{K_U}-1}{(1+K_d)^2})]$$
$$= 0.10[1-(0.4)(0.4123)(1+\frac{\frac{0.08}{0.10}-1}{(1+0.08)^2})] = 8.63\%$$

$$K_O(t=1) = K_U[1 - T\frac{B}{B+S}(1+\frac{\frac{K_d}{K_U}-1}{(1+K_d)^1})]$$

$$= 0.10[1-(0.4)(0.4123)(1+\frac{\frac{0.08}{0.10}-1}{(1+0.08)^1})] = 7.75\%$$

FCF모형에 의거한 투자안의 사업가치를 추정하라.

시점 t	재무적잉여현금흐름	할인요소	현재가치
1	130	1/(1.0907)	119.19
2	150	1/(1.0907)(1.0893)	126.25
3	178	1/(1.0907)(1.0893)(1.0863)	137.91
4	234	1/(1.0907)(1.0893)(1.0863)(1.0775)	168.26
$V(FCF)$ =			551.61

[질문 3] CCF모형에 의하여 NPV분석을 시행하라.

매기 말 기준, 투자안의 회계적잉여현금흐름을 추정하라.

매기 말 시점	t =1	2	3	4
영업이익 X	150	200	230	190
감가상각비	50	50	50	50
지급이자	−12	−12	−12	−12
세금(@T =40%)	−55.2	−75.2	−87.2	−71.2
운전자금증가액	−10	−20	−10	+70
시설자금증가액	0	0	0	0
회계적잉여현금흐름(CCF)	134.8	154.8	182.8	238.8

* 회계적잉여현금흐름 CCF = $(X + Dep)$ − 세금$(X - I)T$ − 운전자금증가액 − 시설자금증가액
= 재무적잉여현금흐름 + 절세액

매기 초 기준, 시간가변적 투자안의 세전가중평균자본비용 $K_{BT}(t=n)$을 추정하라.

$$K_{BT}(t=4) = K_U + (K_d - K_U)\,T\frac{B}{V}(1-\frac{1}{(1+K_d)^4}) = 9.94\%$$

$$= 0.10 + (0.08 - 0.10)(0.4)(0.2719)(1 - \frac{1}{(1+0.08)^4})$$

$$K_{BT}(t=3) = K_U + (K_d - K_U)\,T\frac{B}{V}(1 - \frac{1}{(1+K_d)^3}) = 9.95\%$$

$$= 0.10 + (0.08 - 0.10)(0.4)(0.3180)(1 - \frac{1}{(1+0.08)^3})$$

$$K_{BT}(t=2) = K_U + (K_d - K_U)\,T\frac{B}{V}(1 - \frac{1}{(1+K_d)^2}) = 9.95\%$$

$$= 0.10 + (0.08 - 0.10)(0.4)(0.4123)(1 - \frac{1}{(1+0.08)^3})$$

$$K_{BT}(t=1) = K_U + (K_d - K_U)\,T\frac{B}{V}(1 - \frac{1}{(1+K_d)^1}) = 9.96\%$$

$$= 0.10 + (0.08 - 0.10)(0.4)(0.6907)(1 - \frac{1}{(1+0.08)^1})$$

CCF모형에 의거한 투자안의 사업가치를 추정하라.

시점 t	회계적잉여현금흐름	할인요소	현재가치
1	134.8	1/(1.0994)	122.61
2	154.8	1/(1.0994)(1.0995)	128.06
3	182.8	1/(1.0994)(1.0995)(1.0995)	137.54
4	238.8	1/(1.0994)(1.0995)(1.0995)(1.0996)	163.40
$V(CCF)$ =			551.61

[질문 4] 유한한 사업수명을 가진 PF 투자안의 특성을 고려한 자본비용모형을 적용하여, $APV(Ku)$, $FCF(Ko)$, $CCF(K_{BT})$모형에 의거한 PF사업 투자안의 사업가치를 바탕으로 NPV분석 결과를 서술하라.

$APV(Ku)$, $FCF(Ko)$, $CCF(K_{BT})$모형에 의거한 PF사업 투자안의 사업가치는 등가성을 보였고, 모두 투자타당성이 있는 것으로 판단할 수 있는 NPV 〉 0의 결과가 일관되게 나타났다.

[질문 5] CFE모형에 의거하여 NPV분석을 시행하라.

매기 말 기준, 주주의 현금흐름을 추정하라.

매기 말 시점	t = 1	2	3	4
재무적잉여현금흐름	130	150	178	234
절세액	4.8	4.8	4.8	4.8
회계적잉여현금흐름	134.8	154.8	182.8	238.8
지급이자	−12	−12	−12	−12
+ 차입증가 − 원금상환	0	0	0	−150
주주의 현금흐름	122.8	142.8	170.8	76.8

* 사업기간 중 주주의 현금흐름 = 회계적잉여현금흐름 − 채권자의 현금흐름 = $(X + Dep) - (X - I)T$ − 운전자금증가액 − 시설자금증가액 − I = $(X - I)(1 - T) + Dep$ − 운전자금증가액 − 시설자금증가액

* 사업종료년도 t = 4 주주의 현금흐름 = $(X - I)(1 - T) + Dep$ − 운전자금증가액 − 시설자금증가액 − 원금상환 = 76.8

매기 초 기준, 시간가변적 자기자본비용 $Ke(t = n)$을 추정하라.

힌트: $K_e(t=n) = K_U + (K_U - K_d)(1 - T + \frac{T}{(1+K_d)^n})\frac{B}{S}$

$$K_e(t=4) = 0.10 + (0.10 - 0.08)(1 - 0.4 + \frac{0.4}{(1.08)^4})(0.3735) = 10.67\%$$

$$K_e(t=3) = 0.10 + (0.10 - 0.08)(1 - 0.4 + \frac{0.4}{(1.08)^3})(0.4663) = 10.86\%$$

$$K_e(t=2) = 0.10 + (0.10 - 0.08)(1 - 0.4 + \frac{0.4}{(1.08)^2})(0.7017) = 11.32\%$$

$$K_e(t=1) = 0.10 + (0.10 - 0.08)(1 - 0.4 + \frac{0.4}{1.08})(2.2331) = 14.33\%$$

주주의 현금흐름으로부터 주식가치를 추정하라.

시점 t	주주의 현금흐름	할인요소	현재가치
1	122.8	1/(1.1067)	110.96
2	142.8	1/(1.1067)(1.1086)	116.40
3	170.8	1/(1.1067)(1.1086)(1.1132)	125.06
4	76.8	1/(1.1067)(1.1086)(1.1132)(1.1433)	49.18
$S(CFE)$ =			401.60

$CFE(Ke)$모형을 적용해 계산한 주식가치가 $APV(Ku)$, $FCF(Ko)$, $CCF(K_{BT})$모형에 의거해 계산한 결과와 등가성을 보이는가?

한편 주식가치를 기준으로 판단한 *PF*사업 투자안의 투자타당성에 대한 판단은 어떠한가?

유한한 사업수명을 가진 투자안의 특성을 고려한 시간가변적 자기자본모형을 적용하여 분석한 결과, $CFE(Ke)$모형은 주식가치에 대해 $APV(Ku)$, $FCF(Ko)$, $CCF(K_{BT})$모형과 등가성을 보였고, 투자타당성이 있는 것으로 판단할 수 있는 $NPV > 0$의 결과가 일관되게 나타났다.

[질문 6] 위의 [질문 2]에서 계산한 각 기별 자금조달비중과 [질문 5]에서 추정한 시간가변적 자기자본비용을 적용하여 시간가변적 세후가중평균자본비용(WACC_AT 방식 적용)을 계산하라. 그리고 [질문 2]에서 계산한 *PF*사업 투자안의 자본비용 $Ko(t=n)$과 일치하는가를 확인할 것.

힌트: 세후 가중평균자본비용(WACC_AT) 방식에 의거한 $Ko(t=n)$모형

$$K_O(t=n) = K_d(1-T)\frac{B}{B+S} + K_e(t=n)\frac{S}{B+S}$$

$$\begin{aligned} K_O(t=4) &= K_d(1-T)\frac{B}{B+S} + K_e(t=4)\frac{S}{B+S} \\ &= 0.08(1-0.4)(0.2719) + 0.1067(0.7281) = 9.07\% \end{aligned}$$

$$\begin{aligned} K_O(t=3) &= K_d(1-T)\frac{B}{B+S} + K_e(t=3)\frac{S}{B+S} \\ &= 0.08(1-0.4)(0.3180) + 0.1086(0.6820) = 8.93\% \end{aligned}$$

$$\begin{aligned} K_O(t=2) &= K_d(1-T)\frac{B}{B+S} + K_e(t=2)\frac{S}{B+S} \\ &= 0.08(1-0.4)(0.4123) + 0.1132(0.5877) = 8.63\% \end{aligned}$$

$$\begin{aligned} K_O(t=1) &= K_d(1-T)\frac{B}{B+S} + K_e(t=1)\frac{S}{B+S} \\ &= 0.08(1-0.4)(0.6907) + 0.1433(0.3093) = 7.75\% \end{aligned}$$

시간가변적 자기자본비용을 대입하여 계산한 투자안의 가중평균자본비용은 시간가변적 투자안의 자본비용과 등가성을 보였다.

[질문 7] 위의 [질문 2]에서 계산한 각 기별 자금조달비중과 [질문 5]에서 추정한 시간가변적 자기자본비용을 적용하여 시간가변적세전 가중평균자본비용(WACC_BT 방식 적용)을 계산하라. 그리고 [질문 2]에서 계산한 *PF*사업 투자안의 자본비용 $K_{BT}(t=n)$과 일치하는가를 확인할 것.

힌트: 세전 가중평균자본비용(WACC_BT) 방식에 의거한 $K_{BT}(t=n)$모형

$$K_{BT}(t=n) = K_d \frac{B}{B+S} + K_e(t=n)\frac{S}{B+S}$$

$$K_{BT}(t=4) = K_d \frac{B}{B+S} + K_e(t=4)\frac{S}{B+S} = 0.08(0.2719) + 0.1067(0.7281) = 9.94\%$$

$$K_{BT}(t=3) = K_d \frac{B}{B+S} + K_e(t=3)\frac{S}{B+S} = 0.08(0.3180) + 0.1086(0.6820) = 9.95\%$$

$$K_{BT}(t=2) = K_d \frac{B}{B+S} + K_e(t=2)\frac{S}{B+S} = 0.08(0.4123) + 0.1132(0.5877) = 9.95\%$$

$$K_{BT}(t=1) = K_d \frac{B}{B+S} + K_e(t=1)\frac{S}{B+S} = 0.08(0.6907) + 0.1433(0.3093) = 9.96\%$$

시간가변적 자기자본비용을 대입하여 계산한 투자안의 가중평균자본비용은 시간가변적 투자안의 자본비용과 등가성을 보였다.

[질문 8] 유한한 사업수명을 가진 *PF*사업 투자안에 대해 *IRR*기법을 적용하여 내부수익율을 계산하고, 무부채조달사업의 자본비용 *Ku*를 투자거부율로 적용하여 *PF*사업의 투자타당성 여부를 판단하라.

1단계: *APV*모형에 의거한 *PF*사업 투자안의 사업가치(n = 4, Ku = 10%)

*APV*모형에 의거한 1기 초 기준, 투자안의 사업가치

$$V_0(APV) = V_U + V_{TS} = \frac{130}{1.10} + \frac{150}{(1.10)^2} + \frac{178}{(1.10)^3} + \frac{234}{(1.10)^4} + \sum_{t=1}^{4} \frac{150(0.08)(0.4)}{(1.08)^t}$$

$$= 118.18 + 123.97 + 133.73 + 159.83 + 4.8(3.3121)$$

$$= 535.71 + 15.89 = 551.60$$

2단계: 시행착오법 탐색 상 투자안의 채택 최소값(투자포기 기준값)

$$IC_0 - V_{TS} = 550 - 15.89 = 534.11$$

3단계: 할인율 r%를 시행착오법의 각 탐색단계에 적용해 $V_U(r,t=n)$ 계산

r = 10% 적용, $V_U(10\%,t=4) =$ 535.71

r = 11% 적용, $V_U(11\%,t=4) =$ 523.16

4단계: *IRR rule* : $r > K_U$ 적용

r = 10%와 11% 사이에서 보간법 적용하여 *NPV* = 0가 되는 *IRR*인 r을 계산하면 r = 10.13%로 계산되고, 이 값은 Ku = 10%보다 큰 값으로서, *IRR*기법은 투자타당성이 있다는 분석결과를 도출한다. 이 결과는 새로운 *NPV*기법을 적용하여 분석한 결과와 일관된 것이다.

제6부

기업의 성공조건 분석

제 16 장 성공기업의 조건

1. 기업의 목표; 기업의 성공 [1장]

   = 협의; 사업 투자의 성공

   = 광의; 5대 재무활동의 성공

   = 측정; 기업가치의 극대화

   \- 주주가치의 극대화

2. 계속기업의 성공조건; *CEVA*모형[10장]

   연간 지표; $CEVA > 0$

   투자의 초과이익 = 생산과 판매과정에 투입된 모든 생산요소의 비용을 차감한 이후 잉여

   = 측정; (투자수익률 − 자본비용) × 투자액

   = (세후$ROIC - K_o$) $\times IC$

   = $CEVA$

   무한대 시표; *CEVA*모형의 $V > IC$

   기업가치

   = 계속기업의 영원히 지속되는 부가가치(재무적 잉여현금흐름)의 현재가치

   = 계속기업의 초기투자액을 능가하는 영원히 지속되는 초과이익의 현재가치

   측정; $V = \dfrac{CF}{CC} = \dfrac{FCF_1}{K_o} = IC + \dfrac{CEVA_1}{K_o}$

3. 성장기업의 성공조건; *AIP/VGO*모형[12장]

연간 지표; *CEVA* 〉 0 + 신규투자수익률 〉 기존투자수익률

= 측정; $CEVA = (세후ROIC - K_o) \times IC$,

그리고 $r^* >$ 세후$ROIC$, $\Delta IC > 0$

무한대 지표; *AIP/VGO*모형의 *V* 〉 *IC*

기업가치

= 계속기업의 영원히 일정률로 성장하는 부가가치(재무적 잉여현금흐름)의 현재가치

= 계속기업의 초기투자액 + 영원히 지속되는 초과이익의 현재가치 + 신규투자가치

측정;

$$V = \frac{FCF_1}{K_o - g} = IC_0 + IC_0 \times \frac{ROIC_1 - K_O}{K_O} + \Delta IC \times \frac{r^* - K_O}{K_O} \times \frac{1}{K_O - g}$$

4. 성공조건의 측정요소[2장, 8장]

- 투자/부가가치창출 활동; 투자수익률

- 자금조달활동; 세후가중평균자본비용

- 성장활동; 투하자산증가액 및 신규투자수익률

자금조달 활동	타인자본 *D*		자기자본 *E*
자금조달 원천	간접금융 은행차입금	직접금융 회사채발행	직접금융 주식발행
자본비용	K_d = 액면금리 현금흐름할인모형	K_d = 시장실세금리 현금흐름할인모형	K_e 배당할인모형 *CAPM*
세금 고려	절세효과 $K_d(1-T)$		없음
시가총액	B = 채권가격×채권발행수		S = 주식가격×주식발행수
시가기준 자금조달비중	$\frac{B}{B+S}$		$\frac{S}{B+S}$
기업의 자본비용 = $WACC_{AT}$	$Ko = K_d(1-T)\frac{B}{B+S} + K_e\frac{S}{B+S}$		

5. 기업의 자격

등급	별명	재무학적 판단기준	등가 기준값
하지하	못난 기업	비즈니스 모델 확립 못함	
하지상	한계기업	이자보상비율 〈 1	
중지하	"게으른 종"	주주의 경제적 부가가치 $EEVA < 0$	$PBR < 1$ $ROE < K_e$
중지상	"충성된 종"	투하자산의 경제적 부가가치 $CEVA > 0$	$NPV > 0$ $PI > 1$ 세후$ROIC > K_o$
상지하	계속기업	투하자산 대비 기업가치 비율 $VIC > 1$	계속기업의 가치평가모형; *CEVA*모형
상지상	성장기업 "일일신 우일신" 기업	성장유지가치 〉 0 혁신투자가치 〉 0 상기 두 조건의 영원한 지속	성장기업의 가치평가모형; *AIP/VGO*모형

Chapter 16 연습문제

[문제 1] 제2장 [예제 2-2] 대흥(주)에 대해서 계속기업의 성공조건 달성 여부를 *CEVA*모형을 이용하여 평가하라. 향후 대흥(주)의 당기순이익을 전액 배당하는 것으로 가정하라.

대흥(주) 대차대조표(단위: 억원)

	2018년 말	2019년 말		2018년 말	2019년 말
현금	250	200	매입채무	100	50
매출채권	250	500	미지급금	100	50
재고자산	500	300	은행차입(@5%)	200	400
유동자산	1,000	1,000	유동부채	400	500
			회사채(@5%)	300	500
고정자산	1,000	1,450	고정부채	300	500
감가누계액	400	450	자본금	600	600
순고정자산	600	1,000	이익잉여금	300	400
			자본총계	900	1,000
자산총계	1,600	2,000	부채자본총계	1,600	2,000

* 2019년 말 현재 자본시장정보;

채권가격 = 액면가 10,000원, 만기 3년, 연말 1회 이자지급 조건, 1좌당 10,000원에 거래

주식가격 = 액면가 5,000원, 1주당 15,000원. 당기순이익 − 내부유보액 0 = 배당지급액 계산식을 이용하여 계산(계속기업의 무한대모형 가정)

대흥(주) 손익계산서(단위: 억원)

	2019.1.1 - 12.31	계산식
매출액	2,200	
매출원가	1,700	
판매비와관리비	100	
감가상각비	50	= 450 − 400
영업이익	350	= 매출액 − 매출원가 − 판매비와관리비 − 감가상각비
지급이자	45	= 400(0.05) + 500(0.05)
법인세(@20%)	61	= (영업이익 − 지급이자) × (법인세율)
당기순이익	244	= 영업이익 − 지급이자 − 법인세
배당금	244	= 당기순이익 전액 배당지급: 계속기업 가정

[풀이]

자본비용 분석

은행차입 장부가	400	자금조달 비중 =	0.1481	액면금리 K_d =	5%
회사채 시가	500	자금조달 비중 =	0.1852	액면금리 K_d =	5%
주식시가	1,800	자금조달 비중 =	0.6667	배당할인모형	
시가총액	2,700억원	비중계	1.0000	K_e = 244/1800	13.56%

K_o =	10.37%	= 5(1 − 0.2)(0.1481) + 5(1 − 0.2)(0.1852) + 13.56(0.6667)
K_{BT} =	10.70%	= 5(0.1481) + 5(0.1852) + 13.56(0.6667)
K_u =	11.11%	= 10.37/[1 − (0.20)(0.1481 + 0.1852)]

기업가치 분석

계속기업의 기업가치평가모형			현금흐름	현금흐름 계산식	자본비용
FCF; *V* =	2,700		280	= $X(1-T)$ = 350(1 − 0.20)	10.37%
CCF; *V* =	2,700		289	= $FCF + I\ T$ = 280 + 45(0.20)	10.70%
APV; *V* =	2,700		289	= 280 + 9 각각 평가	11.11%
CEVA; *V* =	2,700	IC = 1,900 $V(CEVA)$ = 800	82.96	= $X(1-T) - K_o\ IC$ = 280 − (0.1037)1,900	10.37%

$CFE;\ S =$	1,800		244	= 당기순이익 전액 = 배당금 지급액	13.56%
$EEVA;\ S =$	1,800	$E = 1{,}000$ $V(EEVA) = 800$	108.44	$= NI - K_e\ E$ $= 244 - (0.1256)1{,}000$	13.56%

계속기업으로서 대흥의 성공조건을 분석해 보면

첫째, 연간지표로서 $CEVA > 0$ 조건; $CEVA = X(1-T) - K_o\ IC = 280 - 1{,}900(0.1037) = 82.96 > 0$이므로 성공조건이 충족되고

둘째, 무한대지표로서 $V > IC$ 조건; $CEVA$모형의 기업가치 $V = IC + CEVA/K_o = 1{,}900 + 82.96/0.1356 = 2{,}700 > 1{,}900$이므로 성공조건이 충족된다.

[문제 2] 제2장 연습문제 [문제 3] 천강(주)에 대해서 계속기업의 성공조건 달성 여부를 $CEVA$모형을 이용하여 평가하라. 향후 대흥(주)의 당기순이익을 전액 배당하는 것으로 가정하라.

천강(주) 대차대조표(단위: 억원)

	2018년 말	2019년 말		2018년 말	2019년 말
현금	250	200	매입채무	100	150
매출채권	250	500	미지급금	100	150
재고자산	500	300	은행차입금(@10%)	200	300
유동자산	1,000	1,000	유동부채	400	600
			회사채(@5%)	300	400
순고정자산	500	1,000	고정부채	300	400
			자본금	600	600
			이익잉여금	200	400
			자본총계	800	1,000
자산총계	1,500	2,000	부채자본총계	1,500	2,000

* 자본시장정보: 천강(주)의 채권가격 = 액면가 10,000원당 9,475.15원, 만기 3년
천강(주)의 주식가격 = 액면가 5,000원당 15,000원

천강(주) 손익계산서(단위: 억원)

	2019.1.1 - 12.31	손익계산서 제계산
매출액	2,200	
매출원가	1,800	
판매비와관리비	55	
감가상각비	25	
영업이익	320	320
지급이자	50 = 300(0.1) + 400(0.05)	56.53 = 300(0.1) + 400(0.947515)(0.07)
법인세(@20%)	54	52.69
당기순이익	216	210.78 계속기업 가정; 당기순이익 전액 배당지급

[풀이]

자본비용 분석

은행차입 장부가	300	자금조달 비중 =	0.1210	액면금리 K_d =	10%
회사채 시가	379 = 400 (0.947515)	자금조달 비중 =	0.1529	실세금리 K_d =	7%
주식시가	1,800	자금조달 비중 =	0.7261	배당할인모형 $K_e = 210.78/1,800$	11.71%
시가총액	2,479	비중계	1.0000		

K_o =	10.33%	$= 10(1-0.20)(0.1210) + 7(1-0.20)(0.1529) + 11.71(0.7261)$
K_{BT} =	10.78%	$= 10(0.1210) + 7(0.1529) + 11.71(0.7261)$
K_u =	10.93%	$= 10.33/[1-(0.20)(0.1210+0.1529)]$

기업가치 분석

계속기업의 기업가치평가모형			현금흐름	현금흐름 계산식	자본비용
FCF; V =	2,479	$V = \frac{FCF}{K_O}$	256	$= X(1-T)$ $= 320(1-0.2)$	10.33%
CCF; V =	2,479	$V = \frac{CCF}{K_{BT}}$	267.31	$= X(1-T) + I\ T$ $= 256 + (56.53)0.20$	10.78%
APV; V =	2,479	$V = \frac{FCF}{K_U} + BT$	267.31	$= X(1-T) + I\ T$ $= 256 + (56.53)0.20$ $= 256 + 11.31$	10.93%, 8.33% 각각 할인

$CEVA; V =$	2,479	$IC = 1{,}679$ $V(CEVA) = 800$	82.56	$= X(1-T) - K_o\ IC$ $= 256 - (0.1033)1{,}679$	10.33%
$CFE; S =$	1,800		210.78	= 시가기준 손익계산서상 당기순이익 전액	11.71%
$EEVA; S =$	1,800	$E = 1{,}000$ $V(EEVA) = 800$	93.68	$= NI - K_e\ E$ $= 210.78 - (0.1171)1{,}000$	11.71%

계속기업으로서 천강의 성공조건을 분석해 보면

첫째, 연간지표로서 $CEVA > 0$ 조건; $CEVA = X(1-T) - K_o\ IC = 256 - 1{,}679(0.1033) = 82.56 > 0$이므로 성공조건이 충족되고

둘째, 무한대지표로서 $V > IC$ 조건; $CEVA$모형의 기업가치 $V = IC + CEVA/K_o = 1{,}679 + 82.56/0.1033 = 2{,}479 > 1{,}679$이므로 성공조건이 충족된다.

[문제 3] 제12장 성장기업의 연습문제 [문제 1] (주)홍익의 성공조건 달성 여부를 AIP/VGO모형을 이용하여 평가하라.

대차대조표 및 손익계산서(단위: 억원)

재무제표	계정과목	2019년도	재무정보 계산
대차 대조표 2019년도 말 현재	현금	200	
	외상매출금	200	
	재고자산	300	
	유동자산계	700	*운전자금 투자*
	총고정자산	1,800	
	감가상각누계액	500	
	순고정자산	1,300	*시설자금 투지*
	자산총계	2,000	
	외상매입금	50	비이자성부채
	미지급금	150	→ *순운전자금*
	단기차입금(5%)	100	이자성부채
	유동부채계	300	
	장기차입금(5%)	400	이자성부채

	회사채(5%)	500	이자성부채
	고정부채계	**900**	***타인자본 조달***
	자본금 (액면가 5,000원)	400	주가 15,000원
	이익잉여금	400	
	자기자본계	**800**	***자기자본 조달***
	부채및자본총계	**2,000**	
손익계산서 2019.1.1 – 12.31	매출액	2,000	
	매출원가	1,500	= 생산코스트
	매출총이익	**500**	
	판매비와관리비	300	= 판매코스트
	(감가상각비 포함)	(100)	= 500−400
	영업이익	**200**	***부가가치 창출***
	이자	50	= 100(0.05) + 400 (0.05) + 500(0.05)
	경상이익	**150**	
	법인세(T = 20%)	30	
	당기순이익	**120**	
	배당금	96	***배당성향 80% 가정***
	내부유보액	24	→ ***유보이익 계산*** = 120 − 96

[풀이]

사본비용 분식

은행차입 장부가	100	자금조달 비중 =	0.0455	액면금리 K_d =	5%
장기차입 장부가	400	자금조달 비중 =	0.1818	액면금리 K_d =	5%
회사채 시가	500	자금조달 비중 =	0.2273	액면금리 K_d =	5%
주식시가	1,200	자금조달 비중 =	0.5455	배당할인모형 K_e =	96/1,200 + 3% = 11%
시가총액	2,200	비중계	1.0000		

* **잠재성장률 계산**

g = $ROE \times (1 - PO)$ = (120/800)(1 − 96/120) = 0.15(1 − 0.80) = 3%

투하자산증가액 = 내부유보 × (1 + DER) = 24(1 + 1,000/800) = 54

g = 투하자산증가액/투하자산 = 54/1,800 = 3%

K_o =	0.0782	= 5(1 − 0.2)(0.0455) + 5(1 − 0.2)(0.1818) + 5(1 − 0.2)(0.2273) + 11(0.5455)
K_{BT} =	0.0827	= 5(0.0455) + 5(0.1818) + 5(0.2273) + 11(0.5455)
K_u =	0.0860	= 7.82%/[1 − (0.2)(0.0455 + 0.1818 + 0.2273)]

기업가치 분석; 성장기업의 기업가치 평가모형

	기업가치	현금흐름	현금흐름 계산식	자본비용	성장률
FCF; V =	2,200	106.00	= $X(1-T) - IC\ g$ = 200(1 − 0.2) − 1,800(0.03)	7.82%	3.00%
CCF; V =	2,200	116.00	= $FCF + I\ T$ = 106 + 50(0.20)	8.27%	3.00%
APV; V =	2,200	116.00	= 106 + 10 각각 평가	8.60%	3.00%
$CEVA$; V =	2,200	19.27	$CEVA = X(1-T) - K_o\ IC$ = 200(1 − 0.2) − (0.0782)1,800	7.82%	3.00%
CFE; S =	1,200	96.00	= 당기순이익 × 배당성향 = 120 × 80%	11.00%	3.00%
$EEVA$; S =	1,200	32.00	$EEVA = NI - K_e\ E$ = 120 − (0.11)(800)	11.00%	3.00%
$AIP + VGO$	2,200				
$V(AIP)$=	2,046.51	160.00	$V(AIP) = X(1-T)/K_o$ = 200(1 − 0.8)/0.0782	7.82%	0.00%
$V(VGO)$ =	153.48	7.39	$V(VGO) = IC\ g$(세후$ROIC - K_o$)/$(K_o)/(K_o - g)$ = 54(0.0889 − 0.0782)/0.0782/(0.0782 − 0.03)	7.82%	3.00%

성장기업으로서 홍익의 성공조건을 분석해 보면

첫째, 연간지표로서 $CEVA > 0$ 조건; $CEVA = X(1-T) - K_o\ IC = 19.27 > 0$ 이므로 성공조건이 충족되고

둘째, 무한대지표로서 $V > IC$ 조건; AIP/VGO모형의 기업가치 $V = 2{,}200 > 1{,}700$ 이므로 성공조건이 충족된다.

그러나 신규투자의 수익률은 기존투자의 수익률과 동일한 것으로 가정한 상황이기 때문에 진정한 성장기업으로서의 성공조건이 충족되었는지 여부는 현 상태로는 판별할 수 없다.

[문제 4] 제12장 성장기업의 연습문제 [문제 2] 상수(주)의 성공조건 달성 여부를 AIP/VGO모형을 이용하여 평가하라.

상수(주) 대차대조표(단위: 억원)

	2018년 말	2019년 말		2018년 말	2019년 말
현금	2,270	2,000	매입채무	870	1,400
매출채권	2,500	3,000	미지급금	1,450	600
재고자산	3,550	2,000	단기차입금(10%)	1,100	1,000
유동자산	8,320	7,000	유동부채	3,420	3,000
			장기차입금(@8%)	5,200	5,000
			회사채(@10%)	2,000	2,000
순고정자산	12,100	13,000	고정부채	7,200	7,000
			부채총계	10,620	10,000
			자본금*	5,000	5,000
			자본잉여금	1,000	1,000
			이익잉여금	3,800	4,000
			자본총계	9,800	10,000
자산총계	20,420	20,000	부채자본총계	20,420	20,000

* 상수(주)의 주식시장 정보: 주식액면가 5,000원. 2019년 말 현재, 주가는 6,000원

상수(주)의 손익계산서(단위: 억원)

	2019.1.1 - 12.31
매출액	29,000
매출원가	24,000
판매비와관리비	1,300
감가상각비	1,000
영업이익 X	2,700
지급이자	700
경상이익	2,000
법인세(@T = 20%)	400
당기순이익	1,600
배당금	1,400 = 1,600 − 200
내부유보액	200 = 4,000 − 3,800

[풀이]

자본비용 분석

은행차입 장부가	1,000	자금조달 비중 =	0.0714	액면금리 K_d =	10%
장기차입 장부가	5,000	자금조달 비중 =	0.3571	액면금리 K_d =	8%
회사채 시가	2,000	자금조달 비중 =	0.1429	액면금리 K_d =	10%
주식시가	6,000	자금조달 비중 =	0.4286	배당할인모형 K_e =	1,400/6,000 + 2% = 25.33%
시가총액	14,000	비중계	1.0000		

* **잠재성장률 계산**

$g = ROE \times (1 - PO) = (1{,}600/10{,}000)(1 - 1{,}400/1{,}600) = 0.16(1 - 0.875) = 2\%$

투하자산증가액 = 내부유보 × (1 + DER) = 200(1 + 8,000/10,000) = 360

g = 투하자산증가액/투하자산 = 360/18,000 = 2%

K_o =	0.1486	= 10(1 − 0.2)(0.0714) + 8(1 − 0.2)(0.3571) + 10(1 − 0.2)(0.1429) + 25.33(0.4286)
K_{BT} =	0.1586	= 10(0.0714) + 8(0.3571) + 10(0.1429) + 25.33(0.4286)
K_u =	0.1677	= 14.86[1 − (0.20)(0.0714 + 0.3571 + 0.1429)]

기업가치 분석; 성장기업의 기업가치 평가모형

	기업가치	현금흐름	현금흐름 계산식	자본비용	성장률
$FCF;\ V\ =$	14,000	1,800.00	$= X(1-T) - IC\ \ g$ $= 2,700(1-0.20) - 18,000(0.02)$	14.86%	2.00%
$CCF;\ V\ =$	14,000	1,940.00	$= FCF + I\ \ T$ $= 1,800 + 700(0.20)$	15.86%	2.00%
$APV;\ V\ =$	14,000	1,940.00	$= 1,800 + 140$ 각각 평가	16.77%	2.00%
$CEVA;\ V\ =$	14,000	−514.29	$CEVA\ =\ X(1-T) - K_o\ IC$ $= 2,160 - (0.1486)18,000$	14.86%	2.00%
$CFE;\ S\ =$	6,000	1,400.00	= 배당지급액	25.33%	2.00%
$EEVA;\ S\ =$	6,000	−933.00	$EEVA\ =\ NI - K_e\ E$ $= 1,600 - (0.2533)10,000$	25.33%	2.00%
$AIP + VGO$	14,000				
$V(AIP)=$	14,538.46	2,160.00	$V(AIP)\ =\ X(1-T)/K_o$ $= 2,700(1-0.20)/0.1486$	14.86%	0.00%
$V(VGO)\ =$	−538.46	−69.23	$V(VGO)\ =\ IC\ \ g($세후$ROIC - K_o)$ $/(K_o)/(K_o - g)$ $= 18,000(0.02)(0.12 - 0.1486)$ $/(0.1486)/(0.1486 - 0.02)$	14.86%	2.00%

성상기업으로서 상수의 성공조건을 분석해 보면

첫째, 연간지표로서 $CEVA \rangle 0$ 조건; $CEVA\ =\ X(1-T) - K_o\ IC\ =\ -514.29 \langle 0$ 이므로 성공조건이 충족되지 않았고

둘째, 무한대지표로서 $V \rangle IC$ 조건; AIP/VGO모형의 기업가치 $V = 14,000 \langle 18,000$ 이므로 성공조건도 충족되지 않았다.

그러나 신규투자의 수익률은 기존투자의 수익률과 동일한 것으로 가정한 상황이기 때문에 진정한 성장기업으로서의 성공조건이 충족되었는지 여부는 현 상태로는 판별할 수 없다.

그러므로 성장기업으로서 상수(주)가 성공하려면 신규투자의 투자수익률이 기존투자의 투자 수익률에 비해 얼마나 능가할 수 있는가가 미지수로 남아 있다. 즉 상수(주)가 성장기업으로서 성공하는 조건은 혁신투자가치가 플러스인 신규투자를 얼마나 증대시킬 수 있느냐에 달려 있는 것이다.

제 17 장 일반기업의 성공조건

기업금융과 사업금융, 인수금융의 차이점 비교

구분	기업금융		사업금융
사업수명	무한대 가정	무한대 가정	유한한 사업기간 가정
투자정책	정형적 패턴 있음; - 초기 투자액 불변 - 혹은 매기 일정한 성장	정형적 패턴 없음; - 매기 투자액 불규칙적	정형적 패턴 없음; - 매기 투자액 불규칙적
자본구조정책	정형적 패턴 있음; - 초기 부채조달액 불변 - 혹은 매기 일정한 성장	비정형적 부채조달 - 매기 부채조달액 가변 - 혹은 목표부채 설정	비정형적 부채조달 - 매기 부채조달액 가변 - 혹은 목표부채 설정
부채상환재원 소구권	제한 없음. 따라서 회사자산 혹은 회사신용을 바탕으로 담보제공, 지급보증 등의 신용보강이 관행적으로 이루어짐.	피인수회사의 자산담보나 신용보강이 있을 수 있으나, 통상적으로 상환재원 소구권에 대한 제한이나 금지조건이 있을 수 있음.	제한이 있거나 금지됨. 따라서 개별사업 혹은 개별 투자안의 고유한 현금흐름만이 원리금상환의 근거가 됨.
절세효과	무한히 지속	무한히 지속	유한한 사업기간만 적용
응용분야	- 계속기업의 자금조달 - 성장기업의 자금조달	인수합병(*M&A*) 차입매수(*LBO*) 인수금융 차입의존 금융거래 일반기업의 자금조달	유한한 사업수명을 가진 투자안의 투자타당성분석 프로젝트 파이낸(*PF*) 사모펀드(*PEF*) 헤지펀드 차입매수(*LBO*)

일반기업의 기업가치 기준 대차대조표; 가치등식 원리

기업의 투자활동	(차변)	기업의 자금조달활동	(대변)
무부채조달기업의 가치	$V_U = PV[X(1-T),\ Ku]$	타인자본; 부채가치	B
절세액의 현재가치	$VTS = PV[TS,\ K_{TS}]$	자기자본; 주식가치	S
투하자산의 가치	$V_L = V_U + VTS$	기업가치	$B+S=V_L$

(1) **매기 현금흐름 등식 성립;** $K_U\ V_U + K_{TS}\ VTS = K_d\ B + K_e\ S$

(2) **매기 기업가치 등식 성립;** $V = B + S = V_U + VTS$

(3) **시간가변적 Ke의 일반해 공식(general formula);** 절세액에 대한 자본비용 K_{TS} = 타인자본비용 K_d로 가정하면,

$$K_e = K_U + (K_U - K_d)\frac{B}{S} - (K_U - K_{TS})\frac{VTS}{S}$$

$$= K_U + (K_U - K_d)\frac{B - VTS}{S}$$

(4) **시간가변적 Ko의 일반해 공식;** 세후 가중평균자본비용(WACC_AT) 공식에 Ke의 일반해를 대입하여 풀어쓰면,

$$K_O \ = \ K_U[1 - \frac{VTS}{V}] - K_d[\frac{B \times T - VTS}{V}]$$

(5) **시간가변적 K_{BT}의 일반해 공식;** 세전 가중평균자본비용(WACC_BT) 공식에 Ke의 일반해를 대입하여 풀어쓰면,

$$K_{BT} \ = \ K_U[1 - \frac{VTS}{V}] + K_d[\frac{VTS}{V}]$$

일반기업의 자본비용 및 기업가치 평가모형

인수금융의 경우, 자본비용 모형	기업가치 평가모형; 등가성
(1) 무부채조달사업의 자본비용; 불변값 Ku	$APV(Ku)$모형
(2) 부채조달사업의 세후 자본비용; 시간가변적 Ko	$FCF(Ko)$모형
(3) 부채조달사업의 세전 자본비용; 시간가변적 K_{BT}	$CCF(K_{BT})$모형
(4) 부채조달사업의 자기자본 자본비용; 시간가변적 Ke	$CFE(Ke)$모형

(1) *APV*모형의 일반해; 무한한 사업수명을 가진 사업의 사업가치

$$V_0(APV) = \sum_{t=1}^{\infty} \frac{X_t(1-T) - \Delta IC_t}{(1+K_U)^t} + \sum_{t=1}^{\infty} \frac{B_t K_{d,t} T}{\Pi_{t=1}^{\infty}(1+K_{d,t})} = V_{U,0} + VTS_0$$

(2) 무한한 사업수명을 가진 부채조달사업의 시간가변적 세후 자본비용

$$K_{O,t} = K_U[1 - \frac{VTS_t}{V_t}] - K_{d,t}[\frac{B_t \times T - VTS_t}{V_t}]$$

***FCF*모형의 일반해; 무한한 사업수명을 가진 사업의 사업가치**

$$V_0(FCF) = \sum_{t=1}^{\infty} \frac{X_t(1-T) - \Delta IC_t}{\Pi_{t=1}^{\infty}(1+K_{O,t})} = \sum_{t=1}^{\infty} \frac{FCF_t}{\Pi_{t=1}^{\infty}(1+K_{O,t})}$$

(3) 무한한 사업수명을 가진 부채조달사업의 시간가변적 세전 자본비용

$$K_{BT,t} = K_U[1 - \frac{VTS_t}{V_t}] + K_{d,t}[\frac{VTS_t}{V_t}]$$

***CCF*모형의 일반해; 무한한 사업수명을 가진 사업의 사업가치**

$$V_0(CCF) = \sum_{t=1}^{\infty} \frac{X_t(1-T) - \Delta IC_t + B_t K_{d,t} T}{\Pi_{t=1}^{\infty}(1+K_{BT,t})} = \sum_{t=1}^{\infty} \frac{CCF_t}{\Pi_{t=1}^{\infty}(1+K_{BT,t})}$$

(4) 무한한 사업수명을 가진 부채조달사업의 시간가변적 자기자본의 자본비용

$$K_{e,t} = K_U + (K_U - K_{d,t})\frac{B_t - VTS_t}{S_t}$$

***CFE*모형의 일반해; 유한한 사업수명을 가진 사업의 주식가치**

$$S_0(CFE) = \sum_{t=1}^{\infty} \frac{CFE_t}{\Pi_{t=1}^{\infty}(1+K_{e,t})}$$

여기서, 사업기간 중 주주의 현금흐름 = $(X - I)(1 - T)$ − 운전자금증가액 − 시설자금증가액 − 원금상환액 + 추가차입액.

일반기업(무한한 사업수명을 가진 비정형적 부채조달사업)의 투자타당성분석 기법

투자타당성 분석	전통적 기법	새로운 기법
*NPV*분석	불변값 *Ko* 가정 필요	시간가변적 사업의 자본비용
*IRR*분석	불변값 *Ko* 가정 필요	불변값 *Ku* 적용

(1) 새로운 *NPV*기법; 일반기업의 성공조건

NPV_APV모형; $NPV = V_0(APV) - IC_0 > 0$

NPV_FCF모형: $NPV = V_0(FCF) - IC_0 > 0$

NPV_CCF모형: $NPV = V_0(CCF) - IC_0 > 0$

NPV_CFE모형: $NPV = [S_0(CFE) + B_0] - IC_0 > 0$

(2) 새로운 *IRR*기법; 일반기업의 성공조건

사업기간 중 일정한 값을 갖는 *Ku*를 투자거부율(cutoff rate)로 상정하고 다음과 같은 *NPV* 기준을 적용하여 *IRR*기법을 적용하여 투자타당성 분석을 시행한다. $NPV\ rule: \quad V_0(APV) = V_U + VTS > IC_0$

$$V_U > IC_0 - VTS$$

여기서 V_U 및 VTS은 사업수명 기간이 무한대인 부채조달사업의 재무적잉여현금흐름과 절세액을 *APV*모형에 의거해 각각 $t = 0$ 시점에서 평가한 가치이며, IC_0는 기초투자액을 의미함.

1단계: 일반기업의 자금조달정책에 기초하여 유한한 사업기간 중의 절세가치 VTS을 $t = 0$시점에서 계산한다.

2단계: 초기투자액에서 무한한 사업기간 중의 절세가치 VTS을 차감한 $IC_0 - VTS$을 계산한다. 이 값을 다음 단계인 시행착오법 적용 단계에서 사용할 투자채택 최소값(혹은 투자포기 기준값)으로 상정한다.

3단계: 부채조달기업의 재무적잉여현금흐름을 사업기간 중 일정한 할인율 r을 적용하여 $V_U(r)$을 탐색적으로 계산하는 시행착오법을 적용하여 $V_U(r) = IC_0 - VTS$가 성립하는 할인율 r을 계산한다.

4단계: 3단계의 시행착오법 적용단계에서 도출한 할인율 r을 투자거부율 Ku와 비교하고, $IRR\ rule: \ r > K_U$를 적용하여 투자안의 투자타당성 여부를 판단한다.

자본구조정책에 따른 자본비용 모형 및 가치평가 모형

기업 구분	자본구조정책	자본비용 모형	가치평가 모형
계속 기업	사업기간 중 일정한 부채조달 금액 유지; 일정한 장부가기준 부채비율 유지	$K_O = K_d(1-T)\frac{B}{V} + K_e\frac{S}{V}$ $K_O = K_U[1 - T\frac{B}{B+S}]$ $K_{BT} = K_d\frac{B}{V} + K_e\frac{S}{V}$ $K_e = K_U + (K_U - K_d)(1-T)\frac{B}{S}$	FCF모형 $V_0 = \frac{FCF}{K_O}$ CCF모형 $V_0 = \frac{CCF}{K_{BT}}$ CFE모형 $S_0 = \frac{CFE}{K_e}$
성장 기업	사업기간 중 일정한 부채조달 금액의 성장률 유지; 일정한 시가기준 부채비율 유지	$K_O = K_d(1-T)\frac{B}{V} + K_e\frac{S}{V}$ $K_O = K_U[1 - T\frac{B}{B+S}]$ $K_{BT} = K_d\frac{B}{V} + K_e\frac{S}{V}$ $K_e = K_U + (K_U - K_d)(1-T)\frac{B}{S}$	$FCFg$모형 $V_0 = \frac{FCF_1}{K_O - g}$ $CCFg$모형 $V_0 = \frac{CCF_1}{K_{BT} - g}$ $CFEg$모형 $S_0 = \frac{CFE_1}{K_e - g}$
일반 기업	사업기간 중 비정형적 부채조달 금액 변경; 목표 부채조달 금액 설정 포함	$K_{O,t} = K_{d,t}(1-T)\frac{B_t}{V_t} + K_{e,t}\frac{S_t}{V_t}$ $K_{O,t} = K_U[1 - \frac{VTS_t}{V_t}] - K_{d,t}[\frac{B_t \times T - VTS_t}{V_t}]$ $K_{BT,t} = K_{d,t}\frac{B_t}{V_t} + K_{e,t}\frac{S_t}{V_t}$ $K_{BT,t} = K_U[1 - \frac{VTS_t}{V_t}] + K_{d,t}[\frac{VTS_t}{V_t}]$ $K_{e,t} = K_U + (K_U - K_{d,t})\frac{B_t - VTS_t}{S_t}$	APV모형 $V_0 = V_{U,0} + VTS_0$ FCF모형 $V_0 = \sum_{t=1}^{\infty}\frac{FCF_t}{\prod_{t=1}^{\infty}(1+K_{O,t})}$ CCF모형 $V_0 = \sum_{t=1}^{\infty}\frac{CCF_t}{\prod_{t=1}^{\infty}(1+K_{BT,t})}$ CFE모형 $S_0 = \sum_{t=1}^{\infty}\frac{CFE_t}{\prod_{t=1}^{\infty}(1+K_{e,t})}$

Chapter 17 연습문제

[문제 1] 일반기업의 성공조건 분석: 비정형적 자본구조정책과 자본비용 및 가치평가 모형의 일반해[1)]

홍익(주)는 인수금융 방식을 이용하여 피인수회사(타겟)를 인수하려고 한다.

사업수명이 무한대로 가정한 타겟에 대한 기초투자액은 시설자금으로 100억원이고, 운전자금으로 10억원이 필요하고, 인수 후 매출액 증가액의 1% 씩의 운전자금이 더 소요된다.

초기 매출액은 100억원이고, 사업안정기에 들어서는 3년 차에 매출액이 110억원이 될 것으로 전망된다. 감가상각비를 제외한 생산판매 코스트는 매출액의 60%를 차지한다. 시설에 대한 감가상각비는 인수 후 추정 손익계산서에 주어진 바와 같다.

홍익(주)의 투자수익율은 무부채조달기업의 자본비용인 Ku = 18%이다. 이 PF사업이 자본구조정책을 변경하여 투자초기에 부채의 자본비용 Kd = 12%로 77.5억원을 조달하고, 매년 상환하여 3기초에는 부채조달금액 목표인 50억원을 달성한 후, 안정기에는 부채조달액을 매년 동일하게 유지하려고 계획하고 있다. 이 때 안정기에 도달하기 전에 목표 부채조달액을 낮추는 동안 부채의 자본비용이 12%에서 각각 11%, 10%로 하락하고, 안정기에 접어들면 9%로 안정될 것으로 예상한다. 홍익(주)의 부채조달 및 상환 스케줄은 다음의 목표 부채조달액 표와 같다. 법인세율은 35%이다.

1) 비정형적인 목표 부채조달액을 갖는 일반기업의 시간가변적 자본비용 모형의 도출과정은 본장의 [보론] 참조.

홍익(주)의 목표 부채조달액(단위: 억원)

시점	1	2	3	4
기초 부채액	77.5	70	60	50
기말 부채액	70	60	50	50
부채조달액 증감	−7.5	−10	−10	+0
타인자본비용	12%	11%	10%	9%
지급이자	9.300	7.700	6.000	4.500
절세액	3.255	2.695	2.100	1.575

* t = 1, 절세액(기초 부채액이 기말까지 유지된다고 가정) = $K_{d,1}B_1T$ = 0.12(77.5)(0.35) = 3.255
…
t = 4, 절세액(기초 부채액이 기말까지 유지된다고 가정) = $K_{d,4}B_4T$ = 0.09(50)(0.35) = 1.575

인수 후 사업초기 4년간의 추정손익계산서는 다음과 같다.

홍익(주)의 인수 후 추정 손익계산서(단위: 억원)

시점(기말)	1	2	3	4 이후
매출액 R	100	100	110	110
− 생산판매코스트 C	60	60	66	66
− 감가상각비 Dep	5	10	15	15
= 영업이익 X	35	30	29	29
− 지급이자 I	9.300	7.700	6.000	4.500
− 세금(T = 35%)	8.995	7.805	8.050	8.575
= 당기순이익	16.705	14.495	14.950	15.925

위와 같은 투자와 자금조달계획을 가진 일반기업으로서 홍익(주)의 투자타당성을 분석하라.

[풀이]

[질문 1] 첫 단계 분석으로 홍익(주)의 투자성과에 관한 현금흐름을 분석하라.

현금흐름분석 계산식을 적용하여 계산한 시점별 재무적잉여현금흐름은 다음과 같다.

홍익(주)의 재무적잉여현금흐름 추정(단위: 억원)

시점	t = 0	1	2	3	4 이후
일반기업의 특성	불규칙한 투자정책 및 비정형적 자본구조정책 시행				
매출액 R	0	100	100	110	110
생산판매코스트 C	0	60	60	66	66
감가상각비 Dep	0	5	10	15	15
영업이익 X	0	35	30	29	29
재무적영업현금흐름(OCF) = $X(1-T)+Dep$	0	27.750	29.500	33.850	33.850
운전자금증가액	−10	0.00	1.00	0.00	0.00
시설자금증가액	−100	5	10	15	15
재무적잉여현금흐름(FCF)	−110	22.750	18.500	18.850	18.850

* 재무적잉여현금흐름 $FCF = X(1-T) + Dep$ − 운전자금증가액 − 시설자금증가액(감가상각비 Dep 포함)

[질문 2] 풀이의 두 번째 단계에서는 홍익(주)의 기업가치를 분석하라.

2-1. APV모형에 의거한 기업가치

(1) 기업가치분석

1기초, $V_L = V_U + VTS = V_0 = 107.776 + 19.407 = 127.182$

$$= [\frac{22.75}{1+0.18} + \frac{18.50}{(1+0.18)^2} + \frac{18.85}{(1+0.18)^2(0.18)}]$$
$$+ [\frac{3.255}{1.12} + \frac{2.695}{(1.12)(1.11)} + \frac{2.100}{(1.12)(1.11)(1.10)}$$
$$+ \frac{1.575}{(1.12)(1.11)(1.10)(0.09)}]$$

2기초, $V_L = V_U + VTS = V_1 = 104.426 + 18.480 = 122.906$

$$= [\frac{18.50}{(1+0.18)} + \frac{18.85}{(1+0.18)(0.18)}]$$
$$+ [\frac{2.695}{(1.11)} + \frac{2.100}{(1.11)(1.10)} + \frac{1.575}{(1.11)(1.10)(0.09)}]$$

$$3기초,\ V_L = V_U + VTS = V_2 = 104.722 + 17.818 = 122.540$$

$$= [\frac{18.85}{(0.18)}] + [\frac{2.100}{(1.10)} + \frac{1.575}{(1.10)(0.09)}]$$

$$4기초,\ V_L = V_U + VTS = V_3 = 104.722 + 17.50 = 122.222$$

$$= \frac{18.85}{0.18} + \frac{1.575}{0.09}$$

따라서 $t = 0$ 시점에서 평가한 투자안의 기업가치 $V_0 = 127.182 >$ 초기 투자액 110억원이므로 타겟에 대한 투자는 투자타당성이 있는 것으로 판단한다.

(2) *APV*모형을 적용하여 계산한 시점별 홍익(주)의 기업가치를 바탕으로 시간가변적 시가기준 부채비율을 분석한다.

홍익(주)의 기업가치와 부채비율 추정(단위: 억원)

	$t = 0$	1	2	3
무부채조달 가정, 투자안의 가치	107.776	104.426	104.722	104.722
절세가치 *VTS*	19.407	18.480	17.818	17.500
부채조달 경우, PF사업의 가치 *V*	127.182	122.906	122.540	122.222
부채가치 *B* (목표 부채조달금액)	77.500	70.000	60.000	50.000
주식가치 *S*	49.682	52.906	62.540	72.222
부채비율 B/S	1.5599	1.3231	0.9594	0.6923
부채조달비중 $B/(B+S)$	0.6094	0.5695	0.4896	0.4091

2-2. FCF모형에 의거한 Ko의 일반해와 기업가치

(1) 매기별 시간가변적 $K_{O,t}$의 일반해 추정

$$K_{O,t} = K_U[1 - \frac{VTS_t}{V_t}] - K_{d,t}[\frac{B_t \times T - VTS_t}{V_t}]$$

1기초, $K_{O,1} = K_U[1 - \frac{VTS_1}{V_1}] - K_{d,1}[\frac{B_1 \times T - VTS_1}{V_1}]$

$= 0.18(1 - 19.407/127.182) - 0.12[(77.5(0.35) - 19.407)]$
$/127.182 = 14.53\%$

2기초, $K_{O,2} = K_U[1 - \frac{VTS_2}{V_2}] - K_{d,2}[\frac{B_2 \times T - VTS_2}{V_2}]$

$= 0.18(1 - 18.480/122.906) - 0.11[(70.0(0.35) - 18.480)]$
$/122.906 = 14.75\%$

3기초, $K_{O,3} = K_U[1 - \frac{VTS_3}{V_3}] - K_{d,3}[\frac{B_3 \times T - VTS_3}{V_3}]$

$= 0.18(1 - 17.818/122.540) - 0.10[(60.0(0.35) - 17.818)]$
$/122.540 = 15.12\%$

4기초, $K_{O,4} = K_U[1 - \frac{VTS_4}{V_4}] - K_{d,4}[\frac{B_4 \times T - VTS_4}{V_4}]$

$= 0.18(1 - 17.500/122.222) - 0.09[(50.0(0.35) - 17.500)]$
$/122.222 = 15.42\%$

(2) FCF모형에 의거한 홍익(주)의 기업가치 추정

시점 t	재무적잉여현금흐름	할인요소	현재가치
1	22.75	1/(1+0.1453)	19.864
2	18.50	1/(1+0.1453)/(1+0.1475)	14.077
3	18.85	1/(1+0.1453)/(1+0.1475)/(1+0.1512)	12.459
4	18.85	1/(1+0.1453)/(1+0.1475)/(1+0.1512) /(0.1542)	80.799
$V(t = 1) = V_0 =$			127.199

홍익(주)의 기업가치를 FCF모형을 적용하여 평가한 결과는 앞에서 분석한 APV모형에 따른 기업가치와 같은 값임을 알 수 있다.

2-3. CFE모형에 의거한 Ke의 일반해와 주식가치

(1) 홍익(주)의 주주의 현금흐름을 계산해 정리하면 다음과 같다.

주주의 현금흐름 추정(단위: 억원)

	t = 1	2	3	4
영업이익 X	35	30	29	29
감가상각비	5	10	15	15
재무적영업현금흐름(OCF) = $X(1-T)+Dep$	27.750	29.500	33.850	33.850
운전자금증가액	0.00	1.00	0.00	0.00
시설자금증가액	5	10	15	15
재무적잉여현금흐름(FCF)	22.750	18.500	18.850	18.850
절세액	3.255	2.695	2.1	1.575
회계적잉여현금흐름(CCF)	26.005	21.195	20.950	20.425
지급이자	9.3	7.7	6	4.5
(−)원금상환 혹은 (+)추가차입	−7.50	−10.00	−10.00	0.00
주주의 현금흐름(CFE)	9.205	3.495	4.950	15.925

* 주주의 현금흐름 CFE = 회계적잉여현금흐름 CCF − 채권자의 현금흐름 CFD = $X(1-T)+Dep+IT$ − 순운전자금증가액 − 시설자금증가액(Dep 포함) − I + 추가차입액 − 원금상환액

* t = 1 주주의 현금흐름 = 26.005 − 9.300 − 원금상환 7.5 = 9.205

…

t = 4 주주의 현금흐름 = 20.425 − 4.5 + 원금상환/추가차입 0 = 15.925

(2) 매기별 시간가변적 자기자본비용 $K_{e,t}$의 일반해 추정

$$K_{e,t} = K_U + (K_U - K_{d,t})\frac{B_t - VTS_t}{S_t}$$

1기초, $K_{e,1} = K_U + (K_U - K_{d,1})\dfrac{B_1 - VTS_1}{S_1}$

$= 0.18 + (0.18 - 0.12)(77.5 - 19.407)/49.682 = 25.02\%$

2기초, $K_{e,2} = K_U + (K_U - K_{d,2})\dfrac{B_2 - VTS_2}{S_2}$

$= 0.18 + (0.18 - 0.11)(70.0 - 18.480)/52.906 = 24.82\%$

$$3기초,\ K_{e,3} = K_U + (K_U - K_{d,3})\frac{B_3 - VTS_3}{S_3}$$
$$= 0.18 + (0.18 - 0.10)(60.0 - 17.818)/62.540 = 23.40\%$$

$$4기초,\ K_{e,4} = K_U + (K_U - K_{d,4})\frac{B_4 - VTS_4}{S_4}$$
$$= 0.18 + (0.18 - 0.09)(50.0 - 17.500)/72.222 = 22.05\%$$

(3) *CFE*모형을 적용한 홍익(주)의 주식가치 추정

시점 t	주주의 현금흐름	할인요소	현재가치
1	9.205	1/1.2502	7.363
2	3.495	1/1.2502/1.2482	2.240
3	4.950	1/1.2502/1.2482/1.2340	2.571
4	15.925	1/1.2502/1.2482/1.2340 /(0.2205)	37.505
$S(t = 1) = S_0 =$			49.679

홍익(주)의 기업가치를 평가하기 위해 우선 *CFE*모형을 적용하여 주식가치를 추정하고, 시간가변적 부채가치를 합산하면 기업가치가 계산된다. 그리고 앞서 분석한 *APV*모형, *FCF*모형의 기업가치 추정치와 능가성을 보인나는 것을 확인할 수 있다.

[검산] 세후 가중평균자본비용(WACC_AT) 방식에 의거한 *Ko* 추정값 계산

$$K_{O,t} = K_{d,t}(1-T)\frac{B_t}{V_t} + K_{e,t}\frac{S_t}{V_t}$$

$$K_{O,1} = K_{d,1}(1-T)\frac{B_1}{V_1} + K_{e,1}\frac{S_1}{V_1}$$
$$= 0.12(1 - 0.35)(0.6094) + 0.2502(0.3906) = 14.53\%$$

$$K_{O,2} = K_{d,2}(1-T)\frac{B_2}{V_2} + K_{e,2}\frac{S_2}{V_2}$$
$$= 0.11(1 - 0.35)(0.5695) + 0.2482(0.4305) = 14.75\%$$

$$K_{O,3} = K_{d,3}(1-T)\frac{B_3}{V_3} + K_{e,3}\frac{S_3}{V_3}$$
$$= 0.10(1-0.35)(0.4896) + 0.2340(0.5104) = 15.12\%$$
$$K_{O,4} = K_{d,4}(1-T)\frac{B_4}{V_4} + K_{e,4}\frac{S_4}{V_4}$$
$$= 0.09(1-0.35)(0.4091) + 0.2205(0.5909) = 15.42\%$$

2-3. CCF모형에 의거한 K_{BT}의 일반해와 기업가치

(1) 매기별 시간가변적 $K_{BT,t}$의 일반해 추정

$$K_{BT,t} = K_U[1-\frac{VTS_t}{V_t}] + K_{d,t}[\frac{VTS_t}{V_t}]$$

1기초, $K_{BT,1} = K_U[1-\frac{VTS_1}{V_1}] + K_{d,1}[\frac{VTS_1}{V_1}]$

$= 0.18(1-19.407//127.182) + 0.12[19.407/127.182]$

$= 17.08\%$

2기초, $K_{BT,2} = K_U[1-\frac{VTS_2}{V_2}] + K_{d,2}[\frac{VTS_2}{V_2}]$

$= 0.18(1-18.480//122.906) + 0.11[18.480/122.906]$

$= 16.95\%$

3기초, $K_{BT,3} = K_U[1-\frac{VTS_3}{V_3}] + K_{d,3}[\frac{VTS_3}{V_3}]$

$= 0.18(1-17.818//122.540) + 0.10[17.818/122.540]$

$= 16.84\%$

4기초, $K_{BT,4} = K_U[1-\frac{VTS_4}{V_4}] + K_{d,4}[\frac{VTS_4}{V_4}]$

$= 0.18(1-17.500//122.222) + 0.09[17.500/122.222]$

$= 16.71\%$

(2) *CCF*모형에 의거한 *PF*사업의 기업가치 추정

시점 t	회계적잉여현금흐름	할인요소	현재가치
1	26.005	1/(1+0.1708)	22.211
2	21.195	1/(1+0.1708)/(1+0.1695)	15.479
3	20.950	1/(1+0.1708)/(1+0.1695)/(1+0.1684)	13.095
4	20.425	1/(1+0.1708)/(1+0.1695)/(1+0.1684) /(0.1671)	76.403
$V(t = 1) = V_0 =$			127.188

홍익(주)의 기업가치를 *CCF*모형을 적용하여 평가한 결과는 앞에서 분석한 *APV*모형 및 *FCF*모형에 따른 기업가치와 같은 값임을 알 수 있다.

본 사례분석을 통해 무한한 사업수명을 가진 PF사업의 투자타당성 분석 상 기업가치를 평가하는데 $APV(Ku)$모형, $FCF(Ko)$모형, $CFE(Ke)$모형 및 $CCF(K_{BT})$모형을 적용하면 모두 등가성을 갖는다는 것을 보였으며, 따라서 어떤 평가모형을 이용하든지 간에 일관성 있게 투자타당성 여부를 평가할 수 있가는 것을 밝힐 수 있다. 기업의 자본비용이 시간가변적임에도 불구하고 *NPV*분석의 시행에는 문제가 없다는 것을 알 수 있다.

[질문 3] 풀이의 셋째 단계에서는 홍익(주)에 대해 시간불변적인 무부채조달기업의 자본비용 Ku를 투자거부율로 활용하는 새로운 *IRR*분석 기법을 적용하라.

1단계: *APV*모형에 의거한 홍익(주)의 기업가치

1기 초 기준, $V_L = V_U + VTS = V_0 = 107.776+19.407 = 127.182$

$$= [\frac{22.75}{1+0.18} + \frac{18.50}{(1+0.18)^2} + \frac{18.85}{(1+0.18)^2(0.18)}]$$
$$+ [\frac{3.255}{1.12} + \frac{2.695}{(1.12)(1.11)} + \frac{2.100}{(1.12)(1.11)(1.10)}$$
$$+ \frac{1.575}{(1.12)(1.11)(1.10)(0.09)}]$$

2단계: 시행착오법 탐색 상 투자안의 채택 최소값(투자포기 기준값)

$V_U = IC_0 - VTS = 110 - 19.407 = 90.593$

3단계: 할인율 $r\%$를 시행착오법의 각 탐색단계에 적용

$r = 21\%$ 적용, $V_U(21\%) = 92.746$

$r = 22\%$ 적용, $V_U(22\%) = 88.643$

4단계: $IRR\ rule:\ r > K_U$ 적용

$r = 21\%$와 22% 사이에서 보간법 적용하여 $NPV = 0$가 되는 IRR인 r을 계산하면 $r = 21.52\% = IRR$로 계산되고, 이 값은 $Ku = 18\%$보다 큰 값이므로 IRR기법은 홍익(주)의 타겟에 대한 투자는 투자타당성이 있다, 즉 성공조건을 충족시킨다는 분석결과를 도출한다. 이는 NPV기법 분석결과와 동일하다.

[문제 2] 비정형적 자본구조정책과 자본비용의 일반해 적용사례; 비정형적 목표 부채조달액의 달성을 추구하는 *PF*사업에 대한 투자타당성 분석[2)]

사업수명이 무한대로 가정한 프로젝트 파이낸스(이하 "PF")사업에 대한 기초투자액은 시설자금으로 100억원이고, 운전자금으로 7.5억원이 소요된다. 사업 초기 3년간은 연 12%씩 성장하고, 이후 4차연도 이후 안정성장기에는 성장하지 않는 것으로 가정한다. 초기 매출액은 75억원이고, 감가상각비를 제외한 생산판매 코스트는 매출액의 60%를 차지한다. 시설에 대한 감가상각은 정액법을 적용하고 시설자금의 10%씩 감가상각비가 발생하는 것으로 상정한다. 운전자금은 매출액 증가액의 10%가 매년 더 소요된다.

***PF*사업의 투자수익율은 무부채조달기업의 자본비용인 $Ku = 18\%$이다. 이 *PF*사업이 자본구조정책을 변경하여 투자초기에 부채의 자본비용 $Kd = 12\%$로**

---

2) 본 연습문제는 무한한 사업수명을 가진 비정형적 목표 부채조달금액을 추구하는 *PF*사업의 기업가치 분석 및 투자타당성 분석에 관한 민감도분석에 해당된다. *PF*사업의 부채상환재원 소구권이 사업의 현금흐름 창출능력에만 전적으로 의존한다고 상정하고, 안정성장기의 지속성장률이 정지하였을 때의 투자타당성을 재검토한다. 비정형적인 목표 부채조달액을 갖는 *PF*사업의 시간가변적 자본비용 모형의 도출과정은 일반기업의 일반해에 대한 본장의 [보론] 참조.

77.5억원을 조달한 이후, 매년 8.5억원 씩 3년간 상환하여 4기초에는 부채조달금액 목표인 52억원을 달성한 후, 안정성장기에는 부채조달액을 4기 수준으로 유지시키려고 계획하고 있다. 이 때 안정성장기에 도달하기 전에 목표 부채조달액을 낮추는 동안 부채의 자본비용이 12%에서 각각 11%, 10%로 하락하고, 안정성장기에 접어들면 9%로 안정될 것으로 예상한다. 법인세율은 35%이다.

*PF*사업의 목표 부채조달액(단위: 억원)

시점	1	2	3	4
기초 부채액	77.5	69	60.5	52
기말 부채액	69	60.5	52	52
부채조달액 증감	−8.5	−8.5	−8.5	+0
타인자본비용	12%	11%	10%	9%
지급이자	9.300	7.590	6.050	4.680
절세액	3.255	2.657	2.118	1.638

* t = 1, 절세액(기초 부채액이 기말까지 유지된다고 가정) = $K_{d,1}B_1T$ = 0.12(77.5)(0.35) = 3.255
…
t = 4, 절세액(기초 부채액이 기말까지 유지된다고 가정) = $K_{d,4}B_4T$ = 0.09(52)(0.35) = 1.638

*PF*사업의 초기 4년간 추정손익계산서는 다음과 같다.

*PF*사업의 추정 손익계산서(단위: 억원)

기말 시점	1	2	3	4
매출액 R	75	84	94.08	94.08
− 생산판매코스트 C	45	50.4	56.448	56.448
− 감가상각비 Dep	10	11.2	12.544	12.544
= 영업이익 X	20	22.4	25.088	25.088
− 지급이자 I	9.300	7.590	6.050	4.680
− 세금(T = 35%)	3.745	5.184	6.663	7.143
= 당기순이익	6.955	9.626	12.375	13.265

이와 같은 투자와 자금조달계획을 가진 계속기업으로서 *PF*사업의 투자타당성을 분석하라.

[질문 1] 첫 단계 분석으로 *PF*사업의 투자성과에 관한 현금흐름을 분석하라.

현금흐름분석 계산식을 적용하여 계산한 시점별 *PF*의 재무적잉여현금흐름은 다음과 같이 정리된다.

PF사업의 재무적잉여현금흐름 추정(단위: 억원)

시점	t = 0	1	2	3	4 이후
성장률 구분	**성장률 년 12% 가정**				**0% 가정**
매출액 R	0	75	84	94.080	94.080
생산판매코스트 C	0	45	50.4	56.448	56.448
감가상각비 Dep	0	10	11.2	12.544	12.544
영업이익 X	0	20	22.4	25.088	25.088
재무적영업현금흐름(OCF) $= X(1-T)+Dep$	0	23	25.76	28.851	28.851
운전자금증가액	−7.5	−0.9	−1.008	0	0
시설자금증가액	−100	−10	−11.2	−12.544	−12.544
재무적잉여현금흐름(FCF)	−107.5	12.100	13.552	16.307	16.307

* 재무적잉여현금흐름 $FCF = X(1-T) + Dep$ − 운전자금증가액 − 시설자금증가액(감가상각비 Dep 포함)

[질문 2] *APV*모형에 의거하여 *PF*사업의 기업가치를 분석하라

*APV*모형을 적용하여 계산한 시점별 *PF*사업의 기업가치는 다음과 같이 정리된다.

1기초, $V_L = V_U + VTS = V_0 = 85.051 + 19.900$

$$= [\frac{12.1}{1+0.18} + \frac{13.552}{(1+0.18)^2} + \frac{16.307}{(1+0.18)^2(0.18)}]$$

$$+ [\frac{3.255}{1.12} + \frac{2.657}{(1.12)(1.11)} + \frac{2.118}{(1.12)(1.11)(1.10)}$$

$$+ \frac{1.638}{(1.12)(1.11)(1.10)(0.09)}]$$

$= 104.952$

2기초, $V_L = V_U + VTS = V_1 = 88.261 + 19.033$

$$= [\frac{13.552}{1+0.18} + \frac{16.307}{(1+0.18)(0.18)}]$$

$$+ [\frac{2.657}{1.11} + \frac{2.118}{(1.11)(1.10)} + \frac{1.638}{(1.11)(1.10)(0.09)}] = 107.294$$

3기초, $V_L = V_U + VTS = V_2 = 90.596 + 18.470$

$$= \frac{16.307}{0.18} + [\frac{2.118}{(1.10)} + \frac{1.638}{(1.10)(0.09)}] = 109.066$$

4기초, $V_L = V_U + VTS = V_3 = 90.596 + 18.200$

$$= \frac{16.307}{0.18} + \frac{1.638}{0.09} = 108.796$$

따라서 $t = 0$ 시점에서 평가한 투자안의 기업가치 $V_0 = 104.952 \langle IC_0 = 107.5$억원이므로 투자타당성이 없는 것으로 판단한다.

[질문 3] *APV*모형을 적용하여 계산한 시점별 무부채조달기업의 가치 부분과 절세가치 부분, 그들을 합산한 기업가치를 각각 계산하고, 시간가변적 시가기준 부채비율을 분석하라.

*APV*모형을 적용하여 계산한 시점별 *PF*의 기업가치를 바탕으로 *PF*사업의 시가기준 부채비율을 계산하면 다음과 같이 정리된다.

*PF*사업의 기업가치와 부채비율 추정(단위: 억원)

	t = 0	1	2	3
무부채조달 가정, 투자안의 가치	85.051	88.261	90.596	90.596
절세가치 *VTS*	19.900	19.033	18.470	18.200
부채조달 경우, *PF*사업의 가치 *V*	104.952	107.294	109.066	108.796
부채가치 *B* (목표 부채조달금액)	77.5	69	60.5	52
주식가치 *S*	27.452	38.294	48.566	56.796
부채비율 *B/S*	2.8231	1.8019	1.2457	0.9156
부채조달비중 *B/(B+S)*	0.7384	0.6431	0.5547	0.4780

[질문 4] 비정형적 자본구조정책을 갖는 *PF*사업에 대해 *FCF*모형에 의거하여 Ko와 기업가치를 추정하라.

*PF*사업의 기업가치를 평가하기 위한 *FCF*모형을 적용하여 기업가치를 평가한 결과를 앞 절에서 분석한 *APV*모형에 따른 기업가치와 비교한다.

(1) 매기별 시간가변적 $K_{O,t}$의 일반해 추정

$$K_{O,t} = K_U[1 - \frac{VTS_t}{V_t}] - K_{d,t}[\frac{B_t \times T - VTS_t}{V_t}]$$

1기초, $K_{O,1} = K_U[1 - \frac{VTS_1}{V_1}] - K_{d,1}[\frac{B_1 \times T - VTS_1}{V_1}]$

$= 0.18(1 - 19.900/104.952) - 0.12[(77.5(0.35) - 19.900)]$
$/104.952 = 13.76\%$

2기초, $K_{O,2} = K_U[1 - \frac{VTS_2}{V_2}] - K_{d,2}[\frac{B_2 \times T - VTS_2}{V_2}]$

$=0.18(1 - 19.033/107.294) - 0.11[(69.0(0.35) - 19.033)]$
$/107.294 = 14.28\%$

$$3\text{기초},\ K_{O,3} = K_U[1-\frac{VTS_3}{V_3}]-K_{d,3}[\frac{B_3\times T-VTS_3}{V_3}]$$

$$= 0.18(1-18.470/109.066) - 0.10[(60.5(0.35)-18.470)] /109.066 = 14.70\%$$

$$4\text{기초},\ K_{O,4} = K_U[1-\frac{VTS_4}{V_4}]-K_{d,4}[\frac{B_4\times T-VTS_4}{V_4}]$$

$$= 0.18(1-18.200/108.796) - 0.09[(52.0(0.35)-18.200)] /108.796 = 14.99\%$$

(2) *FCF*모형에 의거한 *PF*사업의 기업가치 추정

시점 t	재무적 잉여현금흐름	할인요소	현재가치
1	12.100	1/(1+0.1376)	10.636
2	13.552	1/(1+0.1376)/(1+0.1428)	10.424
3	16.307	1/(1+0.1376)/(1+0.1428)/(1+0.1470)	10.936
4	16.307	1/(1+0.1376)/(1+0.1428)/(1+0.1470) /(0.1499)	72.954
V(t = 1) - V_0 =			104.950

[질문 5] 비정형적 자본구조정책을 갖는 *PF*사업에 대해 *CFE*모형에 의거하여 *Ke*와 주식가치를 추정하라.

*PF*사업의 기업가치를 평가하기 위해 우선 *CFE*모형을 적용하여 주식가치를 추정하고, 시간가변적 부채가치를 합산하면 기업가치가 계산된다. 그리고 앞에서 분석한 *APV*모형 및 *FCF*모형의 추정치와 등가성을 보이는 지를 분석한다.

(1) 우선 *PF*사업의 주주의 현금흐름을 계산해 정리하면 다음과 같다.

주주의 현금흐름 추정(단위: 억원)

	t = 1	2	3	4
재무적잉여현금흐름(*FCF*)	12.100	13.552	16.307	16.307
절세액	3.255	2.657	2.118	1.638

회계적잉여현금흐름(CCF)	15.355	16.209	18.425	17.945
지급이자	−9.300	−7.590	−6.050	−4.680
(−)원금상환 혹은 (+)추가차입	−8.5	−8.5	−8.5	0.0
주주의 현금흐름(CFE)	−2.445	0.119	3.875	13.265

* 주주의 현금흐름 CFE = 회계적잉여현금흐름 CCF − 채권자의 현금흐름 CFD = $X(1-T) + Dep + I\ T$ − 순운전자금증가액 − 시설자금증가액(Dep 포함) − I + 추가차입액 − 원금상환액

(2) 매기별 시간가변적 자기자본비용 $K_{e,t}$의 일반해 추정

$$K_{e,t} = K_U + (K_U - K_{d,t})\frac{B_t - VTS_t}{S_t}$$

1기초, $K_{e,1} = K_U + (K_U - K_{d,1})\dfrac{B_1 - VTS_1}{S_1}$

$= 0.18 + (0.18 - 0.12)(77.5 - 19.900)/27.452 = 30.59\%$

2기초, $K_{e,2} = K_U + (K_U - K_{d.2})\dfrac{B_2 - VTS_2}{S_2}$

$= 0.18 + (0.18 - 0.11)(69.0 - 19.033)/38.294 = 27.13\%$

3기초, $K_{e,3} = K_U + (K_U - K_{d,3})\dfrac{B_3 - VTS_3}{S_3}$

$= 0.18 + (0.18 - 0.10)(60.5 - 18.470)/48.566 = 24.92\%$

4기초, $K_{e,4} = K_U + (K_U - K_{d,4})\dfrac{B_4 - VTS_4}{S_4}$

$= 0.18 + (0.18 - 0.09)(52.0 - 18.200)/56.796 = 23.36\%$

(3) CFE모형을 적용한 PF사업의 주식가치 추정

시점 t	주주의 현금흐름	할인요소	현재가치
1	−2.445	1/1.3059	−1.872
2	0.119	1/1.3059/1.2713	0.072
3	3.875	1/1.3059/1.2713/1.2492	1.868
4	13.265	1/1.3059/1.2713/1.2492 /(0.2336)	27.381
$S(t=1) = S_0 =$			27.449

[질문 6] 세후 가중평균자본비용(WACC_AT) 방식에 의거한 Ko 추정하고 비정형적 자본구조정책을 갖는 PF사업의 FCF모형에 의거한 Ko 일반해에 대한 추정값과 등가성을 보이는지를 검산하라.

$$K_{O,t} = K_{d,t}(1-T)\frac{B_t}{V_t} + K_{e,t}\frac{S_t}{V_t}$$

$$K_{O,1} = K_{d,1}(1-T)\frac{B_1}{V_1} + K_{e,1}\frac{S_1}{V_1}$$
$$= 0.12(1-0.35)(0.7384) + 0.3059(0.2616) = 13.76\%$$

$$K_{O,2} = K_{d,2}(1-T)\frac{B_2}{V_2} + K_{e,2}\frac{S_2}{V_2}$$
$$= 0.11(1-0.35)(0.6431) + 0.2713(0.3569) = 14.28\%$$

$$K_{O,3} = K_{d,3}(1-T)\frac{B_3}{V_3} + K_{e,3}\frac{S_3}{V_3}$$
$$= 0.10(1-0.35)(0.5547) + 0.2492(0.4453) = 14.70\%$$

$$K_{O,4} = K_{d,4}(1-T)\frac{B_4}{V_4} + K_{e,4}\frac{S_4}{V_4}$$
$$= 0.09(1-0.35)(0.4780) + 0.2336(0.5220) = 14.99\%$$

[질문 7] CCF모형에 의거한 K_{BT}의 일반해와 기업가치

(1) 매기별 시간가변적 $K_{BT,t}$의 일반해 추정

$$K_{BT,t} = K_U[1-\frac{VTS_t}{V_t}] + K_{d,t}[\frac{VTS_t}{V_t}]$$

1기초, $K_{BT,1} = K_U[1-\frac{VTS_1}{V_1}] + K_{d,1}[\frac{VTS_1}{V_1}]$

$= 0.18[1-19.900/104.952] + 0.12[19.900/104.952]$

$= 16.86\%$

2기초, $K_{BT,2} = K_U[1-\frac{VTS_2}{V_2}] + K_{d,2}[\frac{VTS_2}{V_2}]$

$= 0.18[1-19.033/107.294] + 0.11[19.033/107.294]$

$= 16.76\%$

3기초, $K_{BT,3} = K_U[1-\frac{VTS_3}{V_3}] + K_{d,3}[\frac{VTS_3}{V_3}]$

$= 0.18[1-18.470/109.066] + 0.10[18,470/109.066]$

$= 16.65\%$

$$4기초,\ K_{BT,4} = K_U[1-\frac{VTS_4}{V_4}] + K_{d,4}[\frac{VTS_4}{V_4}]$$
$$= 0.18[1-18.200/108.796] + 0.09[18.200/108.796]$$
$$= 16.49\%$$

(2) *CCF*모형에 의거한 *PF*사업의 기업가치 추정

시점 t	회계적잉여현금흐름	할인요소	현재가치
1	15.355	1/1.1686	13.140
2	16.209	1/1.1686/1.1676	11.879
3	18.425	1/1.1686/1.1676/1.1665	11.576
4	17.945	1/1.1686/1.1676/1.1665/0.1649	68.372
$V(t=1) = V_0 =$			104.967

본 사례분석을 통해 무한한 사업수명을 가진 *PF*사업의 투자타당성 분석 상 기업가치를 평가하는데 *APV*(*Ku*)모형, *FCF*(*Ko*)모형, *CFE*(*Ke*)모형 및 *CCF*(K_{BT})모형을 적용하면 모두 등가성을 갖는다는 것을 보였으며, 따라서 어떤 평가모형을 이용하든지 간에 일관성 있게 투자타당성 여부를 평가할 수 있가는 것을 밝힐 수 있다. 기업의 자본비용이 시간가변적임에도 불구하고 *NPV*분석의 시행에는 문제가 없다.

[질문 8] 시간가변적 자본비용을 갖는 *PF*사업의 투자타당성 분석에 전통적인 *IRR*분석을 적용하는 데에는 난점이 있다. 이를 극복하는 방법으로서 시간불변적인 무부채조달기업의 자본비용 *Ku*를 투자거부율로 활용하는 방법을 적용하여 *PF*사업에 대한 *IRR*분석을 시행하라.

1단계: *APV*모형에 의거한 *PF*사업의 사업가치

*APV*모형에 의거한 1기 초 기준, *PF*의 사업가치

$$V_L = V_U + VTS = V_0 = 85.051 + 19.900 = 104.952$$
$$= [\frac{12.1}{1+0.18} + \frac{13.552}{(1+0.18)^2} + \frac{16.307}{(1+0.18)^2(0.18)}] + [\frac{3.255}{1.12}$$

$$+\frac{2.657}{(1.12)(1.11)}+\frac{2.118}{(1.12)(1.11)(1.10)}+\frac{1.638}{(1.12)(1.11)(1.10)(0.09)}]$$

2단계: 시행착오법 탐색 상 투자안의 채택 최소값(투자포기 기준값)

$V_U = IC_0 - V_{TS}$ = 107.5 − 19.900 = 87.600

3단계: 할인율 r%를 시행착오법의 각 탐색단계에 적용

r = 17% 적용, $V_U(17\%)$ = 90.316

r = 18% 적용, $V_U(18\%)$ = 85.051

4단계: $IRR\ rule: \ r > K_U$ 적용

r − 17%와 18% 사이에서 보간법 적용하여 NPV = 0가 되는 IRR인 r을 계산하면 r = 17.52% = IRR로 계산되고, 이 값은 Ku = 18%보다 작은 값으로서, IRR기법은 이 PF사업이 투자타당성이 없다는 분석결과를 도출한다. 이 결과는 새로운 NPV기법을 적용하여 분석한 결과와 일관된 것이다.

이원흠(李元欽)

서울대학교 경영대학을 졸업하고, 사회생활은 현대조선중공업(주)에서 시작하였다. 국비유학생으로 선발되어 학업을 계속할 계기가 마련되었고, 미국 UCLA 경영대학원에서 재무관리를 전공으로 경영학박사 학위를 취득하였다. 학위 취득 이후 LG경제연구원 경영연구실장, 금융재무연구센터장 등으로 근무하였으며, 또한 LG투자신탁운용(주)의 투자운용본부장(CIO)으로 근무한 경력도 있다. 현재 홍익대학교 경영대학에서 교수로 재직하고 있으며, 경영대학원장을 역임하였다. 학회 활동으로는 한국증권학회, 한국재무학회, 한국재무관리학회의 부회장을 역임하였으며, 한국증권학회지 및 재무연구 등 학술지의 편집위원으로 활동하였다. 주요 연구관심 분야는 기업재무론, 기업가치평가론, 자본구조론, 자본예산론, 자본시장론 등 재무학 이론을 현실세계에 응용하는 논문을 집필하는 것이다. 주요 저서는 공저로서 기업가치평가론(홍문사, 1997), 기업구조조정론(홍문사, 1998), 한국증권시장론(삼영사, 1997), 한국자본시장론(삼영사, 2009, 2017)이 있고, 기업재무론 핵심(홍문사, 2013), 기업재무론 해례(홍문사, 2013)는 단독저서로 출간한 바 있다.

재무관리 연습

2019년 2월 20일 제1판 인쇄
2019년 3월 1일 제1판 발행

저 자 이 원 흠
발행인 임 권 규
발행처 弘 文 社

05855 서울시 송파구 송파대로 167 테라타워 B동 802호
등록 1993. 6. 24. 제1-1543호
TEL. 712-5311(代) FAX. 716-5311

값 17,000원

ISBN 978-89-7770-420-6 93320